Arzt, Einführung in die Rechtswissenschaft

Einführung in die Rechtswissenschaft

Grundfragen mit Beispielen
aus dem deutschen Recht

von

Dr. iur. Gunther Arzt, LL. M.
Professor an der Universität Bern

Luchterhand

Die Deutsche Bibliothek – CIP-Einheitsaufnahme

Arzt, Gunther:
Einführung in die Rechtswissenschaft : Grundfragen mit
Beispielen aus dem deutschen Recht / von Gunther Arzt. –
Neuwied ; Kriftel ; Berlin : Luchterhand, 1996
  ISBN 3-472-02758-4

Satz: Libro, Kriftel
Druck, Bindung: Wilhelm & Adam, Heusenstamm
Printed in Germany, Oktober 1996

♾ Gedruckt auf säurefreiem, alterungsbeständigem und chlorfreiem Papier

Vorwort

Man kann in eine Wissenschaft sehr unterschiedlich einführen. Mir ging es vor allem um das *Verständnis der Grundlagen* und Grundfragen. Deshalb ist das Buch für diejenigen nicht geeignet, die Informationen über die wichtigsten Rechtsprobleme des Alltagslebens suchen, also über Miet- und Arbeitsrechtsfragen, über die Testamentserrichtung und über die juristischen Konsequenzen von Verkehrsunfällen.

Verständnis der Grundlagen setzt einen Überblick voraus. Die Befassung mit Einzelheiten führt rasch dazu, daß der Blick für das Ganze aus den Augen gerät, d. h. man sieht vor lauter Bäumen den Wald nicht mehr. Der Wert eines Überblicks liegt darin, daß *Zusammenhänge* sichtbar werden. Dafür muß der Preis in Gestalt von Vergröberungen bezahlt werden. Daran läßt sich nichts ändern. Mühe habe ich mir gegeben, der Gefahr entgegenzuwirken, daß die mit der Vergröberung verbundene Vereinfachung zu Langeweile führt. Deshalb werden die allgemeinen Ausführungen mit konkreten Beispielen illustriert, die deutlich machen, wie schnell auch bei mehr oder weniger selbstverständlichen Prinzipien die Problemzonen beginnen. Weil ich es für illusionär halte, daß von mir zitierte Gesetzesbestimmungen von meinen Leserinnen und Lesern systematisch nachgeschlagen werden, habe ich die Benutzung des Buches durch kurze Exzerpte der in Bezug genommenen Texte erleichtert, um zu erreichen, daß es wirklich zur Konfrontation mit dem Gesetzeswortlaut kommt.

Gerade wegen des Blicks für die Zusammenhänge wäre es meiner Ansicht nach ratsam, wenn die Einführung in der Mitte des Studiums noch einmal (rasch) gelesen werden würde. Denjenigen, die als *Fortgeschrittene* noch einmal zur Einführung greifen, ermöglicht die in den Fußnoten angeführte Literatur die weitere Verfolgung der in der Einführung angedeuteten Fragen in den einzelnen Stoffgebieten.

Das Thema »Einführung« hat mich nun vier Jahrzehnte begleitet, beschäftigt und beunruhigt. 1955 habe ich als Studienanfänger eine glänzende Einführungsvorlesung von *Konrad Zweigert* gehört, gefolgt von der Einführung in die Rechtsphilosophie durch *Erich Fechner*, meinem späteren Doktorvater. 1963 habe ich an der University of California in Berkeley bei *Albert A. Ehrenzweig* »Jurisprudence« gehört – eine rechtsphilosophisch-rechtsvergleichende Einführung ins Recht, die mich nachhaltig beeindruckt hat. 1966/67 habe ich miterlebt, wie mein Lehrer *Jürgen Baumann* seine Konzeption einer »Einführung« erfolgreich realisiert hat. 1969 ist mir dann die Vorlesung zum ersten Mal anvertraut worden. Seither habe ich diese Lehrveranstaltung regelmäßig abgehalten. Dank des Entgegenkommens meines Kollegen *Jörg Paul Müller* kann ich dies auch in Bern tun. Wenn ich als Gastprofessor an der Cornell University 1978 u. a. Comparative Law gelesen habe, so war auch dies mehr eine rechtsvergleichende Einführung als eine Einführung in die Privatrechtsvergleichung.

1987 habe ich eine Einführung in die Rechtswissenschaft im Verlag Helbing und Lichtenhahn, Basel/Frankfurt a. Main vorgelegt (2. Auflage 1996). Selbstverständlich ist eine allgemeine Einführung in die Rechtswissenschaft nicht an die Grenzen einer bestimmten Rechtsordnung gebunden. Es freut mich sehr, daß meine Einführung ins Japanische übersetzt wird (von Makoto Ida, Professor an der Keio Universität, Tokyo). Selbstverständlich ist jedoch auch, daß diese Einführung, die ihre Beispiele und Gesetzestexte dem *schweizerischen* Recht entnommen hatte, nicht für *deutsche* Anfängerinnen und Anfänger gedacht war, denn sie hätte deren berechtigte Erwartung enttäuscht, daß die Darstellung gezielt auf *ihr* Recht Bezug nehmen werde.

Die jetzt verwirklichte Lösung läuft auf *zwei getrennte Versionen (Deutschland/Schweiz)* hinaus, die in ihrem Kern identisch sind. Den Kern habe ich dadurch wesentlich erweitern können, daß bei kurzen Beispielen sowohl auf die deutsche als auch auf die schweizerische Rechtsordnung hingewiesen wird. Längere Doppelspurigkeiten habe ich meinen Leserinnen und Lesern jedoch nicht zumuten wollen. Kenntnisse über fremdes Recht werden zwar unter Berufung auf internationale Verflechtungen immer wieder gefordert, doch ist meiner Ansicht nach die gute Ausbildung in den Kernbereichen des nationalen Rechts immer noch eine bessere Grundlage für das Verständnis fremder Rechtsordnungen als mäßige Ausbildung im nationalen Recht plus mäßige Ausbildung in Rechtsvergleichung plus mäßige Ausbildung in internationalem Recht etc. So erklärt es sich, daß dort, wo es mit einem ganz knappen Hinweis auf deutsche *und* schweizerische Rechtslage nicht getan war, ich mich zu einer nur deutschen Version *neben* einer nur schweizerischen Version entschlossen habe.

Beunruhigt hat mich das Thema »Einführung« deshalb, weil mir dabei mehr als bei der Befassung mit Spezialfragen des Straf- und Strafprozeßrechts die dem Recht und der Rechtswissenschaft gezogenen Grenzen bewußt werden. Es sind nicht nur Laien, die sich der Illusion hingeben, man müsse nur lange genug korrekt prozedieren und prozessieren – dann würden Konflikte angesichts der juristischen Zauberformeln wie Gerechtigkeit, Billigkeit, Freiheit, Gleichheit und Rechtsstaatlichkeit verschwinden. Es gibt jedoch viele große und noch mehr kleine Interessengegensätze, die mit rechtlichen Mitteln nicht wirklich befriedigend zu lösen sind. Wie der Arzt auch mit unheilbar Kranken konfrontiert ist, gehört es zum Alltag des Juristen, daß er solche prinzipiell nicht lösbare Interessenkollisionen behandeln muß. Ich hoffe, daß meine Leserinnen und Leser spüren werden, daß Bemerkungen über die Grenzen unserer Wissenschaft nicht als Entmutigung gedacht sind. Ich will nur dazu beitragen, daß wir Justitia, unserer blinden Göttin, sehenden Auges dienen.

Einen Vorzug meines Buches sehe ich in seiner Kürze. Wenn dieser Vorzug sich nicht auf das Vorwort erstreckt, liegt das daran, daß ich die Gründe für die Vorlage zweier divergierender Versionen *einer* allgemeinen und weitgehend übereinstimmenden Einführung offenlegen wollte.

Dank schulde ich Herrn cand. iur. *Fabian Baumer*, der die Zitate geprüft und ergänzt und bei der Erstellung der Register geholfen hat. Besonderen Dank schulde ich Frau *Helen Kupferschmied*, die das Problem der Herstellung zweier paralleler Fassungen so gelöst hat, daß daraus keine neuartige Fehlerquelle entstanden ist.

Bern, September 1996 Gunther Arzt

Inhaltsverzeichnis

Abkürzungsverzeichnis

a.A.	anderer Ansicht
a.a.O.	am angeführten Ort
Abs.	Absatz
Abt.	Abteilung
a.E.	am Ende
AG	Aktiengesellschaft
AGB	Allgemeine Geschäftsbedingungen
AGBG	Gesetz zur Regelung des Rechts der Allgemeinen Geschäftsbedingungen (D)
AHV/IV	Alters- und Hinterbliebenenvorsorge/Invalidenvorsorge (CH)
AJP	Aktuelle Juristische Praxis
AktG	Aktiengesetz (D)
Anm.	Anmerkung
AöR	Archiv des öffentlichen Rechts
Art.	Artikel
AT	Allgemeiner Teil
Aufl.	Auflage
BBl.	Bundesblatt der Schweizerischen Eidgenossenschaft
Bd.	Band
BG	Bundesgesetz
BGB	Bürgerliches Gesetzbuch (D)
BGE	Entscheidungen des Schweizerischen Bundesgerichts
BGer	Bundesgericht (CH)
BGH	Bundesgerichtshof (D)
BGHSt	Entscheidungen des (deutschen) Bundesgerichtshofs in Strafsachen
BGHZ	Entscheidungen des (deutschen) Bundesgerichtshofs in Zivilsachen
BRAO	Bundesrechtsanwaltsordnung (D)
BT	Besonderer Teil
BtMG	Betäubungsmittelgesetz
BV	Bundesverfassung (wenn mit Angabe eines Artikels, BV der Schweizerischen Eidgenossenschaft); siehe auch GG
BVerfG	Bundesverfassungsgericht (D)
BVerfGE	Entscheidungen des (deutschen) Bundesverfassungsgerichts
BVerwGE	Entscheidungen des (deutschen) Bundesverwaltungsgerichts
CH	Schweiz

D	Deutschland
DDR	Deutsche Demokratische Republik
ders.	derselbe
Diss.	Dissertation
E	Entwurf
EGBGB	Einführungsgesetz zum BGB (D)
EMRK	Europäische Menschenrechtskonvention
EuGRZ	Europäische Grundrechtszeitschrift
f., ff.	folgende
Fn.	Fußnote
FRD	Federal Rules Decisions
G	Gesetz
GA	Goltdammer's Archiv für Strafrecht
GenG	Gesetz betreffend die Erwerbs- und Wirtschaftsgenossen-schaften (D)
GG	Grundgesetz für die Bundesrepublik Deutschland; siehe auch BV
ggf.	gegebenenfalls
GmbH	Gesellschaft mit beschränkter Haftung
GmbHG	Gesetz betreffend die Gesellschaften mit beschränkter Haftung (D)
GWB	Gesetz gegen Wettbewerbsbeschränkungen (D)
HGB	Handelsgesetzbuch (D)
h.L.	herrschende Lehre
h.M.	herrschende Meinung
Hrsg.	Herausgeber
i.d.R.	in der Regel
i.e.S.	im engeren Sinn
i.F.	in der Fassung
i.S.	im Sinne
i.V.m.	in Verbindung mit
i.w.S.	im weiteren Sinn
JA	Juristische Arbeitsblätter
JR	Juristische Rundschau
JuS	Juristische Schulung
JZ	Juristenzeitung
Kap.	Kapitel
Komm.	Kommentar

KSZE	Konferenz für Sicherheit und Zusammenarbeit in Europa
KUVG	BG über die Kranken- und Unfallversicherung (CH)
lit.	litera (= Buchstabe)
L.J.	Law Journal
L.R.	Law Review
m.a.W.	mit anderen Worten
m.E.	meines Erachtens
MVG	Bundesgesetz über die Militärversicherung (CH)
N.	Note, siehe auch Rdnr.
NF	Neue Folge
NJW	Neue Juristische Wochenschrift
Nr.	Nummer
NStZ	Neue Zeitschrift für Strafrecht
NZZ	Neue Zürcher Zeitung
OG	Bundesgesetz über die Organisation der Bundesrechtspflege (CH)
OGer	Obergericht (CH)
OHG	Offene Handelsgesellschaft
OR	Bundesgesetz über das Obligationenrecht (CH)
Pra	Praxis des Bundesgerichts (CH)
Rdnr.	Randnummer, siehe auch N.
rev. ed.	revised edition
RG	Reichsgericht
RGSt	Entscheidungen des (deutschen) Reichsgerichts in Strafsachen
RGZ	Entscheidungen des (deutschen) Reichsgerichts in Zivilsachen
S.	Seite
sc.	scilicet (= das heißt, nämlich)
SchKG	Bundesgesetz über Schuldbetreibung und Konkurs (CH)
Sem. jud.	La semaine judiciaire
SJT	Schweizerischer Juristentag
SJZ	Schweizerische Juristen-Zeitung
SR	Systematische Sammlung des Bundesrechts (CH)
StGB	Strafgesetzbuch
StPO	Strafprozeßordnung (D)
StVG	Straßenverkehrsgesetz (D)
StVZO	Straßenverkehrs-Zulassungsordnung (D)

SVG	Bundesgesetz über den Straßenverkehr (CH)
UNO	United Nations Organisation
UWG	Bundesgesetz (CH) bzw. Gesetz (D) gegen den unlauteren Wettbewerb
Verf.	Verfasser
VfGH	Erkenntnisse und Beschlüsse des (österreichischen) Verfassungsgerichtshofes
VGH	Verwaltungsgerichtshof (D)
vol.	volume (= Band)
VPB	Verwaltungspraxis der Bundesbehörden (CH)
VRV	Straßenverkehrsregelverordnung (CH)
VwVG	Bundesgesetz über das Verwaltungsverfahren (CH)
ZBJV	Zeitschrift des Bernischen Juristenvereins
ZBl	Schweizerisches Zentralblatt für Staats- und Verwaltungsrecht
ZGB	Schweizerisches Zivilgesetzbuch
Ziff.	Ziffer
zit.	zitiert
ZPO	Zivilprozeßordnung (D)
ZSR	Zeitschrift für Schweizerisches Recht
ZStrR	Schweizerische Zeitschrift für Strafrecht
ZStW	Zeitschrift für die gesamte Strafrechtswissenschaft
zutr.	zutreffend

Literaturverzeichnis

Das Verzeichnis enthält grundsätzlich nur Arbeiten, auf die wiederholt Bezug genommen wird, insbesondere gängige Lehrbücher oder Kommentare aus dem Privatrecht und öffentlichen Recht. Zusätzlich sind einige im Text nicht zitierte klassische Werke aufgenommen (im Sinne eines Wegweisers für den, der nach Vertiefung sucht). An neueren Einführungen habe ich eine kleine Auswahl getroffen, dabei habe ich besonders Einführungen in Nachbargebiete der Rechtswissenschaft oder in Grundlagen berücksichtigt (Rechtsphilosophie/Rechtssoziologie). Einführungen in Teilgebiete der Rechtswissenschaft (z. B. *Roxin/Arzt/Tiedemann,* Einführung in das Strafrecht und Strafprozeßrecht, 3. Aufl., Heidelberg 1994) sind nicht aufgenommen. – Zusätzliche Literaturangaben finden sich in den Fußnoten, wobei ich darauf geachtet habe, Arbeiten auszuwählen, die schon für Anfänger geeignet sind. – Als Begleiter für (mindestens) die ersten Schritte auf dem Weg zum eigenen juristischen Arbeiten sind hervorzuheben *Forstmoser P./Ogorek R.,* Juristisches Arbeiten: Eine Anleitung für Studierende, Zürich 1994 (Neubearbeitung von *Oftinger K.,* Vom Handwerkszeug des Juristen und von seiner Schriftstellerei, 6. Aufl., Zürich 1981) und *Gerhards G.,* Seminar-, Diplom- und Doktorarbeit, 8. Aufl., Bern etc. 1995.

Adomeit K.	Rechtstheorie für Studenten, 3. Aufl., Heidelberg etc. 1990
Alexy R.	Theorie der juristischen Argumentation, 2. Aufl., Frankfurt/Main 1991
Baumann J.	Einführung in die Rechtswissenschaft, 8. Aufl., München 1989
Berner Kommentar	Kommentar zum Schweizerischen Privatrecht, Bern, verschiedene Teile und Erscheinungsjahre (zit. nach Autor und kommentiertem Gesetzesartikel, siehe auch *Meier-Hayoz*)
Bucher E.	Schweizerisches Obligationenrecht AT, 2. Aufl., Zürich 1988 (zit. OR AT)
Burckhardt W.	Aufsätze und Vorträge 1910–1938, Bern 1970 (zit. Aufsätze)
–	Die Organisation der Rechtsgemeinschaft, Nachdruck der 2. Aufl. 1944, Zürich 1971 (zit. Organisation)
–	Methode und System des Rechts, Nachdruck der Erstausgabe von 1936, Zürich 1971 (zit. Methode)
–	Einführung in die Rechtswissenschaft, Nachdruck der 2. Aufl. 1948, Zürich 1976
Busse D.	Juristische Semantik, Berlin 1993
Engel P.	Traité des obligations en droit suisse, partie générale, Neuchâtel 1973 (zit. traité)

Engisch K.	Einführung in das juristische Denken, 8. Aufl., Stuttgart etc. 1983 (zit. Einführung)
Esser J.	Vorverständnis und Methodenwahl in der Rechtsfindung, Frankfurt/Main 1970
Fechner E.	Rechtsphilosophie. Soziologie und Metaphysik des Rechts, Tübingen 1956 (zit. Rechtsphilosophie)
Fikentscher W.	Methoden des Rechts, 1. Band: Frühe und religiöse Rechte; Romanischer Rechtskreis; 2. Band: Angloamerikanischer Rechtskreis; 3. Band: Mitteleuropäischer Rechtskreis; 4. Band: Dogmatischer Teil; 5. Band: Nachträge und Register, Tübingen 1975–1977 (zit. Methoden Bd. 1–4)
Fleiner F.	Institutionen des deutschen Verwaltungsrechts, 8. Aufl., Zürich 1939 (zit. Institutionen)
Fleiner-Gerster T.	Grundzüge des allgemeinen und schweizerischen Verwaltungsrechts, 2. Aufl., Zürich 1980 (zit. Verwaltungsrecht)
Fleiner F./Giacometti Z.	Schweizerisches Bundesstaatsrecht, unveränderter Nachdruck der Neubearbeitung 1949, Zürich 1976 (zit. Bundesstaatsrecht)
Forstmoser P./Ogorek R.	Juristisches Arbeiten: Eine Anleitung für Studierende, Zürich 1994
Forstmoser P./Schluep W.	Einführung in die Rechtswissenschaft, Bd. I: Einführung in das Recht, Bern 1992
Frank J.	Courts on Trial; Myth and Reality in American Justice, 3. Aufl., Princeton 1973 (zit. Courts)
Gerhards G.	Seminar-, Diplom- und Doktorarbeit, 8. Aufl., Bern etc. 1995
Germann O. A.	Grundlagen der Rechtswissenschaft, 3. Aufl., Bern 1975 (zit. Grundlagen)
–	Probleme und Methoden der Rechtsfindung, Bern 1965
Giacometti Z.	Allgemeine Lehren des rechtsstaatlichen Verwaltungsrechts, 1. Band, Zürich 1960 (zit. Verwaltungsrecht)
Guhl T./Koller A./ Druey J. N.	Das schweizerische Obligationenrecht, 8. Aufl., Zürich 1991 *(zit. Guhl/Koller/Druey, OR)*
Gygi F.	Verwaltungsrecht. Eine Einführung, Bern 1986 (zit. Verwaltungsrecht)
Hangartner Y.	Grundzüge des schweizerischen Staatsrechts, 1. Band: Zürich 1980; 2. Band: Zürich 1982 (zit. Staatsrecht I, II)
Hart H. L. A.	The Concept of Law, 2. Aufl., Oxford 1994 (zit. Concept)

Horn N.	Einführung in die Rechtswissenschaft und Rechtsphilosophie, Heidelberg 1996
Huber E.	Recht und Rechtsverwirklichung; Probleme der Gesetzgebung und der Rechtsphilosophie, Basel 1921 (zit. Recht und Rechtsverwirklichung)
Huber H.	Die verfassungsrechtliche Bedeutung der Vertragsfreiheit, Berlin 1966 (zit. Vertragsfreiheit)
Hüffer U.	Gesellschaftsrecht, 4. Aufl., München 1996
Imboden M./Rhinow R.	Schweizerische Verwaltungsrechtsprechung, 1. Band: Allgemeiner Teil, Basel etc. 1976 (zit. Verwaltungsrechtsprechung)
Kaufmann A./ Hassemer W. (Hrsg.)	Einführung in die Rechtsphilosophie und Rechtstheorie der Gegenwart, 6. Aufl., Heidelberg 1994 (zit. Einführung)
Kissel O.	Die Justitia, München 1984
Klug U.	Juristische Logik, 4. Aufl., Berlin etc. 1982
Knapp B.	Grundlagen des Verwaltungsrechts, Bd. I, 4. Aufl., Basel etc. 1992
Liver P.	Der Wille des Gesetzes, Bern 1954
Locher P.	Grenzen der Rechtsfindung im Steuerrecht, Bern 1983 (zit. Rechtsfindung)
Maunz T./Dürig G.	Grundgesetz, Kommentar, München 1958 ff.
Maurer H.	Allgemeines Verwaltungsrecht, 9. Aufl., München 1994 (zit. Allg. Verwaltungsrecht)
Meier-Hayoz A.	Berner Kommentar, Bd. I 1 (ZGB, Einleitungsartikel), 5. Aufl., Bern 1981
Meier-Hayoz A./ Forstmoser P.	Grundriß des schweizerischen Gesellschaftsrechts, 7. Aufl., Bern 1993 (zit. Gesellschaftsrecht)
Merz H.	Privatautonomie heute – Grundsatz und Rechtswirklichkeit, Berlin 1970 (zit. Privatautonomie)
Müller J. P.	Elemente einer schweizerischen Grundrechtstheorie, Bern 1982 (zit. Elemente)
Müller J. P.	Die Grundrechte der schweizerischen Bundesverfassung, 2. Aufl., Bern 1991 (zit. Grundrechte)
Nawiasky H.	Allgemeine Rechtslehre; System der rechtlichen Grundbegriffe, 2. Aufl., Einsiedeln etc. 1948 (zit. Rechtslehre)
Noll P.	Gesetzgebungslehre, Reinbek 1973 (zit. Gesetzgebungslehre)
Palandt O.	Bürgerliches Gesetzbuch, 55. Aufl., München 1996 zit. *Palandt/Bearbeiter*, BGB
Radbruch G.	Rechtsphilosophie, 8. Aufl., Stuttgart 1973 (zit. Rechtsphilosophie)

Raiser T.	Einführung in die Rechtssoziologie, 4. Aufl., Frankfurt/Main 1985
Rehbinder M.	Einführung in die Rechtswissenschaft, 8. Aufl., Berlin etc. 1995
Saladin P.	Grundrechte im Wandel, 3. Aufl., Bern 1982 (zit. Grundrechte)
Schmitt Glaeser W.	Verwaltungsprozeßrecht, Kurzlehrbuch, 12. Aufl., Stuttgart etc. 1993
Seagle W.	Weltgeschichte des Rechts, München etc. 1951 (zit. Weltgeschichte)
Seelmann K.	Rechtsphilosophie, München 1994
Von Tuhr A./Peter H.	Schweizerisches Obligationenrecht AT, 1. Band, 3. Aufl., Zürich 1979 (zit. OR I)
Von Tuhr A./Escher A.	Schweizerisches Obligationenrecht AT, 2. Band, 3. Aufl., Zürich 1974 (zit. OR II)
Tuor P./Schnyder B./ Schmid J.	Das schweizerische Zivilgesetzbuch, 11. Aufl., Zürich 1995 (zit. ZGB)
Weber M.	Rechtssoziologie, 2. Aufl. des Neudrucks, Neuwied etc. 1967 (zit. Rechtssoziologie)
Wolff H./Bachof O./ Stober R.	Verwaltungsrecht I, 10. Aufl., München 1994 (zit. Verwaltungsrecht)
Zippelius R.	Geschichte der Staatsideen, 9. Aufl., München 1994 (zit. Staatsideen)
–	Juristische Methodenlehre, 6. Aufl., München 1994 (zit. Methodenlehre)
Zürcher Kommentar	Kommentar zum schweizerischen Zivilgesetzbuch, Zürich, verschiedene Teile und Erscheinungsjahre (zit. nach Autor und kommentiertem Gesetzesartikel)

§1 Das Recht als Bemühen um Ordnung durch Normierung menschlichen Verhaltens

I. Normierung menschlichen Verhaltens

Zu den elementarsten Aufgaben jedes Staates gehört die Behauptung gegen äußere Feinde und die Gewährleistung der inneren Sicherheit. Diese Grundregel findet sich meist am Anfang der Verfassung, wobei die Verfassung ihrerseits als die elementarste Rechtsquelle anzusehen ist (dazu näher in § 2).

USA, 1787, Präambel der Bundesverfassung (BV): »We the People of the United States, in Order to form a more perfect Union, establish Justice, insure domestic Tranquility, provide for the common Defence . . .«.

Schweiz, 1874, Art. 2 BV (nach der Aufzählung der Kantone in Art. 1 BV): »Der Bund hat zum Zweck: Behauptung der Unabhängigkeit des Vaterlandes gegen außen, Handhabung von Ruhe und Ordnung im Innern, Schutz der Freiheit und der Rechte der Eidgenossen und Beförderung ihrer gemeinsamen Wohlfahrt.«

Deutschland, 1949, Präambel des Grundgesetzes (GG, Verfassung): »Im Bewußtsein seiner Verantwortung vor Gott und den Menschen, von dem Willen beseelt, seine nationale und staatliche Einheit zu wahren und als gleichberechtigtes Glied in einem vereinten Europa dem Frieden der Welt zu dienen . . .«. – Art. 20 Abs. 3 GG: »Die Gesetzgebung ist an die verfassungsmäßige Ordnung, die vollziehende Gewalt und die Rechtsprechung sind an Gesetz und Recht gebunden.« – Im Zuge des Einigungsvertrages 1990 (Beitritt der DDR) ist aus der Präambel die Einheitswahrungsklausel als obsolet gestrichen worden (!).

Mit innerer Sicherheit ist eine *Ordnung durch das Recht* gemeint, kurz, die Rechtsordnung. – Was ordnet das Recht und wie ordnet das Recht? Das Recht ordnet menschliches Verhalten. Dies geschieht durch Vorschriften, wie sich die Menschen (Mitglieder der Rechtsgemeinschaft, Rechtsgenossen) zu verhalten haben. Das Recht normiert menschliches Verhalten und schafft so Ordnung.

Archaischen Rechtsvorstellungen[1] ist die Beschränkung der Normierung auf menschliches Verhalten noch fremd. So hat man der Natur Vorschriften gemacht, zum Teil in der groben Form der Tierstrafen (Strafprozeß gegen

---

1 Hinweise auf die Rechtsanthropologie bei *Fikentscher*, Methoden, Bd. 1, Tübingen 1975, S. 145 ff.; *Seagle*, Weltgeschichte, S. 53 f.; im Zusammenhang mit dem Eigentum siehe unten § 4 II 1 mit Anm. 1.

ein Pferd, das dem Reiter einen tödlichen Tritt versetzt hat) oder in der verfeinerten Form einer Beeinflussung der Natur durch einen Dialog zwischen Mensch und Gott (Regenbeschwörer). Heute ist uns selbstverständlich, daß wir nicht dem Wald verbieten können, krank zu werden, sondern den Menschen verbieten müssen, den Wald krank zu machen. Rechtsnormen haben Menschen als Adressaten.

Der Berner Maikäferprozeß von 1479[2] mag als Beispiel für einen Tierprozeß stehen. Die Engerlinge wurden auf Antrag von »Schultheißen, Rat und Gemeinde der Stadt Bern« vor dem bischöflichen Gericht in Lausanne beschuldigt, »in der Erde heimlich schleichend« große Schäden anzurichten. Im Verlauf des Verfahrens wurde den Engerlingen ein Pflichtverteidiger bestellt. Die Prozeßberichte deuten an, daß dieser Verteidiger unfähig war, jedenfalls habe er sich für seine Mandanten nicht sehr effizient eingesetzt. Den Engerlingen wurde vom Gericht zunächst aufgegeben, die Ländereien zu verlassen oder binnen 6 Tagen dem Gericht ihre Gegengründe darzulegen. Das Verfahren endete gemäß dem Antrag der Berner mit der Verurteilung der Tiere zum Verlassen und der Verfluchung für den Fall der Zuwiderhandlung (Malediktion).

Vielleicht wird mancher Leser angesichts solcher Selbstverständlichkeiten ungeduldig. Darum sei ein kurzer *Exkurs* eingeschoben: Wenn sich das Recht »selbstverständlich« nur an Menschen als Adressaten wendet, dann deshalb, weil es Menschen mit seinen Vorschriften beeinflussen kann (anders als das Wetter oder die Tiere). Nun sind jedoch nicht alle Menschen durch das Recht oder eine konkrete Rechtsnorm beeinflußbar, man denke an kleine Kinder, Fanatiker, Geisteskranke und Personen, denen die Rechtsnorm nicht bekannt ist. Trotzdem geben wir auch kleinen Kindern Rechte und bürden ihnen Pflichten auf, z. B. ihre Schulden zu bezahlen. Auch den Mörder aus politischem Fanatismus verurteilen wir zu Freiheitsstrafe. Auch wer einer Rechtsvorschrift aus Unkenntnis zuwiderhandelt, hat meist für die Folgen rechtlich einzustehen. Kurz, die *juristische Verantwortlichkeit* ist ein komplexes Problem, das mit Begriffen wie Verschulden, Schuld, Zurechnungsfähigkeit und Urteilsfähigkeit juristisch differenziert zu behandeln ist. – Hinzu kommt die Problematik des Rechtsgehorsams, also die tägliche Erfahrung, daß ein normaler Rechtsgenosse sich in voller Kenntnis des Rechts nicht normgemäß verhält, z. B. bei Rot über eine Kreuzung fährt. Zeigt er damit nicht, daß er durch das Recht nicht beeinflußbar ist?

Die im vorstehenden Exkurs angeschnittenen Fragen, die sich um juristische Verantwortlichkeit und Rechtsdurchsetzung (Rechtsgehorsam) ranken, machen augenfällig, daß die Beschränkung des Rechts auf Menschen als

---

2 *Quelle: G. Tobler*, Tierprozesse in der Schweiz, in: Sonntagsblatt des Bund, 1893, S. 140 ff., 148 ff., 157 ff. – Ein kurzer Bericht ist auch erschienen im Bund (einer in Bern erscheinenden Tageszeitung), 8. Mai 1979, S. 27. – Grundlegend und mit vielen weiteren Beispielen *Karl von Amira*, Thierstrafen und Thierprocesse, Innsbruck 1891 (Sonderdruck aus den Mittheilungen des Instituts für österreichische Geschichtsforschung XII, 1891, 545–601). – Wieweit der Maikäferprozeß auf eine Personifikation des Tiers zurückgeht, wird bei *von Amira* und *Tobler* erörtert, ebenso die Unterschiede zwischen Tierprozessen vor weltlichen und vor geistlichen Gerichten. – Die Suche nach diesen relativ entlegenen Quellen stellt eine gute Übung dar, wie man Bibliotheken benutzt!

Normadressaten zwar ganz selbstverständlich ist, daß sich zugleich jedoch diffizile Fragen nach der Motivierbarkeit (Lenkbarkeit) des Menschen durch das Recht stellen, dazu noch einmal bei der Rechtsdurchsetzung in § 2 III.

II. Recht, Gerechtigkeit, Sittlichkeit

1. Ordnungen mit schwachem Gerechtigkeitsbezug

Vielleicht kommen wir dem Recht dadurch näher, daß wir auf andere Ordnungssysteme blicken, die mit dem Recht die Normierung menschlichen Verhaltens gemeinsam haben. Da sind zunächst *Sitte* und *Mode* zu nennen. Da nicht klar ist, ob die *Umgangsformen* zur Sitte gehören, seien sie besonders erwähnt.

Die *Sitte* unterscheidet sich vom Recht wesentlich dadurch, daß sie *nicht mit staatlichem Zwang* (Rechtszwang) *durchgesetzt* wird, sondern nur mit gesellschaftlichen Sanktionen[3]. Unter Mode verstehen wir die rascher als die Sitte wechselnde Normierung primär der Bekleidung: Sitten und Moden ist gemeinsam, daß sie weitgehend beliebige Inhalte haben können (mini, midi, maxi). *Wie* das Ritual der Begrüßung geregelt ist, ist gleichgültig. Die Umgangsformen besagen nur, daß man sich an das zu halten hat, was eben dem guten Ton entspricht. Trotz der relativen inhaltlichen Beliebigkeit dieser Normen werden Verstöße gegen sie nicht immer als leicht empfunden, und die Grenze zum Rechtsverstoß ist schnell erreicht. Wer in sportlicher Kleidung bei einem Begräbnis erscheint, wird mit gesellschaftlicher Mißbilligung »bestraft«. Wer im Sommer ohne Hemd, barfuß und nur mit Shorts bekleidet ein Restaurant besucht, kann schnell mit dem Strafrecht in Konflikt kommen, wenn er sich einem Lokalverweis nicht fügen will, sondern auf Bedienung besteht: »no shoes, no shirt, no service« (anders als in den USA bei uns so selbstverständlich, daß diese Regel auch dann gilt, wenn das Restaurant sie nicht ausdrücklich aufstellt).

Recht und Sitte können sich auch insofern ergänzen, als rechtliche Regeln im Zweifel »im üblichen Sinne« oder nach der »Verkehrssitte« auszulegen sind, vgl. für Deutschland § 242 BGB; für die Schweiz Art. 5, 699 ZGB und zu Handelsusancen § 346 HGB (D) bzw. Art. 211, 212 OR (CH). Zur Übung als Element des Gewohnheitsrechts siehe unten § 2 I 5 a.

Teilbereiche der Sitte stehen der Sittlichkeit nahe, d. h. sie sind stärker wertbezogen als z. B. das Ritual der Begrüßung. Auf solche *»guten Sitten«*[4] verweist das Recht in großen Generalklauseln, siehe unten § 3 I 4 b. Es geht

---

3 *Max Weber*, Rechtssoziologie, S. 80 ff.; *Eugen Huber*, Recht und Rechtsverwirklichung, S. 40 f.
4 Einführend *Mayer-Maly*, Die guten Sitten als Maßstab des Rechts, JuS 86, 596.

dabei gerade nicht um das, was im Umgang der Menschen miteinander tatsächlich üblich ist, sondern um das, was für redlich (rechtlich, gerecht, anständig) Denkende Richtschnur sein *sollte*. Deshalb wird die Verweisung des Rechts auf die guten Sitten als Verweis auf »Sittlichkeit (Ethik, Moral)«[5] interpretiert. Als *Beispiel* lege man sich die Frage vor, ob ein *Mätressen-testament* (d. h. die Einsetzung der Geliebten als Erbin bei gleichzeitiger Beschränkung nächster Angehöriger auf den Pflichtteil) gegen die guten Sitten verstößt und damit rechtlich unwirksam ist[6].

2. Ordnungen mit starkem Bezug auf Sittlichkeit und Gerechtigkeit

Die *Sittlichkeit* ist als Normsystem zu verstehen, das im Unterschied zur Sitte gerade nicht inhaltlich weitgehend beliebig ist. Vielmehr wird vom Menschen verlangt, daß er sein Verhalten an den *ethischen Werten* orientiert. Zu diesen Werten gehört die Gerechtigkeit. – Seit es eine Philosophie gibt, also seit Menschen nach dem Sinn des Seins fragen, wird auch die Frage nach Gut und Böse gestellt.

Es ist hier nicht der Ort, in die Ethik einzuführen. In der Philosophie wird insbesondere darüber diskutiert, wieweit die Werte »wirklich« sind (in einem Wertreich existieren); ob und wie sie erkennbar sind, ob es z. B. kulturge-schichtliche Stufen fortschreitender Enthüllung der Werte gibt; wie starr bzw. flexibel diese Werte sind (ob z. B. die Ehrlichkeit als Wert die Lüge absolut verbietet) usw. Die philosophischen Ansätze zur Gewinnung eines Maßstabes für die Richtigkeit menschlichen Handelns erreichen einen er-sten Höhepunkt mit *Aristoteles*[7] (384–322 v. Chr.). In seiner Nikomachi-schen Ethik geht er den Verbindungen zwischen Gleichheit und Gerechtig-keit nach. Im Verhältnis Staat/Bürger soll von einer *austeilenden Gerechtig-keit* ausgegangen werden, d. h. jedem ist das Seine zuzumessen. Die Rechtsbeziehungen der Bürger zueinander sind an der *ausgleichenden Ge-rechtigkeit* (Tauschgerechtigkeit) orientiert.

Kant[8] (1724–1804) hat den Maßstab für das richtige Handeln eines Rechts-genossen in der Verallgemeinerungsfähigkeit gesehen. Der Kant'sche *kate-gorische Imperativ* lautet: »Handle so, daß die Maxime Deines Willens jederzeit zugleich als Prinzip einer allgemeinen Gesetzgebung gelten kön-ne.« – Ins Negative gewendet (wie man nicht handeln soll) sagt das *Sprichwort*: »Was du nicht willst, das man dir tu, das füg auch keinem

---

5 So *von Tuhr/Peter*, OR I, S. 255; Nachweise auch zum deutschen Recht bei *Mayer-Maly* (wie Anm. 4).

6 Vgl. zu Deutschland § 138 BGB und *BGHZ 53, 369*; zur Schweiz Art. 519 Abs. 1 Ziff. 3 ZGB und *Piotet*, Schweizerisches Privatrecht IV/1, Basel 1978, S. 90 f.

7 Einführend dazu *Arthur Kaufmann*, in: *Kaufmann/Hassemer*, Einführung, S. 30 ff., 41 ff.; vgl. auch unten Anm. 15.

8 Einführend dazu *Arthur Kaufmann* (wie vorstehende Anm.), S. 68 ff. Das Kant-Zitat findet sich in: Kritik der praktischen Vernunft, Akademieausgabe, S. 54.

andern zu.« – Wie modern diese Feststellung ist, zeigt ihre Wiederkehr in der Spieltheorie (Gefangenendilemma, *Axelrod*)[9].

Am Kant'schen Imperativ sehen wir, daß eine Gerechtigkeit, die als Gleichheit ausgedrückt wird, zu einem gleichen Anspruch auf Freiheit führt. Zugleich ist jeder Rechtsgenosse in seiner Freiheit gleichermaßen beschränkt durch die Freiheit der andern.

Art. 4 der (französischen) Erklärung der Menschen- und Bürgerrechte vom 26. August 1789[10]:

La liberté consiste à pouvoir faire tout ce qui ne nuit pas à autrui: ainsi, l'exercice des droits naturels de chaque homme n'a de bornes que celles qui assurent aux autres membres de la société la jouissance de ces mêmes droits. Ces bornes ne peuvent être déterminées que par la Loi.

Art. 3 GG der Bundesrepublik Deutschland vom 23. Mai 1949:

(1) Alle Menschen sind vor dem Gesetz gleich.

(2) Männer und Frauen sind gleichberechtigt.

(3) Niemand darf wegen seines Geschlechtes, seiner Abstammung, seiner Rasse, seiner Sprache, seiner Heimat und Herkunft, seines Glaubens, seiner religiösen oder politischen Anschauungen benachteiligt oder bevorzugt werden.

Art. 4 BV der Schweizerischen Eidgenossenschaft vom 29. Mai 1874 (Abs. 2 vom 14. Juni 1981):

1.
Alle Schweizer sind vor dem Gesetze gleich. Es gibt in der Schweiz keine Untertanenverhältnisse, keine Vorrechte des Orts, der Geburt, der Familien oder Personen.

2.
Mann und Frau sind gleichberechtigt. Das Gesetz sorgt für ihre Gleichstellung, vor allem in Familie, Ausbildung und Arbeit. Mann und Frau haben Anspruch auf gleichen Lohn für gleichwertige Arbeit.

3. Gleichheit (Verallgemeinerung) als Wesensmerkmal der Rechtsordnung

a) Die Blindheit der Justitia

Die Gleichheit (und damit eine als Gleichheit ausdrückbare Gerechtigkeit) betrachten wir seit langem als ein(!) Wesensmerkmal des Rechts. Deshalb

---

9 Einführend *W. Eggebrecht/K. Manhart*, Fatale Logik, Egoismus oder Kooperation in der Computersimulation, Magazin für Computertechnik (c't) 1991, 144.

10 Der Text ist zugänglich in der Sammlung von *van Asbeck*, The Universal Declaration of Human Rights, Leiden 1949.

trägt die Göttin Justitia eine Binde vor den Augen, und deshalb wird »ohn Ansehn der Person« gerichtet[11]. Die verbundenen Augen der Justitia lehren uns, daß *Gleichbehandlung* eine Verallgemeinerung voraussetzt. Verallgemeinerung wiederum bedeutet Vergröberung, also eine *eingeschränkte* Individualisierung (und Ungleichbehandlung wegen der Ignorierung individueller Details!). – Der reiche Mann kann seinen Schuldner ebenso auf Bezahlung der Schulden in Anspruch nehmen wie ein Gläubiger, der auf das Geld viel dringender angewiesen ist[12]. – Ist die hübsche Angeklagte schuldig, ist sie genauso zu verurteilen wie ein mürrischer oder gar frecher Angeklagter (und ein frecher Angeklagter ist genauso freizusprechen, wenn er unschuldig ist, wie ein höflich auftretender Angeklagter). Wie rasch das problematisch wird, zeigt die Frage, ob ein leugnender Angeklagter härter zu bestrafen ist als ein geständiger Angeklagter[13].

Mir wird als drastisches Beispiel der Fall eines schwäbischen Laienrichters (Schöffen) in Erinnerung bleiben, der bei einem unsympathischen Angeklagten und einer Beweissituation, über die die Richter verschiedener Ansicht waren, bei der Urteilsberatung sich schweigend die verschiedenen Argumente seiner Kollegen anhörte und dann bei der entscheidenden Abstimmung über die Schuldfrage sagte: »Schuldig. – Gwä isch er's net – aber dem ghört's« (d. h., dem Angeklagten »gehört« eine Strafe, obwohl er es nicht gewesen ist, also schuldig. – So geht es nicht. Unser Bemühen um Regeln ist nichts anderes als ein Versuch, uns vor solchen – auch weniger drastischen – Kurzschlüssen zu schützen. Gerechtigkeit wollte auch dieser Schöffe. Damit ist es nicht getan.

Man kann es als eine Eigenart juristischen Denkens bezeichnen, daß nicht die beste Lösung anhand aller Umstände des Einzelfalles gesucht wird, sondern die beste *verallgemeinerungsfähige* Lösung. Aus diesem Grunde gehört zum juristischen Denken die Prüfung, was relevant ist. Viele Details werden so ausgeschieden, weil sie »nicht zur Sache« gehören. Regeln setzen Verallgemeinerung voraus, und ohne Vergröberung stiege der prozessuale Aufwand, d. h. die Ermittlung des die Entscheidung beeinflussenden relevanten Sachverhalts, ins Unermeßliche. Für den Juristen sind Lösungen geradezu anrüchig, die mit der Einmaligkeit eines Falles begründet werden, denen also die Verallgemeinerungsfähigkeit abgesprochen wird[14].

---

11 Die Justitia ist mit Binde in Bern (Gerechtigkeitsbrunnen von 1543) zu sehen, allgemein dazu *Kissel*, Die Justitia, München 1984, S. 82 ff.; vgl. ferner § 2 II Anm. 46.

12 Der große englische Jurist *Wigmore* (1863–1943) hat unter Bezugnahme auf ein ähnliches Beispiel, mit dem *Puchta* (1798–1846) die im Recht enthaltene Abstraktionsleistung illustriert hat, darin ein Charakteristikum abendländischer Denkweise gesehen; zusammenfassend dazu *J. Frank*, Courts, S. 382. Zu *Puchta* (Pandektenwissenschaft) *Wieacker*, Privatrechtsgeschichte der Neuzeit, 2. Aufl., Göttingen 1967, S. 399 ff., 430 ff.

13 Dazu *Arzt*, recht 1994, 141 ff., 234 ff., 237.

14 Einzelfallgesetze sind staatsrechtlich höchst suspekt (Mißbrauch der Gesetzgebungskompetenz und Durchbrechung der Gewaltenteilung), vgl. Art. 19 Abs. 1 S. 1 GG und für die Schweiz *Hangartner*, Staatsrecht I, S. 170; Ausnahmegerichte, d. h. ad hoc zur Aburteilung eines konkreten Falles eingesetzte Gerichte sind so gefährlich, daß sie verfassungsrechtlich ausdrücklich verboten sind, Art. 101 GG; Art. 58 BV.

b) Individualisierung durch Privatautonomie, Billigkeit und Gnade

Die vorstehend a) bewußt schroff formulierte Absage an die Individualgerechtigkeit als Ziel der Rechtsordnung ist in verschiedener Hinsicht abzumildern. Zunächst ist zwar selbstverständlich, daß das staatliche Recht verallgemeinern muß, doch ist zugleich zu beachten, daß mit Hilfe der Privatautonomie eine weitgehende Individualisierung möglich wird. Im Vorgriff auf § 2 II: In der Privatautonomie steckt die Befugnis zu einer privaten Regelung (Rechtsetzung). Wenn z. B. im Erbrecht die grobe Regel gilt, »Kinder erben zu gleichen Teilen« (§ 1924 Abs. 4 BGB; wörtlich übereinstimmend für die Schweiz Art. 457 Abs. 2 ZGB), so gilt dies nur unter dem Vorbehalt, daß der Erblasser keine andere Verfügung getroffen hat. Mit anderen Worten, zur Privatautonomie gehört auch die Testierfreiheit (Art. 467 ZGB; § 2302 BGB). Sie erlaubt es dem Erblasser, die Verteilung des Nachlasses in der ihm richtig erscheinenden Weise höchst differenziert zu regeln, vgl. das *Beispiel* von der Erbteilung einer Ziegenherde am Ende dieses Kapitels. – Freilich ist bei diesem Hinweis auf die Privatautonomie zu beachten, daß auch in diesem Bereich alles nach Standardisierung drängt. So werden z. B. Preise und Garantiebedingungen bei den Käufen des alltäglichen Lebens zwischen Verkäufer und Käufer nicht von Einzelfall zu Einzelfall individuell ausgehandelt. Auch wo die Privatautonomie zu individuellen Lösungen führt, ist deren Gerechtigkeitsgehalt noch nicht gewährleistet. Der Erblasser kann von seiner Testierfreiheit in dem Sinne Gebrauch machen, daß er ein gerechteres Resultat herbeiführt als bei Aufteilung zu gleichen Teilen (so im Beispiel am Ende dieses Kapitels). Er kann von seiner Testierfreiheit aber auch Gebrauch machen, um eine höchst ungerechte Aufteilung seines Nachlasses anzuordnen.

Garantiert demnach die Privatautonomie zwar Individualisierung, aber nicht denknotwendig zugleich eine verbesserte inhaltliche Gerechtigkeit, so erreichen wir mit Hilfe der *Billigkeit* eine gerechtere, weil individualisierte Lösung. Die Billigkeit funktioniert als ein generalklauselartiges Korrektiv von Ergebnissen, die sich gewissermaßen auf den ersten Blick aus dem Recht ergeben, siehe unten § 3 I 4 b. Das Korrekturbedürfnis stützt sich auf Umstände des Einzelfalls, denen die rechtliche Regelung nicht Rechnung tragen konnte.

Beispiel: Das Privatrecht geht vom Grundsatz aus, daß der Schädiger bei Verschulden schadenersatzpflichtig ist. Sowohl das deutsche als auch das schweizerische Recht sieht die Unbilligkeit dieses Prinzips dann, wenn den Geschädigten ein Mitverschulden trifft, vgl. § 254 BGB (D) bzw. Art. 43, 44 OR i.V.m. Art. 4 ZGB (CH). Ob eine den Schädiger ruinierende Ersatzpflicht bei leichtem Verschulden unbillig sein kann, wird in Deutschland und der Schweiz unterschiedlich gesehen, vgl. Art. 44 Abs. 2 OR (CH).

Wichtig ist, daß die Billigkeit nichts daran ändern kann oder will, daß nicht alle Umstände des Einzelfalles zu berücksichtigen sind. Auch die Billigkeit erlaubt nur die Berücksichtigung von relevanten (und wenigstens eingeschränkt verallgemeinerungsfähigen) Umständen. Freilich wird ein individuellerer Maßstab angelegt als bei der Regel, die unter Berufung auf die Billigkeit modifiziert wird.

Aristoteles, Nikomachische Ethik, 5. Buch[15]: »Einerseits loben wir das Billige . . ., andererseits erscheint es, wenn man sich an die Logik hält, als ungereimt, daß das Billige Lob verdienen und doch vom Recht verschieden sein soll . . . Die Schwierigkeit rührt nur daher, daß das Billige zwar ein Recht ist, aber nicht im Sinne des gesetzlichen Rechts, sondern als eine Korrektur desselben. Das hat darin seinen Grund, daß jedes Gesetz allgemein ist und bei manchen Dingen richtige Bestimmungen durch ein allgemeines Gesetz sich nicht geben lassen . . . Wenn demnach das Gesetz allgemein spricht, aber in concreto ein Fall eintritt, der in der allgemeinen Bestimmung nicht einbegriffen ist, so ist es, insofern der Gesetzgeber diesen Fall außer acht läßt und, allgemein sprechend, gefehlt hat, richtig gehandelt, das Versäumte zu verbessern, wie es auch der Gesetzgeber selbst, wenn er den Fall vor sich hätte, tun, und wenn er ihn gewußt hätte, es im Gesetz bestimmt haben würde . . . Und das ist die Natur des Billigen: es ist eine Korrektur des Gesetzes, da wo dasselbe wegen seiner allgemeinen Fassung mangelhaft bleibt.«

Wir haben in Deutschland wie in der Schweiz (und im kontinentalen Recht insgesamt) die Billigkeit ins Recht integriert (Billigkeit als generalklauselartiges Korrektiv). Denkbar ist auch, Recht und Billigkeit strenger zu trennen, so daß man im Extremfall erst vor Gerichten prozessieren muß, die nach dem Recht urteilen. Wenn man dort verliert, kann man sich an Gerichte wenden, die nach Billigkeit urteilen dürfen (und damit zu einem abweichenden Resultat kommen können). In dieser Weise hat das englische Recht jedenfalls früher der Billigkeit *(equity)*[16] Rechnung getragen, wobei die materiellrechtliche und verfahrensrechtliche Aufspaltung in Recht und Billigkeit dort zum Teil bis heute nachwirkt.

Die *Gnade* steht der Billigkeit insofern nahe, als sie auch die sich aus dem Recht ergebende Lösung korrigiert und bei dieser Korrektur ebenfalls auf Umstände des Einzelfalles Rücksicht nimmt. In dem alten Spruch, daß »Gnade vor Recht« ergehe, kommt jedoch zum Ausdruck, daß die Begnadigung nicht als höhere, individuellere Gerechtigkeit zu verstehen ist. Die Gnade verwirklicht vielmehr andere Werte, auf die die Gerechtigkeit nur eingeschränkt Rücksicht nehmen kann[17]. Da sich das moderne Recht schon in der Regelung (durch Einbau von Generalklauseln) als sehr elastisch er-

---

15 *Aristoteles*, Nikomachische Ethik (um 330 v. Chr.), 5. Buch, zitiert nach der Übersetzung von *E. Rolfes* (bearbeitet von *G. Bien*), Hamburg 1995, stark gekürzt.

16 Einführend zur equity *Zweigert/Kötz*, Einführung in die Rechtsvergleichung, Bd. 1, 2. Aufl., Tübingen 1984, S. 218 ff., 231 f. – Vgl. auch *Patrick Devlin*, The Enforcement of Morals, Oxford 1965 (zitiert nach der broschierten Ausgabe 1968), S. 45 f. (zur Berufung auf Irrtum sowie Treu und Glauben im Vertragsrecht im englischen und kontinentalen Recht).

17 Zum Verhältnis des Rechts und der Gerechtigkeit zur Gnade lese man die Sprüche 57–60 in *Radbruch*, Kleines Rechts-Brevier, Göttingen 1954 und/oder *Shakespeare*, Der Kaufmann von Venedig.

weist und diese Elastizität zusätzlich dadurch gesteigert wird, daß die Auslegung sich am Sinn orientiert (und nicht am Wort haftet, siehe unten § 3 I), ist die Spannung zwischen Recht einerseits, Billigkeit und Gnade andererseits heute viel geringer als in früheren Rechtsordnungen.

4. Inhaltlich richtige (gerechte) Ordnung durch Verfahren

Der Mangel des Verweises auf Gleichheit und gleiche Freiheit liegt – wie man schon lange erkannt hat – im *formalen Charakter dieses Gerechtigkeitsprinzips*. Was ist gleich, und was hat jeder in gleicher Weise als das Seine zu beanspruchen? Welche Vergröberungen sind zulässig, welche nicht? Hat der gebildete und informierte Bürger nur ein gleiches Stimmrecht wie der ungebildete und uninformierte Bürger, oder ist seine Stimme »gewichtiger« nach dem Motto: »Man soll die Stimmen wägen und nicht zählen« *(Friedrich Schiller)*[18]? Sind Mann und Frau gleich zu behandeln i.S. gleicher Wehrpflicht oder gleichen Rentenalters? Sind die Tarife der Krankenversicherung für reiche wie arme Bürger, für Raucher wie Nichtraucher gleich zu gestalten? Kurz, läßt sich Gerechtigkeit nicht nur formal bestimmen, sondern läßt sich konkret sagen, was gerecht ist und was nicht?

Zu dieser Grundfrage der Ethik wie der Rechts- und Staatsphilosphie gibt es ein ungeheuer reiches Schrifttum[19]. Meiner Ansicht nach lassen sich die zahlreichen Ansätze auf drei fundamentale Antworten reduzieren:

(1) Da sind zunächst *die* Philosophen, die zu einer grundsätzlichen Verneinung der Frage gelangen. Was gerecht ist, läßt sich nicht allgemeingültig sagen, sondern nur in Relation zu konkreten Festlegungen in der jeweiligen Gesellschaft. Sieht eine konkrete Gesellschaft Mann und Frau nicht als gleich an, verstößt es nicht gegen den Gleichheitssatz, wenn z. B. der Name des Mannes zum Familiennamen wird oder wenn die Frau nur mit Genehmigung des Mannes einen Beruf ausüben darf. Die entsprechenden philosophischen Schulen bezeichnet man als *Relativismus* mit engen Verbindungen zum *Skeptizismus*. Speziell auf die Betrachtung des Rechts angewandt, sprechen wir vom *Rechtspositivismus*. Es gilt das vom Staat gesetzte = positive Recht, auch wenn es ungerecht sein mag; es gilt nicht ein aus der Gerechtigkeit abgeleitetes überpositives Recht, siehe unten III zum Naturrecht.

(2 a) Unter *den* Denkrichtungen, die die Frage bejahen, also Gerechtigkeit nicht nur formal als Gleichheit bestimmen, hält die eine Grundrichtung

---

18 Kein Zitat aus Tell, sondern aus Demetrius.

19 Näheres in der Rechtsphilosophie. – In *Brunner/Conze/Koselleck* (Hrsg.), Geschichtliche Grundbegriffe, Historisches Lexikon zur politisch-sozialen Sprache in Deutschland, Bd. 5, Stuttgart 1984, findet sich zum Stichwort »Recht, Gerechtigkeit« eine Darstellung auf 70 Seiten, deren Attraktivität u. a. in den geschickt ausgewählten wörtlichen Zitaten liegt (Verf. *Loos/Schreiber*).

Aussagen über eine inhaltliche Gerechtigkeit für möglich, weil wir die Werte erkennen können. Erkenntnismittel ist entweder unser Wert- und *Gerechtigkeitsgefühl* oder die *Vernunft*. Im Laufe der Geschichte akkumuliert sich so unser Wissen um das Richtige, und es kommt zu einer fortschreitenden Enthüllung der Werte. – Die Spannweite der philosophischen Ansätze ist gewaltig und kann hier nicht einmal annäherungsweise nachgezeichnet werden. Auf die *Vernunft* berufen sich *Naturrechtslehren* mit ihren zum Teil detaillierten Aussagen über inhaltlich gerechte Lösungen[20].

Im 18. Jahrhundert ist das Naturrecht aus heutiger Sicht erstaunlich naiv begründet worden. Man lese dazu beispielsweise die Ableitung von Rechtsinstituten aus dem Klima nach bei *Montesquieu*, De l'Esprit des Lois, 1748, Buch XVI. Aus modernen Bemühungen, Regeln aus der Natur abzuleiten, ist an die *Verhaltensforschung* zu erinnern und an die teils optimistischen, teils pessimistischen Parallelen zwischen der Beziehung Staat-Bürger einerseits, Eltern-Kind andererseits. So hat *Bienenfeld*[21] ein optimistisches Bild gezeichnet. Das Kind ist den Eltern anfangs absolut unterworfen; mit dem Älterwerden wandelt sich die Beziehung über eine Art konstitutioneller Monarchie (Kind hat Rechte) bis zur Gleichberechtigung (Demokratie) – d. h. absolute Herrscher im geschichtlichen Frühstadium, Demokratie als Reifungsprozeß.

Statt auf Vernunft (Naturwissenschaft) vertrauen andere Autoren auf das *Gerechtigkeitsgefühl* und/oder die historisch fortschreitende Enthüllung der Werte. Unser Jahrhundert hat zur Diskussion über die Werterkenntnis u. a. die *materiale Wertethik* beigetragen *(Nicolai Hartmann, Max Scheler)*[22]. Der materialen Wertethik liegt die Vorstellung einer Rangordnung der Werte zugrunde, die sich gewissermaßen in einer Wertetafel ausdrücken läßt. Dabei wird das Dilemma gesehen, daß materielle Güter zwar »niedriger« sind als höhere Werte (z. B. geistige, ästhetische Werte), daß aber der Mensch den Zugang zu den höheren Werten nur über die Sicherung der banalen Basiswerte finden kann. Brecht hat dies in der Dreigroschenoper

---

20 In neuerer Zeit extrem weitgehend *Coing*, Die obersten Grundsätze des Rechts. Ein Versuch zur Neubegründung des Naturrechts, Heidelberg 1947.
21 *Bienenfeld*, Prolegomena to a Psychoanalysis of Law and Justice, 53 California Law Review 957 (1965). – Vgl. auch *Melitta Schmideberg*, On Querulance, 15 Psychoanalytic Quarterly 472, 488 (1946):»A child may be punished for something which was passed over yesterday and is joked about tomorrow; it is blamed for things its parents do without qualms. Adults usually have some neat explanation at hand to cover up their inconsistent and unjust behavior against which children are helpless. Whenever trouble arises the child is likely to be held responsable, and there are very few adults who would ever admit to a child that they had been in the wrong. Justice between parents and children does not exist because there is no equality, and those in authority are judges in their own cause. The nursery is like a fascist state: a great parade is made of justice but it depends on the good-will of the authorities whether they dispense justice or punish whoever dares to complain. The fact that men may prefer death to a life without freedom and justice shows how bitterly they must have resented the lack of these in their childhood.« – Diese etwas entlegenen Hinweise (vgl. schon oben Anm. 9 zur Spieltheorie) sind als Anregung gemeint, sich mit Gerechtigkeit auseinanderzusetzen – und zwar vom Boden irgendeines außerjuristischen Hobbies aus (Literatur, Theologie, Psychoanalyse, Verhaltensforschung, Computerspiele).
22 Zu Rechtsgefühl und materialer Wertethik *Fechner*, Rechtsphilosphie, S. 154–177.

wertphilosophisch korrekt auf die kurze Formel gebracht: »Erst kommt das Fressen, dann kommt die Moral.«

Ethische Normen werden vielfach mißachtet. Das ändert – sagt die Ethik – nichts an ihrer Richtigkeit. »Liebe Deinen Nächsten wie Dich selbst« oder »Du sollst nicht ehebrechen« sind Verhaltensvorschriften, zu begreifen als Ausflüsse ethischer Werte wie Liebe und Treue. Lieblosigkeit und Treulosigkeit ändern an der Existenz und Richtigkeit der entsprechenden Werte nichts. Die *Sklaverei* war danach immer unsittlich, obwohl man dies über Jahrhunderte hinweg nicht so empfunden hat und die Beseitigung der Sklaverei als *Rechtsinstitut* viele Widerstände zu überwinden hatte[23]. – Blicken wir zurück auf die Sitte, dann sehen wir den Unterschied zur Sittlichkeit, der durch die inhaltliche Absolutheit ethischer Werte entstanden ist. Die Jungfräulichkeit der Braut kann Sitte sein, ebensogut(!) wie das Sammeln sexueller Erfahrungen vor der Ehe Sitte sein kann. Bei massenhafter »Sittenlosigkeit« kommt ein Punkt, bei dem das Verhalten nicht mehr von der Sitte abweicht, sondern sich die Sitten ändern. Bei der Sitte gibt es die *normative Kraft des Faktischen*, d. h. die Norm der Sitte bestimmt nicht das Sein (die Realität menschlichen Verhaltens), sondern es besteht eine Wechselbeziehung zwischen Sein und Sollen. Dagegen wird für die ethischen Werte Existenz und Richtigkeit unabhängig von ihrer Beachtung oder ihrer unter Umständen Jahrhunderte dauernden Mißachtung (Sklaverei) postuliert. Mit der Unwandelbarkeit ethischer Werte steht nicht in Widerspruch, daß die konkreten Ausprägungen dieser Werte kulturbedingt sind. *Gnade* als sittliches Gebot bestand gegenüber einem Dieb im 16. Jahrhundert darin, daß man ihn mit dem Schwert gerichtet (und ihn nicht auf schmerzhaftere Weise getötet) hat. Heute kann der Wert der Gnade gegenüber einem Dieb *so* nicht verwirklicht werden.

Bestimmen wir den *Standort des Rechts* in Relation zu *Sitte* bzw. *Sittlichkeit*, ist leicht zu sehen, daß in weiten Bereichen das Recht der Sitte ähnelt. Das Recht ist als umfassende Regelung menschlichen Verhaltens vielfach banal, inhaltlich beliebig und austauschbar, man denke an Links- bzw. Rechtsverkehr oder an die Fülle der Formalitäten. Wieviel an *List* im Umgang der Rechtsgenossen miteinander hinnehmbar ist; wer von wem wieviel an *Vorsicht* im Straßenverkehr erwarten kann oder welche Risiken unter welchen Voraussetzungen eingegangen werden dürfen – das kann der Gesetzgeber unterschiedlich sehen. Die Ordnung verlangt primär nach einer Festlegung; wie die Regelung inhaltlich aussieht, ist vergleichsweise sekun-

---

23 Die frühesten Argumente gegen die *Sklaverei* waren religiöser Art, dann folgte die Berufung auf natürliche und unverzichtbare Menschenrechte (»natural and inalienable rights«), so *Wilbert E. Moore*, American Negro Slavery and Abolition; A Sociological Study, New York 1980, S. 149 (was zugleich eine naturrechtliche Limitierung des Eigentumsbegriffs bedeutet, d. h. es ist kein Eigentum an einem Menschen möglich, ebenda, S. 153). Zur Berufung auf natürliche Menschenrechte vgl. *Rousseau*, Contrat Social (1762), 1. Buch, Kap. I–IV; *Seneca*, epistulae morales (um 65 n. Chr.), 47, 1–21.

där. Hier unterscheidet sich das Recht von der Sitte nur dadurch, daß das *Recht mit staatlichem Zwang durchgesetzt* wird, siehe unten § 2 III 1 a.

Mit der Ethik hat das Recht gemein, daß es Güter schützt, d. h. das Gute in Schutz nimmt. Die Vermutung liegt deshalb nahe, daß der Rechtsfrieden am einfachsten dann herzustellen ist, wenn die Rechtsordnung die Rangfolge der Werte und Güter beachtet und in diesem Sinne eine gute Ordnung ist. Deshalb wird ein gutes Recht die Dummen gegen Arglist im Rechtsverkehr und die Schwachen gegen Rücksichtslosigkeit im Straßenverkehr schützen.

(2 b) Unter den Denkrichtungen, die Gerechtigkeit nicht nur formal als Gleichheit bestimmen, läßt sich eine zweite Grundströmung identifizieren. Ihre Vertreter vertrauen nicht unmittelbar auf die Vernunft und das Gerechtigkeitsgefühl, sondern sie gehen davon aus, daß bestimmte *Verfahren* zu einem inhaltlich richtigen Ergebnis führen. Mittelbar können diese Verfahren selbstverständlich ihrerseits auf Vernunft und Gerechtigkeitsgefühl gestützt sein. – Das älteste Verfahren, das die inhaltliche Richtigkeit des Rechts begründen sollte, ist die *Stiftung des Rechts durch* einen *Gott.*

Das *5. Buch Moses*, 22, berichtet, daß Gott seine Worte »auf zwei steinerne Tafeln« schreibt[24]. Diese unmittelbare Überlieferung der Gebote ist bemerkenswert, weil sie Mißverständnisse ausschließt und so die Autorität der Regelung stärkt. Hätte z. B. Mose nur (mündlich oder schriftlich) wiedergegeben, was Gott ihm mitgeteilt hatte, wäre eine solche mittelbare Überlieferung von schwächerer Autorität (u. a. dem Einwand ausgesetzt, Mose habe Gott mißverstanden). Die Abstützung der Rechtsordnung auf den Willen Gottes hat sich in Europa im Gottesgnadentum der weltlichen Herrscher immerhin bis ans Ende des 18. Jahrhunderts erhalten, nämlich bis zur Französischen Revolution von 1789[25].

Inhaltliche Gerechtigkeit durch ein besonderes Verfahren liegt auch der *Demokratie* zugrunde, anschließend 5. Die Verbindlichkeit der Mehrheitsentscheidung wird darauf gestützt, daß die Mehrheit »recht hat«. Die Berufung auf Vernunft wird zum Teil noch durch die Religion ergänzt: »Volkes Stimme – Gottes Stimme«[26].

Der klassische *Liberalismus* sucht ebenfalls inhaltlich richtige Lösungen durch ein besonderes Verfahren herbeizuführen. Der gerechte Interessen-

---

24 Zum altrömischen Rechtsdenken vgl. *Kaser*, Römische Rechtsgeschichte, 2. Aufl., Göttingen 1976, § 13 (zu Gottesbefragung, Gottesurteil, Betreuung des Rechts durch die Priesterschaft, dort aber auch der Hinweis, daß das altrömische Recht »seinem Wesen nach sakral« gewesen sei).

25 Nachwirkungen der geistlichen Gerichtsbarkeit waren am längsten in Ehe- und Scheidungssachen zu spüren. Zur früheren Trennung der weltlichen und der geistlichen Gerichtsbarkeit vgl. den Maikäferprozeß oben I, der vor der geistlichen Gerichtsbarkeit ausgetragen worden ist.

26 Vox populi – vox dei, *Detlef Liebs*, Lateinische Rechtsregeln und Rechtssprichwörter, 5. Aufl., München 1991, S. 221. Sowohl die BV der Schweiz wie das GG Deutschlands rufen in ihrer Präambel Gott an, und das Schweizerische Bundesgericht spricht auch in neueren Entscheiden von »der göttlichen Macht des Richters«, *BGE 116 II 713*, zitiert nach der Übersetzung in Pra 81 (1992) Nr. 12.

ausgleich wird durch den *Markt* verwirklicht. Der Markt läßt sich als eine Verfeinerung des Mehrheitssystems begreifen[27].

Auch die *historische Rechtsschule* (*von Savigny*, 1779–1861) erwartet richtige Lösungen durch ein Verfahren, im konkreten Falle durch ein quasi-natürliches Wachstum des Rechtes, vergleichbar dem Wachstum der Sprache, die auch immer »richtig« ist[28].

5. Rechtsetzung durch die Mehrheit und die Rechte der Minderheit

Es ist klar, daß von den vorstehend kurz geschilderten Wegen zu einem gerechten Recht das demokratische Rechtsetzungsverfahren besonders interessiert. Sein Charakteristikum ist die Maßgeblichkeit der Mehrheitsentscheidung. Staatslehre, allgemeine Rechtslehre und Demokratietheorien bemühen sich um eine Erklärung dafür, daß die Mehrheitsentscheidung auch die Minderheit rechtlich bindet. Wir sehen heute im Mehrheitswillen keine Garantie für inhaltliche Richtigkeit, aber realistisch-resignierend das relativ beste Rechtsetzungsverfahren. Die pragmatische Einschätzung der Bedeutung eines Mehrheitsvotums ist zugleich eine Warnung davor, die *Rolle der Minderheit* zu unterschätzen. Bei der Rechtsetzung in der Demokratie besteht ein Spannungsverhältnis zwischen der Verbindlichkeit der Mehrheitsentscheidung und der Rücksichtnahme auf die Minderheitsstandpunkte. Dabei versuchen wir einmal mehr, den schroffen Gegensatz Mehrheit/Minderheit mit Hilfe von Verfahren zu mildern. Dazu gehört in Bundesstaaten (z. B. Deutschland, Schweiz, USA) die Gesetzgebung im Zwei-Kammern-System. Bundestag/Bundesrat (D); Nationalrat/Ständerat (CH) oder Repräsentantenhaus/Senat (USA) eröffnen der Minderheit in der einen Kammer die Chance, in der anderen Kammer die Mehrheit zu erringen. Damit steigt zugleich die Chance, daß bei der gesetzlichen Regelung früh ein Kompromiß zwischen Mehrheit und Minderheit angestrebt wird. Neben einer *Legitimation* der Mehrheitsmeinung *durch* besondere *Verfahrensrechte*[29] der Minderheit suchen wir Minderheiten gegen Majorisierung auch substantiell zu schützen, insbesondere durch *Freiheitsgarantien. Beispiele* für solchen Minderheitenschutz reichen von der blutig erkämpften Glaubensfreiheit (Art. 4 GG, Art. 49 Abs. 1 BV) bis zur Anerkennung (auch) der Minderheitensprachen als Amtssprachen (Art. 116 Abs. 2 BV).

---

27 Eine schneidende Auseinandersetzung mit Demokratie und sozialer Gerechtigkeit vom Boden des Neoliberalismus aus findet sich bei *F. A. von Hayek*, Recht, Gesetzgebung und Freiheit, Bd. I, München 1980; Bd. II, Landsberg a. Lech 1981. Zum »Grundprinzip des ökonomischen Spiels, in dem nur das Verhalten der Spieler, nicht aber das Ergebnis gerecht sein kann«, vgl. besonders Bd. II, S. 102 ff.

28 *Von Ihering*, Der Kampf ums Recht, 1872, hat zur Auffassung von Savigny's spöttisch gemeint, es möge schon sein, daß cum den Ablativ regiere, doch sei nicht zu erwarten, daß aus Volksüberzeugungen *kampflos* richtige Rechtsregeln herauswachsen würden.

29 *N. Luhmann*, Legitimation durch Verfahren, Darmstadt/Neuwied 1969 (3. Aufl., Frankfurt a. M. 1993). Zur Kritik an der Verlagerung der Gerechtigkeit auf den Verfahrensaspekt unten § 2 III 2 c mit Anm. 49.

Wie weit eine Demokratie im Minderheitenschutz geht und wie weit Mehrheit und Minderheit aufeinander im Sinne eines Kompromisses zugehen, ist primär eine Frage der *politischen Kultur.*

Beispiel: Das *Mehrheitswahlrecht* ist so demokratisch wie das Verhältnismäßigkeitssystem (Proporz), obwohl die beiden Systeme zu radikal unterschiedlichen Konsequenzen für die Repräsentation von Minderheiten im Parlament führen können.

Zur politischen Kultur speziell der *Schweiz* (weniger der Deutschlands) gehört eine besondere Rücksicht auf Minoritäten und eine besondere Fähigkeit zu Kompromissen. Das ist erfreulich, weil sich dadurch das Problem der Anerkennung des Rechts durch die Rechtsgenossen entspannt und die Durchsetzung des Rechts erleichtert wird. Freilich können alle prozeduralen Hilfen für Minderheiten Konflikte nicht substantiell lösen, und die Betonung der verfahrensmäßigen Aspekte kann dazu führen, daß man sich mehr über das Verfahren als über die Sache selbst streitet.

Wer gehört zur Minderheit? So banal die Frage sein mag, ist sie doch geeignet, den Blick für prinzipiell unterschiedliche Situationen zu schärfen. Was allgemeine politische Auseinandersetzungen (auch und gerade im Zusammenhang mit Rechtsetzung) angeht, steht uns das Bild von *ständig wechselnden Mehr- und Minderheiten* vor Augen. Zum Teil wird die Verbindlichkeit von Mehrheitsentscheidungen auf die Überlegung gestützt, daß die anderen eine Chance hatten und haben, ihrerseits Mehrheit zu werden, siehe anschließend 6. – Daneben gibt es konstante Minderheiten, z. B. die Alten, Kranken, Reichen, die Bürger französischer Muttersprache im Kanton Bern usw. Solche konstanten Minoritäten können politisch als *Gruppen* mehr oder weniger organisiert ihre Gruppeninteressen vertreten. Solche Sonderinteressen können rechtlich mehr oder weniger stark anerkannt sein.

Schließlich gibt es noch eine Minderheit, die unsere besondere Aufmerksamkeit verdient, nämlich die *Rechtsbrecher.* Hier muß ein Rechtsstaat auf Verfahrensgarantien achten, insbesondere was die Ermittlungsmethoden, den Nachweis von Rechtsverletzungen sowie die Sanktion für Rechtsverletzungen angeht.

Darüber hinaus ist Toleranz in dem Sinne zu fordern, daß die Rechtsordnung eine Randzone aufweisen sollte, die Randseiter oder Außenseiter leben läßt, ohne sie zu Rechtsbrechern zu stempeln (*Beispiel:* Drogenkonsum oder unkonventionelle Berufe wie Hausierer, Matrose, Musikant, Scherenschleifer, Tätowierer, Marktschreier usw.). – Was schließlich die Rechtsdurchsetzung und die Bekämpfung des Rechtsbruchs angeht, kann die Rechtsgemeinschaft einerseits den Rechtsbruch nicht ignorieren – sonst sind die Ordnung und mit ihr die Friedens- und Befriedungsfunktion der Rechtsordnung dahin. Es ist beunruhigend, daß Minoritäten (zunehmend?) mit massenhaftem Rechtsungehorsam drohen, also damit, daß sie ein unbequemes Mehrheitsvotum in der Praxis vereiteln werden (*Beispiele:* Verkehrs-, Asyl-, Energiepolitik, z. B. Ungehorsam gegen Durchsetzung von Tempolimiten, gegen Ausschaffung von Asylbewerbern etc.). Andererseits darf man nicht vergessen, daß auch der Rechtsbrecher zur Rechtsgemeinschaft gehört und nicht ausgegrenzt oder aus der Gemeinschaft hinausdefiniert werden darf. Dies kommt im nachstehenden Zitat von *Friedrich Nietzsche* (1844–1900)[30] zum Ausdruck:

»Seitdem der Glaube aufgehört hat, daß ein Gott die Schicksale der Welt im Großen leite und, trotz aller anscheinenden Krümmungen im Pfade der Menschheit, sie doch herrlich hinausführe, müssen die Menschen selber sich ökumenische, die ganze Erde umspannende Ziele stellen. Die ältere Moral, namentlich die Kant's, verlangt vom Einzelnen Handlungen, welche man von allen Menschen wünscht: das war eine schöne naive Sache; als ob ein Jeder ohne Weiteres wüßte, bei welcher Handlungsweise das Ganze der Menschheit wohlfahre, also welche Handlungen überhaupt wünschenswerth seien; es ist eine Theorie wie die vom Freihandel, voraussetzend, daß die allgemeine Harmonie sich nach eingeborenen Gesetzen des Besserwerdens von selbst ergeben *müsse*. Vielleicht läßt es ein zukünftiger Überblick über die Bedürfnisse der Menschheit durchaus nicht wünschenswerth erscheinen, daß alle Menschen gleich handeln, vielmehr dürften im Interesse ökumenischer Ziele für ganze Strecken der Menschheit specielle, vielleicht unter Umständen sogar böse Aufgaben zu stellen sein.«

6. Der Kampf ums Recht (lex lata – lex ferenda)

Wir haben bisher Recht beschrieben als Normierung menschlichen Verhaltens. Mit der »Normierung« ist zugleich das Ziel bezeichnet, das das Recht erreichen will, nämlich Ordnung. Recht ist jedoch mit Ordnung nicht gleichzusetzen. Recht will mehr als Ordnung, es will eine *gute* Ordnung. Rechtsordnung heißt gerechte Ordnung, d. h. eine Ordnung, die Freiheiten und Rechte respektiert und schützt.

Die Ansichten über das, was gerecht ist, können weit auseinandergehen. Meinungsverschiedenheiten sind denkbar bezüglich der gerechten Lösung eines Detailkonfliktes auf der vorgefundenen Basis der allgemeinen Verhältnisse.

Beispiel: Auf der Basis der gegenwärtigen Eigentumsverteilung an Grund und Boden gehen die Ansichten über die gerechte Besteuerung dieses Eigentums auseinander.

Meinungsverschiedenheiten sind auch denkbar bezüglich der Gerechtigkeit der vorgefundenen allgemeinen Verhältnisse.

---

30 *Nietzsche*, Menschliches, Allzumenschliches – Ein Buch für freie Geister, 1. Bd. Nachgelassene Fragmente (zitiert nach der Kritischen Gesamtausgabe, hrsg. von *G. Colli* und *M. Montinari*, 4. Abt., 2. Bd., Berlin 1967, S. 42).

Beispiel: Die vorgefundene Eigentumsverteilung wird als ungerecht angesehen (Eigentum ist Diebstahl) und eine Veränderung angestrebt, z. B. über konfiskatorisch wirkende Erbschaftssteuern[31].

Entsprechend der jeweiligen Gerechtigkeitsvorstellungen schwankt die rechtspolitische Einschätzung des Status quo – von Beibehaltung über verschiedene kleine oder große *Reformen* bis hin zu einer grundlegenden Umwälzung, *Revolution*. Solche Divergenzen bezüglich der Gerechtigkeitsvorstellungen sind nichts Neues. Nicht neu ist auch, daß hinter Forderungen, die im Namen der Gerechtigkeit und des Gesamtwohls erhoben werden, der Egoismus eines einzelnen oder einer Gruppe steckt.

Jean-Jacques Rousseau, Contrat Social (1762), 1. Buch, Kap. VII, beschreibt, wie der Bürger durch sein Einzelinteresse den Blick für die Bedürfnisse der Gemeinschaft verlieren kann: »Son intérêt particulier peut lui parler tout autrement que l'intérêt commun; son existence absolue, et naturellement indépendante, peut lui faire envisager ce qu'il doit à la cause commune comme une contribution gratuite, dont la perte sera moins nuisible aux autres que le payement ne sera onéreux pour lui . . .«

Damit stehen wir vor der Frage, wessen Gerechtigkeitsvorstellung in das Recht Eingang findet. Darauf ist im Zusammenhang mit der Rechtsetzung (Rechtsquellenlehre) im folgenden Kapitel zurückzukommen. Hier nur so viel: Schon aus den unterschiedlichen Gerechtigkeitsvorstellungen folgt, daß einer schlechten, weil ungerechten Ordnung der Rechtscharakter nicht einfach abgesprochen werden kann. Sonst wäre in pluralistischen Gesellschaften eine verbindende und verbindliche Rechtsordnung gar nicht möglich. Damit haben wir zwei Aussagen gemacht, die sich widersprechen: (1) Recht ist nicht gleich Ordnung, sondern ist (durch demokratische Rechtsetzung erreichte) gerechte Ordnung; (2) auch demokratisch gesetztes Recht kann ungerecht sein (oder von einem Teil der Rechtsgenossen als ungerecht angesehen werden) – trotzdem (deshalb?) sind die Rechtsgenossen auch an eine Rechtsordnung gebunden, die sie als ungerecht betrachten. – Dieser Widerspruch ist mit dem Mittel des *Verfahrens* zu lösen. Rechtsordnung ist die Ordnung, die widerstreitende Gerechtigkeitsvorstellungen durch ein Verfahren so bereinigt, daß es legitim ist, von allen Mitgliedern der Rechtsgemeinschaft die Hinnahme des Resultats als Recht zu verlangen. Akzep-

---

31 »Eigentum ist Diebstahl« stammt von *Proudhon*, Qu'est-ce que c'est la proprieté, 1840, zugänglich in: Œuvres complètes, Bd. 4, Genf 1982, S. 132. *Greiner* (Die Zeit, 24. 1. 1992 S. 1) schreibt den *Slogan Jacques Pierre Bressot*, 1780 zu. – Ungefähr zeitgleich mit Proudhon schreibt Heinrich Heine in seinen Memoiren im Zusammenhang mit seinem Jurastudium über das (römische) Recht und die Römer: »Diese Räuber wollten ihren Raub sicherstellen, und was sie mit dem Schwerte erbeutet, suchten sie durch Gesetze zu schützen . . . Wahrhaftig jenen römischen Dieben verdanken wir die Theorie des Eigentums, das vorher nur als Tatsache bestand.« – *Marx/Engels*, Manifest der kommunistischen Partei (1848), verlangen »despotische Eingriffe in das Eigentumsrecht und in die bürgerlichen Produktionsverhältnisse« und die »Abschaffung des Erbrechts«. – Vgl. *Lüderssen*, Heinrich Heine, Gustav Radbruch und das Erbrecht, JZ 1990, 663 und unten § 4 V 1.

tanz der getroffenen Lösung de lege lata, d. h. als geltendes Recht, schließt es nicht aus, daß eben diese Lösung als ungerecht bekämpft und eine Änderung de lege ferenda, d. h. als kommendes Recht, verlangt wird. Insofern ist die Schaffung einer Rechtsnorm nichts als eine Episode im ständigen »Kampf ums Recht« *(von Ihering)*[32], denn dieser Kampf ums Recht ist immer auch ein Kampf um die Erneuerung des Rechts.

Das sind weitgehend Selbstverständlichkeiten, und die aktuellen politischen Auseinandersetzungen liefern uns ständig Anschauungsmaterial dazu. »Der gesamte politische Tageskampf stellt sich als eine endlose Diskussion über die Gerechtigkeit dar« *(Gustav Radbruch)*[33]. Allein im Zusammenhang mit dem Straßenverkehr ist an Tempolimiten, Autobahnvignetten, Abgasnormen und Verwendung des Mineralölsteueraufkommens zur Förderung des öffentlichen Verkehrs zu erinnern.

Wo bleibt – so ist zu fragen – bei einem permanenten Kampf ums Recht der *Rechtsfrieden*, ohne den es die erstrebte innere Sicherheit nicht geben kann? Wir erzielen diesen Frieden, weil das Recht auch für die verbindlich ist, die die lex lata als ungerecht ansehen. Zugleich verhindern wir Erstarrung, indem das Recht die Auseinandersetzung um seine Veränderung, um die lex ferenda, in geregelter Form ermöglicht. Zunächst ist dies nicht viel mehr als ein juristisch-technischer Kunstgriff, der für sich allein nicht zum Rechtsfrieden führen kann. Denn wo sich Veränderungen de lege ferenda abzeichnen, ist ein Legitimitätsverlust schon der lex lata unvermeidlich. Selbst wenn Reformen keine Mehrheit finden, kann die für eine Reform eintretende Minderheit so gewichtig sein, daß die ständige Diskussion die Autorität des geltenden Rechts schwächt.

Beispiel: Wenn die Reformbedürftigkeit eines Verbots (i.S. einer Lockerung oder gar Aufhebung) von einem beträchtlichen Teil der Öffentlichkeit bejaht wird, braucht man sich nicht zu wundern, daß das geltende Recht nur noch mit Widerstreben (oder praktisch überhaupt nicht mehr) durchgesetzt wird (Schwangerschaftsabbruch; Drogenkonsum).

Die Befriedungsfunktion des Rechts kann durch ständiges Infragestellen der geltenden Ordnung empfindlich gestört werden. Zugleich ist die Offenheit des Rechts für Veränderungen Voraussetzung für den Rechtsfrieden, weil von Rechtsgenossen mit abweichenden Gerechtigkeitsvorstellungen der Rechtsgehorsam verlangt werden kann. Die Opposition wird gewissermaßen in Richtung einer Veränderung de lege ferenda abgelenkt. Unterschiedliche Auffassungen über das richtige Recht werden mit der Recht-

---

32 So der Titel der Schrift von *von Ihering* (1872). Die frühe Rechtssoziologie *(Eugen Ehrlich, Max Weber)* hat zur Ablösung der Begriffsjurisprudenz durch die Interessenjurisprudenz beigetragen (siehe unten § 3 I 3 a). Zu beachten ist jedoch auch der Hinweis bei *Max Weber*, Rechtssoziologie, S. 336 (Ablehnung des Bildes vom Richter als »Rechtsautomaten« aus berufsegoistischen Gründen).
33 *Radbruch*, Rechtsphilosphie, S. 165.

setzung also nicht abgeschnitten, sondern nur auf die Ebene der lex ferenda verschoben. In diesem Sinne gibt es keine endgültige Erledigung des Streits über das richtige Recht, im Gegensatz zur endgültigen, »rechtskräftigen« Entscheidung eines konkreten Streits zwischen Rechtsgenossen. Der mit dem Kampf ums Recht verbundene Verlust an Ruhe und Sicherheit ist nicht mit juristischen, sondern primär mit politischen Mitteln in erträglichen Grenzen zu halten. Wer eine vom Gesetzgeber entschiedene Frage innert kurzer Zeit erneut zum Gegenstand politischer Auseinandersetzungen macht, muß sich entgegenhalten lassen, daß er nicht bereit ist, Ruhe zu geben. Weil solche »Zwängerei« politisch meist erfolglos bleibt, stößt die ständige Wiederholung des Streits um das richtige Recht zwar in der Regel nicht auf eine juristische, wohl aber auf eine politische Schranke. Die Versuchung, zu solcher Zwängerei zu greifen, ist im System der unmittelbaren Demokratie größer als in einer mittelbaren Demokratie, zu diesem Unterschied unten § 2 I 2.

Eine zweite Methode, derer sich das Recht bedient, um sich wandelnde Gerechtigkeitsvorstellungen zu absorbieren, sind elastische Regelungen. Das Recht bedarf der Auslegung. Über ausfüllungsbedürftige Begriffe und Generalklauseln finden sich ändernde Vorstellungen von Gerechtigkeit Eingang in ein – formal unverändert bleibendes! – Recht.

Beispiel (abstrakt): Das öffentliche Recht wird wesentlich von der Generalklausel der Verhältnismäßigkeit beherrscht. Diese Generalklausel besagt u.a., daß der Staat erwünschte Ziele nur unter Einsatz verhältnismäßiger Mittel anstreben darf. Dieses Verhältnismäßigkeitsprinzip nimmt – ohne sich selbst zu ändern! – alle Wandlungen auf, die in der Einschätzung der Faktoren eintreten, um deren Beurteilung es geht. – Dasselbe *Beispiel konkret:* Früher hat man die Verhängung bzw. Aufrechterhaltung von Untersuchungshaft als Mittel in Beziehung gesetzt zum Zweck dieser Maßnahme, nämlich den ordnungsgemäßen Ablauf des Strafverfahrens zu sichern. Die Untersuchungshaft will insbesondere der Flucht des Beschuldigten vorbeugen oder der Gefahr, daß der Beschuldigte Zeugen beeinflußt. – Heute bringt man stärker die Bedeutung des Verfahrens ins Spiel, die man – vielleicht allzu stark vereinfachend – mit der Freiheitsstrafe gleichsetzt, die der Beschuldigte im Falle einer Verurteilung ungefähr zu erwarten hat. Damit kann nach moderner Sicht Untersuchungshaft unverhältnismäßig sein, selbst wenn ohne sie das Verfahren undurchführbar wird – nämlich dann, wenn die Dauer der Haft die Dauer der zu erwartenden Strafe übersteigt, grundlegend für die Schweiz *BGE 105 Ia 26* (für Deutschland tendenziell ähnlich *BVerfGE 36, 264*). – Diese neue Verhältnismäßigkeitsprüfung beruht auf einer höheren Bewertung der individuellen Freiheit und einer geringeren Bewertung der abstrakten, von der Bedeutung des einzelnen Falles gelösten Rechtsdurchsetzung. Fiat iustitia wird nicht mehr absolut (im Sinne der Durchführung des Verfahrens und der Wahrheitsfindung) verstanden, sondern wird relativiert.

III. Unrecht als geltendes Recht, Naturrecht

Auch wenn Recht auf eine gerechte Ordnung zielt, sind angesichts der unterschiedlichen Gerechtigkeitsvorstellungen ungerechte Ordnungen denkbar und trotzdem als Rechtsordnung hinzunehmen – Bemühungen um Verbesserung de lege ferenda immer vorbehalten. Wenn dies so ist, stellt sich die Frage, was von der Gerechtigkeit im Recht bleibt, ob Recht nicht doch nur Ordnung ist und ob der Hinweis auf das bessere Recht de lege ferenda nicht einer Vertröstung auf den Sankt-Nimmerleins-Tag gleichkommt. – Die Meinungen hierzu gehen auseinander[34].

(1) Die eine extreme Position geht von einer Gleichsetzung des Rechts mit der durch staatliche Macht durchgesetzten Ordnung aus *(Relativismus, Rechtspositivismus)*.

Nur noch historisch von Interesse ist der *Absolutismus* (Staaten Europas vor der Französischen Revolution von 1789). Diese Staatsform läuft darauf hinaus, daß der Staat bzw. dessen Organe kein Unrecht tun können und aller staatlicher Zwang als Rechtszwang hinzunehmen ist. Der Staat war absolut, d. h. gelöst von Regeln, anhand derer sein eigenes Verhalten als rechtlich erlaubt oder verboten gemessen werden konnte (also insbesondere keine Bindung des Staates an eine Verfassung).

Wenn wir heute vom Problem der Gleichsetzung des Rechts mit staatlich garantierter Ordnung reden, setzen wir voraus, daß die staatlich garantierten Regeln ordnungsgemäß, d. h. in Übereinstimmung mit den formalen Rechtsetzungsregeln des konkreten Staates, zustande gekommen sind und sich der Staat selbst an diese seine Regeln hält. *Dann* sind nach relativistischer Ansicht die Regeln mit Recht gleichzusetzen, ohne Rücksicht auf ihren Gerechtigkeitsgehalt.

Gustav Radbruch[35] *(1932):* »Die Ordnung des Zusammenlebens kann den Rechtsanschauungen der zusammenlebenden Einzelnen nicht überlassen bleiben, da diese verschiedenen Menschen möglicherweise entgegengesetzte Weisungen erteilen, muß vielmehr durch eine überindividuelle Stelle eindeutig geregelt werden. Da aber nach relativistischer Ansicht Vernunft und Wissenschaft diese Aufgabe zu erfüllen außerstande sind, so muß der Wille und die Macht sie übernehmen. Vermag niemand festzustellen, was gerecht ist, so muß jemand festsetzen, was rechtens sein soll, und soll das gesetzte Recht der Aufgabe genügen, den Widerstreit entgegengesetzter Rechtsanschauungen durch einen autoritativen Machtspruch zu beenden, so muß die Setzung des Rechts einem Willen zustehen, dem auch eine Durchsetzung gegenüber jeder widerstrebenden Rechtsanschauung möglich ist. Wer Recht durchzuset-

---

34 Einen Eindruck von der Fülle der Einzelthemen, die sich dem Problemkreis »Naturrecht« zuordnen lassen, vermittelt die Gedächtnisschrift für *René Marcic*, Berlin 1983 (vgl. ebenda zum *Rechtspositivismus* die Beiträge von *Höffe*, S. 303 ff., und *Ott*, S. 413 ff.). – Siehe ferner oben II Anm. 19–21.

35 *Gustav Radbruch* war Rechtsphilosoph, Strafrechtler und sozialdemokratischer Politiker, der sich u. a. als Reichsjustizminister in der Weimarer Republik um die deutsche Strafrechtsreform bemüht hat. – Die Zitate (1932/1945) sind der Rechtsphilosophie entnommen (vgl. Literaturverzeichnis), S. 175 f., 178, 328; Anm. sind weggelassen.

zen vermag, beweist damit, daß er Recht zu setzen berufen ist. Umgekehrt: wer nicht Macht genug hat, einen jeden im Volke gegen den andern zu schützen, hat auch nicht das Recht, ihm zu befehlen (Kant)... Für den Richter ist es Berufspflicht, den Geltungswillen des Gesetzes zur Geltung zu bringen, das eigene Rechtsgefühl dem autoritativen Rechtsbefehl zu opfern, nur zu fragen, was rechtens ist, und niemals, ob es auch gerecht sei... Auch wenn er, weil das Gesetz es so will, aufhört, Diener der Gerechtigkeit zu sein, bleibt er noch immer Diener der Rechtssicherheit.«

Gustav Radbruch (1945): »Wenn Gesetze den Willen zur Gerechtigkeit bewußt verleugnen, z. B. Menschenrechte Menschen nach Willkür gewähren und versagen, dann fehlt diesen Gesetzen die Geltung, dann schuldet das Volk ihnen keinen Gehorsam, dann müssen auch die Juristen den Mut finden, ihnen den Rechtscharakter abzusprechen... Es gibt also Rechtsgrundsätze, die stärker sind als jede rechtliche Satzung, so daß ein Gesetz, das ihnen widerspricht, der Geltung bar ist. Man nennt diese Grundsätze das Naturrecht oder das Vernunftrecht.«

(2) Die andere extreme Position geht von einem *Naturrecht* aus, das über und vor staatlichen Rechtssätzen existiert und als gerechtes Recht das widerstreitende und damit per definitionem ungerechte staatliche »Recht« aufhebt. Innerhalb der Naturrechtslehren bestehen dabei unterschiedliche Auffassungen über die Quellen des Naturrechts und insbesondere über die Detailliertheit der naturrechtlichen Sätze; vgl. vorstehend II 4 zu den Möglichkeiten, mit Hilfe der Vernunft oder des Wertgefühls das Richtige zu erkennen.

(3) Eine zwischen diesen beiden Extrempositionen *vermittelnde Haltung* ist jedenfalls in Westeuropa im wissenschaftlichen Schrifttum wie in der Gerichtspraxis herrschend geworden. Die vom Staat durchgesetzte Ordnung wird danach nicht als Rechtsordnung angesehen, wenn sie in toto oder im Detail eklatant gegen Prinzipien der Gerechtigkeit verstößt, so das vorstehende Zitat von *Gustav Radbruch.* Das letzte Beispiel dazu hat das nationalsozialistische Deutschland geliefert. Teile seiner Rechtsordnung (vor allem die bis zur Tötung führende Diskriminierung von Bevölkerungsgruppen, insbesondere Juden und Behinderten) sind danach nie Recht gewesen, sondern waren immer Unrecht. Der Charakter als Unrecht ergibt sich aus dem Verstoß gegen elementare Gerechtigkeitsvorstellungen (Gleichheit und Menschenwürde) oder, was dasselbe ist, aus dem Verstoß gegen elementare Sätze des Naturrechts. – *Praktisch wirksam* wird ein solches Naturrecht zugegebenermaßen vor allem in der Rückschau, bei der juristischen Bewältigung der Vergangenheit, mit dem DDR Schießbefehl als jüngstem Beispiel, vgl. *BGHSt 40, 218.*

Auch praktisch sehr bedeutsam ist ein zweites Charakteristikum der herrschenden vermittelnden Ansicht: *Die naturrechtlichen Grundsätze werden in das geltende Recht übernommen,* so daß die Diskussion über ein dem staatlichen Recht übergeordnetes Naturrecht gegenstandslos wird[36]. Insbeson-

---

36 Die Diskussion lebt freilich fort in der Frage, ob eine Verfassungsrevision Grundrechte beseitigen könnte. Zu den »ewigen Normen der Bundesverfassung« der Schweiz *(Giacometti)* vgl. *Fleiner/Giacometti.* Eine Ewigkeitsgarantie enthält Art. 19 Abs. 4 GG. Bundesstaatsrecht, S. 706.

dere die elementaren Menschenrechte werden nach dem Vorbild der Französischen Revolution in die Verfassung aufgenommen und damit ins staatliche Recht transferiert. Dabei spielen internationale Proklamationen von Menschenrechten seit dem Ende des zweiten Weltkriegs eine große Rolle, ohne daß hier auf die besondere Problematik der völkerrechtlichen Verbindlichkeit solcher Proklamationen eingegangen werden kann. Zu nennen sind besonders drei Quellen[37]: (1) die UNO-Deklaration der Menschenrechte, 1948; (2) die besonders wichtige Europäische Menschenrechtskonvention (EMRK), 1950; (3) die Beschlüsse von Helsinki (KSZE-Schlußakte), 1975.

Die Verfassungen der europäischen Staaten verfahren bezüglich eines innerstaatlichen rechtsverbindlichen Katalogs der Menschenrechte unterschiedlich. Dabei spielt neben der Verfassungstradition die Frage eine große Rolle, ob eine konkrete staatliche Rechtsregel wegen Verstoßes gegen das Naturrecht oder die Verfassung – also insbesondere wegen Verstoßes gegen ein in der Verfassung garantiertes Menschenrecht – von einem Gericht für ungültig erklärt werden kann[38]. Auf diese Frage der *richterlichen Prüfungskompetenz* ist noch zurückzukommen, siehe unten § 2 I 4 zur Verfassungsgerichtsbarkeit.

Die bezüglich der Anerkennung eines Naturrechts hier als Mittelmeinung bezeichnete Ansicht ist durch ein weiteres Element charakterisiert, den sogenannten *ordre public*. Angesichts der Verflochtenheit der Staaten miteinander ist es selbstverständlich, daß wir ausländisches Recht beachten und ausländische Urteile anerkennen müssen – wie wir umgekehrt erwarten, daß im Ausland unser nationales Recht und unsere Urteile anerkannt werden. Diese Anerkennung des fremden Rechts beruht *immer* auf einem Rechtssatz des einheimischen Rechts. Diese nationalen Rechtssätze, die die Anwendung fremden Rechts und die Anerkennung fremder Urteile vorsehen, bezeichnen wir (terminologisch unglücklich) als »internationales« Recht (besser als Kollisionsrecht).

---

37 Die Texte sind zugänglich in Beck-Texte, Nr. 5531, Menschenrechte – ihr internationaler Schutz, 3. Aufl., München 1992.

38 *Meier-Hayoz*, Berner Kommentar, Art. 1 ZGB, N. 88: Richterliches Prüfungsrecht auf Vereinbarkeit des positiven Rechts mit ethischen Prinzipien »nur in extremen Fällen, wie etwa bei klarem Verstoß gegen grundlegende Menschenrechte«, eine »für unser Recht aber kaum aktuelle Frage«. – Mit *BGE 109 Ib 81* = Pra 72 Nr. 289 wird man eine klar gegen die Gleichheit von Mann und Frau verstoßende Regelung der Pensionierung nicht als eklatanten Verstoß gegen ethische (naturrechtliche) Prinzipien betrachten können, d. h. der Richter muß ein entsprechendes Bundesgesetz befolgen (zur Frage der Bindung des Richters an verfassungswidrige Gesetze siehe unten § 2 I 4). Anders als *BGE 109 Ib 81 (1983)* sieht *BVerfGE 72, 1 (1987)* im ungleichen Rentenalter von Mann und Frau keinen Verstoß gegen den Gleichheitssatz. – Zum *Widerstandsrecht* in der Demokratie vgl. Art. 20 Abs. 4 GG und *Holzhey/Leyvraz* (Hrsg.), Die Herausforderung des Rechts durch die Moral (Studia Philosophica, Vol. 44), Bern/Stuttgart 1985, S. 89 ff. (besonders den Beitrag von *Thürer*, S. 142 ff.).

Wenn wir nach unserem internationalen Recht das fremde Recht anwenden und seine Rechtsfolgen und Urteile anerkennen, dann geschieht dies zugleich immer unter dem Vorbehalt, daß das fremde Recht mit unserem ordre public in Einklang steht. Neben spezifischen, mehr oder weniger egoistischen inländischen Interessen dient der ordre public dem Schutz von Wertungen, die nach unserem Verständnis so elementar sind, daß wir nicht bereit sind, eine anders wertende Rechtsordnung zu beachten und sie im Inland durchzusetzen[39].

Zusammenfassend ergibt sich: Die Definition des Rechts als gerechte Ordnung bedeutet, (1) daß Gleichheit ebenso zum Wesen des Rechts gehört wie die mit Verallgemeinerung denknotwendig verbundene Ungleichbehandlung (eingeschränkte Individualisierung); (2) daß einer Normierung, die gegen elementare Gerechtigkeitsprinzipien verstößt, der Rechtscharakter abzusprechen ist; (3) daß die naturrechtlichen elementaren Gerechtigkeitsprinzipien, insbesondere die Menschenrechte, vielfach ausdrücklich als geltendes Verfassungsrecht niedergelegt sind (so daß die rechtstheoretische Frage, ob sie unabhängig vor und über jeder staatlichen Normierung gelten, praktisch gegenstandslos ist); (4) daß die Anwendung fremden Rechts und Anerkennung fremder Urteile durch unser internationales Recht unter dem Vorbehalt des ordre public steht, d. h. fremdes Recht ist nicht anzuwenden, wenn es in elementarer Weise von unseren Wertvorstellungen abweicht. (5) Die Definition des Rechts als gerechte Ordnung bedeutet nicht, daß eine im Detail ungerechte rechtliche Regelung unbeachtlich (weil kein Recht) ist. Die Verbindlichkeit eines im Detail ungerechten Rechts ist mit der Möglichkeit einer Änderung des Rechts zu erklären.

Abschließend soll die *Legende von der Erbteilung einer Ziegenherde*[40] veranschaulichen, wie schwierig es ist, gerechte Resultate durch unmittelbaren Rückgriff auf die Gerechtigkeit zu gewinnen (Abwandlung eines auf *Emil Rüster* zurückgehenden, schon von *Erich Fechner* variierten Falles).

Die Legende von der Erbteilung einer Ziegenherde

Der älteste von vier Brüdern hat eine große Ziegenherde von unbekannter Stückzahl; der zweitälteste, ein Schmied, hat 30 Ziegen; der drittälteste, ein Lastträger, hat 3 Ziegen. Der Jüngste besitzt nichts. Er soll Hirte werden. Dazu geben ihm der älteste

---

39 In seiner ursprünglichen Fassung von 1896 hatte Art. 30 EGBGB den ordre public nüchtern definiert: »Die Anwendung eines ausländischen Gesetzes ist ausgeschlossen, wenn die Anwendung gegen die guten Sitten oder gegen den Zweck eines deutschen Gesetzes verstoßen würde«. Das hatte schon das *RG* als Verstoß gegen Grundlagen (Grundwertungen) der deutschen Rechtsordnung interpretiert, vgl. *BGHZ 50, 370, 375 f.* Die Neufassung des EGBGB von 1994 hat den ordre public in Art. 6 deutlicher in diesem Sinne formuliert.

40 *Fechner*, Rechtsphilosophie, S. 11. – Vgl. auch die Frage (mit besonders schönem Fall) nach der Gerechtigkeit einer Teilung bei *Philipps*, Die Gerechtigkeit der Like deeler, Rechtstheorie 11 (1980) 240.

Bruder nichts, der Schmied 5, der Lastträger 1 Ziege aus ihren Ställen. Der Schmied besitzt nun 25, der Lastträger 2, der Hirte 6 Ziegen. Nach einigen Jahren hat sich der Bestand beim Schmied auf 50, beim Lastträger auf 10 und beim Jüngsten, der sich dem Geschäft von Berufs wegen widmet, auf 132 vermehrt. Auch die Herde des ältesten Bruders ist wesentlich größer geworden. Da stirbt der Jüngste.

Sein Testament lautet wie folgt: »Mein ältester Bruder, der mir in meiner Not nicht geholfen hat, soll nichts erben. Meine beiden anderen Brüder sollen meine Herde erben, wobei ich auf den Richter vertraue, daß er nach Anhörung meiner Brüder die Ziegen gerecht verteilen wird.«

Bei ihrer Anhörung erklären die beiden Brüder übereinstimmend die Teilung je zur Hälfte für ungerecht. Der Schmied beansprucht 110 Ziegen und will dem Lastträger 22 überlassen, das entspräche dem Verhältnis dessen, was sie dem jüngsten Bruder gegeben hatten ($5 : 1 = 110 : 22$). Er argumentiert aus dem kapitalistischen Gesichtspunkt: Geld heckt Geld und Ziegen hecken Ziegen; sie gehören dem, der das Kapital gab. – Der Lastträger verlangt demgegenüber Berücksichtigung des Opfers bei der Hingabe. Der Ältere habe aber nur $\frac{1}{6}$ seines Vermögens (5 von 30), er aber $\frac{1}{3}$ (1 von 3) hingegeben, also habe er doppelt soviel geopfert und deshalb Anspruch auf $\frac{2}{3}$ der Erbschaft. Er verlangt 88 Ziegen und will dem Bruder 44 überlassen. Er sei überdies bedürftiger und infolge seines Berufes früher arbeitsunfähig. Gegenüber dem objektiven Teilungsprinzip (halb und halb) und gegenüber dem kapitalistischen Gesichtspunkt stützt er sich auf soziale Gründe. – Der Richter erwägt, die Streitenden zunächst so zu stellen, wie sie stehen würden, wenn sie damals nichts hergegeben hätten. Der Bestand des Älteren habe sich verdoppelt (von 25 auf 50), er soll also für die hingegebenen 5 vorab 10 erhalten. Der Bestand des Mittleren habe sich verfünffacht (von 2 auf 10), demgemäß soll er vorab für die eine hingegebene 5 bekommen. Dann aber weiß der Richter nicht weiter. Wie würden *Sie* teilen?

§ 2 Rechtsetzung und Rechtsdurchsetzung

I. Rechtsetzung

1. Verfassungsgebung: Recht und Staat

Weil die Gerechtigkeitsvorstellungen unterschiedlich sind, wird mit der Rechtsetzung autoritativ zwischen divergierenden Wertungen entschieden. Damit stehen wir vor der Frage nach der Rechtsetzung und den Rechtsquellen: Woher kommt das Recht?

Rechtsetzung *(Legislative)* ist eine (von drei) staatlichen Gewalten. Die beiden anderen staatlichen Gewalten sind Regierung/Verwaltung *(Exekutive)* und Rechtsprechung *(Justiz)*[1]. Damit stehen wir vor einer Fülle neuer Fragen. Vor allem die Verbindung von *Staat und Recht* bedarf der Erklärung.

Knüpfen wir noch einmal an die unterschiedlichen Gerechtigkeitsvorstellungen an. Wer, wenn nicht der Staat, kann auswählen und eine für alle verbindliche Ansicht festlegen? Der Staat trifft diese Auswahl in einem geordneten *Rechtsetzungsverfahren*. Dieses Rechtsetzungsverfahren ist von Staat zu Staat unterschiedlich. Das Rechtsetzungsverfahren *Deutschlands* und der *Schweiz* ist durch die *bundesstaatliche Verfassung* charakterisiert, d. h. es gibt Rechtsetzung auf der Ebene des Bundes und auf der Ebene der Bundesländer (D) bzw. der Kantone (CH). Als eine dritte Stufe ist die Rechtsetzung auf Gemeindeebene *(kraft Gemeindeautonomie)* anzusehen[2]. – Zur Privatautonomie als einer privaten Rechtsetzungsbefugnis siehe unten II.

Im Bundesstaat wird besonders deutlich, daß Gesetzgebung immer eine entsprechende Kompetenz voraussetzt. Die *Gesetzgebungskompetenz* stützt sich auf eine Rechtsnorm. So ist die Aufteilung der Gesetzgebungskompetenz zwischen Bund und Kantonen (CH) bzw. Bundesländern (D) der Bundesverfassung zu entnehmen. Wenn wir dieses Schema durchdenken, stoßen wir schnell auf die Frage nach der Kompetenzkompetenz. Woher

---

1 Die klassische Begründung für die Gewaltenteilung (Sicherheit des Bürgers, Schutz vor staatlicher Willkür) findet sich bei *Montesquieu*, De L'Esprit des Lois, 1748 (Buch XI, 6).
2 In *Deutschland* ist die Gemeindeautonomie bundesverfassungsrechtlich garantiert (Art. 28 Abs. 2 GG). In der Schweiz ist umstritten, wie weit sie zur Disposition der Kantone steht, vgl. *Zimmerli*, Die neuere bundesgerichtliche Rechtsprechung zur Gemeindeautonomie, ZBl 73 (1972) 257.

nehmen wir die *Grundnorm (Kelsen)*[3], auf die sich die Gesetzgebungskompetenz stützt?

Beispielsweise verunmöglicht der Bund seinen Gliedstaaten die Ausgabe eigener Banknoten, indem er sich in seiner Verfassung für das Geldwesen die ausschließliche Gesetzgebungskompetenz zuschreibt (Art. 73 Nr. 4 GG bzw. Art. 39 Abs. 2 BV). Die Frage nach der Kompetenz für diese spezielle Bestimmung und für die Verfassung des Bundes generell ist letztlich die Frage nach der *verfassungsgebenden Gewalt.* Da die Verfassung den Staat »konstituiert«, ist »Staat« ein Rechtsbegriff. Mit Staat und Recht verhält es sich ähnlich wie mit dem Ei und der Henne, d. h. es ist schwer zu sagen, was zuerst da war. Die verfassungsgebende und den Staat konstituierende Gewalt steht nach demokratischem Verständnis dem Volk zu.

Anders als eine Verfassungsänderung (die wie jede Rechtsänderung im Einklang mit der jeweiligen Kompetenznorm zu erfolgen hat) ist die Geburt der Verfassung eine Rechtsschöpfung, die nicht auf ihre Legalität (Übereinstimmung mit dem Recht, insbesondere mit einer Kompetenznorm) hin geprüft werden kann. Freilich sind speziell für die Entstehung eines Bundesstaates einige Grundmuster auch juristisch vorgegeben. Eine Bundesverfassung kann nur entstehen, wenn die bisher souveränen Gliedstaaten (mehr oder weniger freiwillig) auf einen Teil ihrer Souveränität verzichten. Das erklärt es auch, daß bundesstaatliche Verfassungen normalerweise durch Versammlungen beschlossen werden, die die Gliedstaaten repräsentieren.

Die *BV der Schweiz von 1848* geht auf einen Entwurf zurück, der von einer Kommission der Tagsatzung (Vertretung der Stände) ausgearbeitet worden ist. Die Tagsatzung hat diesen Entwurf bereinigt und den Ständen zur Annahme oder Verwerfung vorgelegt. Da die Stände nicht einstimmig zugestimmt haben, konnte die BV nicht problemlos in Kraft treten[4]. – Die heutige BV basiert auf der Totalrevision von 1874.

Das *GG der Bundesrepublik Deutschland von 1949* ist von allen deutschen Ländern außer Bayern angenommen worden, doch hat Bayern bei seiner Ablehnung zugleich zum Ausdruck gebracht, daß es das Prinzip des Art. 144 Abs. 1 GG akzeptiert (also trotz seiner Ablehnung Gliedstaat werde und die Verbindlichkeit des GG anerkenne). Der Beitritt der DDR ist 1990 nach Art. 23 GG erfolgt, hat also nicht zur Schaffung einer fundamental neuen BV geführt.

Ein reiner Zentralstaat ist zwar denkbar; praktisch gibt es jedoch meist nur mehr oder weniger zentralstaatliche bzw. föderalistische Systeme. Frankreich oder Italien erscheinen – aus schweizerischer oder deutscher Sicht zutreffend – als stark zentralistisch organisierte Staaten. Beide Nachbarlän-

---

3 Die Normenhierarchie und die Problematik der Grundnorm werden besonders scharf erörtert von *Kelsen*, Reine Rechtslehre, Unveränderter Nachdruck der 2. Aufl. 1960, Wien 1983. – Vgl. auch *H. L. A. Hart*, Concept, S. 111: »How can we show that the fundamental provisions of a constitution which are surely law are really law? Others reply with the insistence that at the base of legal systems there is something which is ›not law‹, which is ›pre-legal‹, ›meta-legal‹, or is just ›political fact‹.« Zur Auseinandersetzung mit Kelsen ebenda, S. 292 f.

4 Einzelheiten bei *Fleiner/Giacometti*, Bundesstaatsrecht, S. 8 ff., 23 ff., und bei *Rappard*, Die BV 1848–1948, Zürich 1948, S. 138 ff.

der weisen jedoch unterschiedliche föderalistische Strukturen auf. Die Nachbarn Bundesrepublik Deutschland, Österreich und die Schweiz sind in einer formal sehr ähnlichen Weise als Bundesstaaten organisiert. Die Kompetenzen zwischen Bund/Kanton bzw. Bund/Bundesland werden jedoch in der Schweiz, in Österreich und in Deutschland unterschiedlich abgegrenzt. Darüber hinaus ist zu beachten, daß die Gesetzgebungskompetenz nicht immer mit der Finanzkraft synchronisiert ist. Übersteigt die Finanzkraft die Gesetzgebungskompetenz, wird durch »freiwillige« Finanzzuweisungen de facto (nicht de iure!) auch eine Regelungskompetenz erreicht. Sparsames Haushaltsgebaren und die Kontrolle der Verwaltung durch die Steuerzahler werden geradezu sabotiert durch ein Subventionssystem, bei dem jemand über Ausgaben entscheiden kann, ohne für die Einnahmen verantwortlich zu sein.

Eine Gemeinde, die über den Bau eines Schulhallenbades oder das Teeren von Feldwegen beschließt, im Wissen darum, daß ihre Bürger die Rechnung nicht zu zahlen haben, weil die Projekte subventioniert werden, verliert den Blick dafür, daß auch solche Subventionen letztlich vom Steuerzahler aufgebracht werden. Deshalb wird diese Gemeinde weder die Notwendigkeit solcher Projekte streng prüfen, noch auf kostengünstige Realisierung achten. Nicht von der Mafia, sondern von den Quersubventionen der öffentlichen Haushalte geht in typischen westlichen Demokratien die schlimmste Korruptionsgefahr aus.

Die mit der Verfassungsgebung verbundenen Fragen werden in der *allgemeinen Staatslehre* und *Rechtstheorie* behandelt. Dabei geht es um die Rechtfertigung des Rechts als Herrschaft über die Rechtsunterworfenen. Die Lösung dieses Legitimationsproblems ist in der Anerkennung des Rechts durch die Rechtsgenossen zu suchen. In wohl allen der zum Teil sehr verschiedenen Theorien kommen in diesem Zusammenhang *naturrechtliche Vorstellungen* zum Durchbruch, etwa vom *Vertrag* als Bindung der Vertragsparteien an eine erreichte Willensübereinstimmung (pacta sunt servanda). Der *Demokratie* als Staatsform liegt ebenfalls eine naturrechtliche Vorstellung von der Gleichheit der Menschen zugrunde, verstanden (mindestens) als gleiche Chance, sich (mindestens) an der Verfassungsgebung zu beteiligen. Alle das Recht und den Staat legitimierenden Theorien müssen sich – wenn auch mit zum Teil wichtigen Unterschieden – der Rechtsfigur der *Repräsentation* bedienen: Die Verfassung und das auf ihr beruhende Recht bindet sowohl die Minderheit, die bei der Abstimmung über die Verfassung unterlegen ist, als auch diejenigen, die sich an der Abstimmung nicht beteiligt hatten oder sich nicht beteiligen durften[5]. Die Bindung der Minderheit ist relativ leicht zu begründen. Daß die Mehrheit auch die Bürger repräsentiert, die sich an einem Rechtsetzungsprozeß nicht beteiligt haben oder nicht beteiligen durften, ist schwieriger einzusehen.

---

5 Ohne daß ein solcher Ausschluß von der Beteiligungschance als demokratiewidrig angesehen werden kann, so sind z. B. Minderjährige oder Ausländer grundsätzlich nicht stimmberechtigt, vgl. Art. 33, 38 GG bzw. Art. 74 BV.

Repräsentation ist ein schillernder und schwieriger Begriff mit unterschiedlichen Anwendungsmöglichkeiten. Dazu nur einige Stichworte: Wenn man die unmittelbare Demokratie der repräsentativen (parlamentarischen) Demokratie gegenüberstellt, meint man die Entscheidung (auch Rechtsetzung) direkt (»unmittelbar«) durch das Volk im Gegensatz zu einem System, in dem Abgeordnete entscheiden, die das Volk »repräsentieren«. – Weiter kann mit Repräsentation eine besondere Form der Vertretung gemeint sein, bei der der Repräsentant (anders als normalerweise ein Vertreter) von Weisungen des Vertretenen unabhängig ist.

2. Die Gesetzgebung im allgemeinen; unmittelbare und mittelbare Demokratie

Sehen wir die Verfassung als Fixpunkt an, so wird die Frage nach den Rechtsquellen einfach. Die *Verfassung bestimmt die Zuständigkeit zur Gesetzgebung*. Sowohl die prinzipielle Kompetenz zur Gesetzgebung wie das Gesetzgebungsverfahren sind verfassungsrechtlich geregelt. Die bundesstaatlichen Verfassungen Deutschlands und der Schweiz gehen vom Grundsatz aus, daß im Zweifel die Kompetenz bei den Gliedstaaten verblieben ist und nicht beim Bund liegt; so knapp und klar Art. 3 BV, im Ergebnis ebenso Art. 30, 70 Abs. 1 GG.

Soweit die Gesetzgebungskompetenz beim Bund liegt, ist in Deutschland und in der Schweiz ein Zwei-Kammer-System vorgesehen, das den Gliedstaaten durch eine zweite Kammer, die in Deutschland Bundesrat, in der Schweiz Ständerat genannt wird, die Mitwirkung bei der Gesetzgebung des Bundes sichert. Die – wichtigen(!) – Einzelheiten werden im *Staatsrecht* behandelt. Die Sicherung der bundesstaatlichen Struktur wird mit dieser zweiten Kammer u. a. dadurch erreicht, daß die Größe eines Gliedstaates auf sein Stimmgewicht in der zweiten Kammer keinen (Schweiz, Art. 80 BV) oder nur einen sehr beschränkten Einfluß hat (Deutschland, Art. 51 GG). Diese Gleichstellung großer und kleiner Gliedstaaten in der zweiten Kammer bildet zugleich ein hübsches Beispiel für den formalen Charakter des Gleichheitssatzes!

Die Gesetzgebung des Bundes folgt in Deutschland wie in der Schweiz einer im klassischen Sinne repräsentativen (mittelbaren) Demokratie. Das Volk setzt das Recht nicht unmittelbar, sondern mittelbar über die Volksvertreter. Dieses System der repräsentativen Demokratie wird in einigen Staaten in Richtung auf eine unmittelbare Mitwirkung des Volkes bei der Gesetzgebung modifiziert, d. h. es gibt Staaten, die Zugeständnisse an das Modell der unmittelbaren Demokratie machen. Die *staatsrechtliche Einmaligkeit der Schweiz* liegt darin, daß die Einflüsse der unmittelbaren Demokratie in keinem Land der Welt so stark sind wie in der Schweiz. Auf Bundesebene kann das Volk unmittelbar zwar nur negativ in die Bundesgesetzgebung eingreifen, d. h. es kann die von beiden Kammern (= Räten) angenommenen Bundesgesetze durch Volksabstimmung verwerfen, Art. 89 Abs. 2 BV. Dagegen ist auf Bundesebene (im Unterschied zu den Kantonen) ein positiver

Eingriff des Volkes in die Gesetzgebung *theoretisch* nicht möglich, weil das Volk kein Recht hat, durch Initiative einen Gesetzesentwurf vorzulegen und durch Volksabstimmung anzunehmen. *Praktisch* existiert jedoch eine positive unmittelbare Mitwirkung des Volkes an der Bundesgesetzgebung, weil die BV dem Volk ein *Verfassungs*initiativrecht zuspricht, Art. 121 BV. Über eine Verfassungsrevision per Initiative und Referendum können ähnliche Wirkungen erreicht werden wie über die – auf Bundesebene nicht zulässige – Gesetzesinitiative.

Beispiel: Die allgemeine Höchstgeschwindigkeit ist in der Schweiz »selbstverständlich« im Straßenverkehrsgesetz (SVG) geregelt, genauer in Art. 4 a VRV (Verkehrsregelverordnung), die auf Art. 32 Abs. 2 SVG beruht. Eine Initiative zur Änderung des SVG ist verfassungsrechtlich unzulässig, doch wird derselbe Effekt durch eine (zulässige) Initiative erreicht, Tempolimiten in der BV vorzuschreiben.

Während *Deutschland* das Modell einer mittelbaren Demokratie fast rein verwirklicht hat, wirkt sich die für die Schweiz charakteristische juristische Mischung von Elementen der repräsentativen Demokratie mit denen der unmittelbaren Demokratie auf das politische Leben insgesamt aus. Diese Wirkungen sind im einzelnen schwer zu beschreiben, zumal das Gedankenspiel (wie sähen Rechtsordnung und politische Realität ohne die Elemente der unmittelbaren Demokratie aus) nicht zu wissenschaftlich exakten Aussagen führen kann. Es kann auch sein, daß die unmittelbare Demokratie in der politischen Realität weitgehend (aber eben nur weitgehend) wie die mittelbare Demokratie funktioniert, weil auch in einer unmittelbaren Demokratie die Gesetzgebung stark von solchen gesellschaftlichen Gruppierungen beeinflußt wird, die ihre Mitglieder mobilisieren können – allen voran die Parteien. Insofern sind kritische Untersuchungen über die realen Auswirkungen der unmittelbar demokratischen Züge des schweizerischen Rechtsetzungssystems am Platze[6]. Dies ist ein Thema der *Politikwissenschaft* (Politologie). Die Politologie berührt sich vielfältig mit der Rechtswissenschaft, insbesondere mit dem Staatsrecht, ist jedoch als Zweig der Soziologie und nicht als Zweig der Rechtswissenschaft zu betrachten, vgl. *Schaubild 1* (im Anhang nach § 5).

3. Rechtsquellen und ihre Hierarchie

Gegenüber der auch politisch brisanten Frage nach dem Einfluß auf die gesetzgebende Gewalt in der unmittelbaren Demokratie (im Vergleich zur mittelbaren Demokratie) ist die Rechtsquellenlehre ein eher trockenes Thema. Wir sind schon in den bisherigen Ausführungen davon ausgegangen, daß die Verfassung ein höherrangiges Recht gegenüber dem Gesetz darstellt, weil das Gesetz auf der Verfassung (Kompetenznorm!) beruhen muß. Wir definieren Gesetz als einen formellen Rechtsetzungsakt, der gemäß dem

---

6 Vgl. *Kriesi/Levy/Ganguillet/Zwicky*, Politische Aktivierung in der Schweiz 1945–1978, Diessenhofen 1981.

in der Verfassung vorgesehenen Gesetzgebungsverfahren zustande gekommen ist.

Diesem *Gesetz im formellen Sinne* wird herkömmlicherweise das Gesetz *im materiellen Sinne* gegenübergestellt. Jede Rechtsnorm (also von der BV bis hinab zur Gemeindeverordnung) wird als Gesetz im materiellen Sinne bezeichnet.

Diese Definition des Gesetzes im materiellen Sinne läßt Raum für Rechtsnormen unterhalb des Gesetzes im formellen Sinne, insbesondere die *Verordnungen*[7]. Hier handelt es sich um Rechtsnormen, die *aufgrund eines Gesetzes* von einem anderen Rechtsetzungsorgan (Verwaltungsbehörde) erlassen werden. Eine solche Delegation der Gesetzgebung vom primären Gesetzgebungsorgan auf ein sekundäres Gesetzgebungsorgan setzt eine Delegationsbefugnis voraus. Man kann vereinfachend sagen, daß eine Abtretung der gesetzgebenden Gewalt an ein anderes Organ unzulässig ist (von der Verfassung nicht gestattet). Zulässig ist es dagegen, daß durch Gesetz nur ein Rahmen vorgegeben und die Konkretisierung dieses Rahmens (durch Verordnung) einem anderen Rechtsetzungsorgan (Verordnungsgeber) überlassen wird. Daraus folgt zugleich, daß das Gesetz der Verordnung »vorgeht«, d. h. die Verordnung darf das Gesetz nur ausfüllen, nicht abändern.

Beispiel für eine nicht genügend auf ein Gesetz abgestützte Verordnung: Aus der *Schweiz BGE 103 IV 192* (Gurtenobligatorium); aus *Deutschland BVerfGE 85, 386, 402 ff.* (Fangschaltung).

Wir haben also im Bund die Stufenleiter Verfassung, Gesetz, Verordnung. Eine entsprechende Leiter existiert innerhalb der Gliedstaaten des Bundes und dann noch einmal auf Gemeindeebene. Soweit den Gemeinden die Gesetzgebungskompetenz in kommunalen Angelegenheiten zukommt (siehe oben 1), haben wir eine terminologisch oft abweichende, sachlich aber vergleichbare Stufung: Gemeindeverfassung (Organisationsreglement), Gemeindegesetz, Gemeindeverordnung.

Eine andere Abstufung betrifft das Verhältnis des Bundesrechts zum kantonalen Recht (CH) bzw. Landesrecht (D). Hier gilt der Grundsatz, Bundesrecht, insbesondere (aber nicht nur!) die BV, »bricht« kantonales Recht bzw. Landesrecht[8].

Man beachte die juristische Fachsprache. Wenn ein Bürger das Recht bricht, so verletzt er das Recht im Einzelfall, doch bleibt die Rechtsnorm als solche intakt und bildet den Maßstab, an dem das Verhalten gemessen wird. – Wenn Bundesrecht das

---

7 Die folgenden Ausführungen vereinfachen die Rechtslage speziell in der *Schweiz*. Zum ungeschriebenen Recht (Gewohnheitsrecht) anschließend 5. Obwohl es definitionsgemäß kein Gesetz im formellen Sinne sein kann, kann es rangmäßig auf jeder Stufe (auch auf Verfassungsstufe) anzutreffen sein.

8 »Bundesrecht bricht Landesrecht«, Art. 31 GG; für die Schweiz vgl. Art. 2 der Übergangsbestimmungen zur BV.

Recht eines Gliedstaates bricht, so zerbricht (zerstört) es dieses Recht. Das Bundesrecht verdrängt das Recht des Gliedstaates. So wird der Versuch des Gliedstaates zurückgewiesen, seine Souveränität auszudehnen, Recht zu setzen, d. h. zu legiferieren, wie oder wo er nicht legiferieren darf.

Wer meint, das sei alles von einer an Banalität grenzenden Einfachheit, überlege den umgekehrten Fall: Der Bund legiferiert, obwohl ihm die BV die Gesetzgebungskompetenz nicht zugesprochen hat, sie also nach der vorstehend I 2 geschilderten Regel beim Gliedstaat verblieben ist. Lösung? (Tip: Die Lösung ist diametral entgegengesetzt, je nachdem, ob man die Frage für Deutschland oder die Schweiz stellt)[9].

Neben der Abstufung der Rechtsquellen nach ihrem Rang kennen wir noch eine *zeitliche Hierarchie* der Rechtsquellen. Das jüngere Recht gleicher Stufe i.S. der vorstehend beschriebenen Hierarchie verdrängt das ältere Recht, sogenannte *Derogation*: lex posterior derogat legi priori.

Vielleicht klingt dieser Grundsatz so selbstverständlich, daß man sich wundert, warum er hier überhaupt erwähnt wird. Da die Lektüre von Selbstverständlichkeiten rasch langweilig wird, sei ein *Exkurs* eingeschoben: So selbstverständlich das Prinzip auch sein mag, so gerät man doch schnell in problematische Verästelungen. Die weithin unproblematische Derogation hängt nämlich mit der außerordentlich problematischen echten und scheinbaren *Rückwirkung* von Rechtssätzen eng zusammen.

Beispiel: Fabrikant F betreibt eine Fabrik in Einklang mit den gesetzlichen Vorschriften über den Umweltschutz (Lärm, Rauch, Abwasser usw.). Es ist klar, daß der Gesetzgeber diese Normen ändern (im Beispiel verschärfen) kann, jedenfalls für neue Fabriken. Wie steht es mit Altanlagen? Auch hier nehmen wir grundsätzlich an, daß die alte Norm durch neue Normen verdrängt werden kann. Theoretisch liegt keine »echte« Rückwirkung vor, denn die neue Norm regelt nicht einen in der Vergangenheit abgeschlossenen Sachverhalt. Deshalb sprechen wir hier von nur scheinbarer Rückwirkung. Der Unterschied wird deutlich, wenn die Überschreitung der Höchstgrenze der Immissionen mit Strafe bedroht ist. Angenommen, F bringt seine Anlage sofort in Einklang mit den neuen Höchstwerten, so kann er nach neuem Recht nicht bestraft werden, obwohl er *früher* gegen die jetzt geltenden Vorschriften verstoßen hat. Würde das Gesetz die Bestrafung eines Verhaltens vorsehen, das zur Zeit des Erlasses des Gesetzes nicht strafbar gewesen ist, läge eine echte Rückwirkung vor.

Echte *Rückwirkung* macht dem Bürger die Ausrichtung seines Verhaltens an den Rechtsvorschriften unmöglich. Sie verstößt gegen den Grundgedanken der Ordnungsfunktion des Rechts. Ob der Gesetzgeber (in einer direkten Demokratie kann das auch das Volk als Souverän sein) sich über eine solche

---

9 *Lösung CH:* Wenn der Bund in die Souveränität der Kantone eingreift, indem er sich Kompetenzen anmaßt, die die BV den Kantonen belassen hat, liegt eine Verletzung der Souveränität der Kantone *und* Verletzung der BV vor. – Trotzdem bricht auch hier das Bundesgesetz das kantonale Recht, näher *Burckhardt*, Aufsätze, S. 208. Die Erklärung ist wesentlich darin zu suchen, daß die Bundesgesetze nicht auf Verstoß gegen die BV geprüft werden dürfen, dazu anschließend im Text bei 4. *Lösung D:* Wenn der Bund in einem vom GG den Bundesländern vorbehaltenen Bereich Recht setzt, verletzt der Bund die BV. Das Bundesrecht verstößt also gegen höherrangiges Recht des Bundes (!). Das BVerfG kann (wird) dieses bundesverfassungswidrige Bundesgesetz für nichtig erklären, zur Verfassungsjustiz anschließend 4.

immanente Schranke des Rechts hinwegsetzen könnte, hängt aufs Engste mit der Frage der Bindung durch die Verfassung oder durch vorgegebene naturrechtliche Rechtssätze zusammen[10].

4. Das richterliche Prüfungsrecht, insbesondere die Verfassungsgerichtsbarkeit

Noch zu behandeln ist die mit der Hierarchie der Rechtsquellen zusammenhängende Frage nach der *richterlichen Prüfungskompetenz.* Während der Verstoß des positiven Rechts gegen naturrechtliche Prinzipien praktisch kaum bedeutsam ist (siehe oben § 1 III), wird die Kollision einer Norm niederen Ranges mit einer höherrangigen Norm des positiven Rechts auch praktisch wichtig. Verstößt eine Verordnung gegen das Gesetz, auf dem sie beruht, ist die Verordnung unwirksam (»nichtig«), und der Richter wendet die Verordnung nicht an, *Beispiele* vorstehend I 3. Es liegt nahe, beim Verstoß eines Bundesgesetzes gegen die höherrangige Verfassung nach demselben Schema vorzugehen, also der Justiz die Befugnis einzuräumen, ein *Gesetz* wegen seines Verstoßes gegen höherrangiges Recht für nichtig zu erklären. Diesem Modell folgt *Deutschland* seit 1949 (weitgehend nach dem Vorbild der USA), vgl. Art. 100 GG.

Die Vorzüge und Nachteile einer Verfassungsjustiz sind im Staatsrecht und der Politikwissenschaft darzustellen. *Gegen eine Verfassungsjustiz* spricht, daß verfassungsrechtliche Regeln nur *Grundsätze* aufstellen. Auch soweit diese Grundsätze nicht nur an den Gesetzgeber gerichtete Programme darstellen, sondern als verbindliche Rechtssätze gemeint sind, ist die Vereinbarkeit einer konkreten gesetzlichen Regelung mit solchen Grundsätzen und Grundrechten der BV schwer zu beurteilen, vgl. zur Problematik von Generalklauseln allgemein unten § 3 I 4. Angesichts der weiten Bewertungsspielräume wird die rechtsprechende Gewalt im Bund gegenüber der Legislative des Bundes drastisch gestärkt. Wie weit diese Bewertungsspielräume sind, wird besonders deutlich, wenn bei weitgehend gleicher juristischer Ausgangslage konkrete Streitfragen von Verfassungsgerichten konträr entschieden werden.

Beispiel: Die Zulassung der Fristenlösung bei der Abtreibung[11] verstößt nach der einen Ansicht gegen das verfassungsrechtliche Gebot des Schutzes menschlichen Lebens. Nach der anderen Ansicht verstößt die Nichtzulassung der Fristenlösung

---

10 Ein ausdrückliches Rückwirkungsverbot enthält Art. 2 StGB (CH), § 1 StGB i.V.m. Art. 103 Abs. 2 GG (D).
11 Unter Fristenlösung versteht man die Zulassung eines Schwangerschaftsabbruchs in der Anfangsphase der Schwangerschaft (meist in den ersten drei Monaten), d. h. die Schwangere braucht für ihre Entscheidung, abzutreiben, keinen besonderen Grund. Dies ist nach *BVerfGE 39, 1* verfassungswidrig. – Zu »Kollisionen . . . zwischen Verfassungsgericht und Gesetzgeber« *J. P. Müller,* Grundrechte in der Demokratie, EuGRZ 1983, 337, besonders S. 340 f. (auch zur Abtreibung).

gegen das verfassungsrechtliche Gebot der Achtung der Würde und des Persönlichkeitsrechts der Schwangeren. – Sieht der Gesetzgeber im Arbeitsrecht ein *Nachtarbeitsverbot für Frauen* vor, läßt sich aus dem verfassungsrechtlichen Gleichheitssatz fast beliebig eine unzulässige Begünstigung (oder Benachteiligung) der Frau ableiten, so *BVerfGE 85, 191* – oder man kann die Bestimmung als mit dem Gleichheitssatz vereinbare sachgerechte Differenzierung ansehen, so die im selben Jahr ergangene österreichische Entscheidung *VfGH 13.038/1992*.

Da das Verfassungsgericht eine im demokratischen Gesetzgebungsverfahren getroffene Entscheidung umstoßen kann, steckt in der Verfassungsgerichtsbarkeit latent der Konflikt zwischen Verfassungsgericht und Parlament. Dieser Konflikt kann sich bis zum Vorwurf des »gouvernement des juges« und damit bis zur Staatskrise steigern. Je nach politischem Klima und richterlichem Temperament kann sich das Verfassungsgericht gegenüber dem einfachen Gesetzgeber Zurückhaltung auferlegen (judicial restraint) oder seine Befugnisse extensiv interpretieren (judicial activism). Auch diese Elastizität ist mit juristischen Mitteln nur schwer in die eine oder andere Richtung zu beeinflussen.

Was das BVerfG betrifft, ist seine Judikatur je länger desto mehr von einer von den (vielen) Vätern und (wenigen) Müttern des GG nicht annähernd vorhergesehenen Interventionsfreudigkeit. Die Kritik[12] hat sich im Interesse der Schonung der Autorität dieses Staatsorganes vielleicht allzu lange zurückgehalten.

5. Gewohnheitsrecht und Richterrecht als Rechtsquellen

a) Gewohnheitsrecht

Mit den bisher genannten Rechtsquellen haben die Leserinnen und Leser vermutlich die Vorstellung eines schriftlich fixierten Rechts verbunden. Dies trifft zu, ungeschriebene Verfassungen sind selten (England als Beispiel für weitgehend ungeschriebenes Verfassungsrecht).

Ungeschriebene Gesetze im formellen Sinne oder Verordnungen sind undenkbar. Recht als geschriebenes Recht ist überraschend alt *(Hammurabi; Mose; 12 Tafeln)*[13]. Hinter den Anfängen des Rechts als geschriebenes

---

12 Zur eigenen Auffassung *Arzt*, in: Festschrift für Stree/Wessels, Heidelberg 1993, S. 49 (zu Strafrecht und dynamisiertem Gleichheitssatz), sowie in: Festschrift für Triffterer, Wien etc. 1996, S. 527 (u. a. zum Verfassungsrecht als Billigkeit), mit umfangreichen Nachweisen auch zum rechtssoziologischen Schrifttum. – Beispiel für eine Staatskrise wegen des Konflikts zwischen Verfassungsgericht und Gesetzgeber ist der Widerstand des U.S. Supreme Court gegen die Wirtschaftsgesetzgebung unter Präsident Roosevelt (»new deal«) vgl. *Ehmke*, Wirtschaft und Verfassung. Die Verfassungsrechtsprechung des Supreme Court zur Wirtschaftsregulierung, Karlsruhe 1961.

13 Näher dazu und zu anderen archaischen Gesetzbüchern *Seagle*, Weltgeschichte, S. 155 f. (lockere, attraktive Lektüre).

Recht ist das Bedürfnis des Gesetzgebers zu spüren, seine Autorität gegen Zweifel, gegen andere Rechtsauffassungen usw. durch Fixierung seiner Gebote zu behaupten. Von aktueller Bedeutung ist die Frage nach der Autorität des Gesetzgebers im Verhältnis zur Autorität des Richters, dazu anschließend b.

Geschriebenes Recht hat historisch jedoch immer zusammen mit ungeschriebenem Recht (Gewohnheitsrecht) existiert. Auffallend ist nur, daß die Überlieferung das geschriebene Recht weit zurückdatiert. Die Zeit, in der es nur Gewohnheitsrecht gegeben hat, wird damit so weit in die Vergangenheit gedrängt, daß es mitunter scheint, vor dem geschriebenen Recht habe es eine Gesellschaft im Naturzustand, d. h. ohne Recht, gegeben (statt einer allein auf Gewohnheitsrecht vertrauenden Gesellschaft!)[14]. – Zum angloamerikanischen common law anschließend b.

Lassen wir die Frage einer ausschließlich auf Gewohnheitsrecht basierenden Rechtsordnung auf sich beruhen, denn angesichts der jedenfalls in alter Zeit nur rudimentären schriftlichen Fixierung des Rechts ist die große Bedeutung des Gewohnheitsrechts in der Vergangenheit unbestreitbar. *Gewohnheitsrecht* wird definiert als (längere) *Übung in Rechtsüberzeugung.* »In Rechtsüberzeugung« ist nicht als Gegensatz zu einer Alltagspraxis im Wissen um ihren Unrechtscharakter zu verstehen, wie z. B. Überschreiten der Geschwindigkeitsbegrenzungen bei Autobahnbaustellen (oder Praxis ohne Nachdenken über ihren Rechtscharakter). Mit »Rechtsüberzeugung« ist einfach gemeint, daß die Rechtsgenossen eine Abweichung vom Üblichen nicht nur als unüblich, sondern als Unrecht betrachten müssen, damit eine Übung zum Gewohnheitsrecht erstarkt.

Das Gewohnheitsrecht schillert in seiner rechtspolitischen Einschätzung. Es ist als Ergänzung des geschriebenen Rechts unverzichtbar, denn sonst würden wir in der (sowieso schon beängstigenden) Flut geschriebenen Rechts vollends untergehen. Andererseits ist unverkennbar, daß die Entwicklung zur Massengesellschaft und zu einer pluralistischen, nicht durch ein einheitliches Welt- oder Wertbild geprägten Gesellschaft den Konsens gefährdet, ohne den es keine Übung in Rechtsüberzeugung geben kann.

Vor allem ist die Berufung des *Staates* auf gewohnheitsrechtliche Befugnisse zu Eingriffen in Rechte der Bürger suspekt geworden. Das moderne Strafrecht kennt keine sich auf Gewohnheitsrecht stützenden ungeschriebenen Verbote mehr (Bestimmtheitsgrundsatz)[15]. Das (sonstige) öffentliche Recht orientiert sich tendenziell mehr und mehr an diesem Vorbild (Gesetzmäßigkeitsprinzip).

---

14 Zum Gewohnheitsrecht der primitiven Völker und zur Kritik an der These, sie hätten im Naturzustand = Krieg gelebt, *Seagle*, Weltgeschichte, S. 49 ff.
15 § 1 StGB (D), Art. 1 StGB (CH).

Zum Problemkreis um das Gesetzmäßigkeitsprinzip gehört die in der Judikatur entwickelte Faustregel: Je empfindlicher der Eingriff des Staates in Rechte des Bürgers, desto präziser muß die Rechtsgrundlage sein. – Neben dem Ausschluß gewohnheitsrechtlich begründeter staatlicher Eingriffsbefugnisse ist in den Problemkreis des Gesetzmäßigkeitsprinzips auch die – dubiose – Zulässigkeit staatlicher Rechtsverletzungen unter Berufung auf eine generalklauselartige umfassende Interessenabwägung einzuordnen. Liegt ein solcher *Notstand* z. B. vor, wenn der Staat (personifiziert durch einen Polizeibeamten) den Verdächtigen schlägt und diese Mißachtung des strafprozeßrechtlichen Folterverbotes damit begründet, daß der Verdächtige die Kindesentführung nicht rechtzeitig genug zugegeben hätte, um das Kind durch polizeiliches Eingreifen vor dem Erfrieren in seinem Versteck zu bewahren?[16]

Im Vergleich zu solchen Einzelfall-Notständen ist der »große« Notstand relativ unproblematisch. Letzterer ist in den meisten Verfassungen in dem Sinne geregelt, daß in Kriegs- und Katastrophenfällen von bestimmten verfassungsrechtlichen bzw. gesetzlichen Bindungen abgewichen werden kann.

Die Kehrseite dieser zunehmend strengen Handhabung des Gesetzmäßigkeitsprinzips liegt im Ansteigen der Gesetzes- und Verordnungsflut. Auch werden bei spezieller gesetzlicher Regelung Eingriffe gewissermaßen normalisiert, die man gestützt auf eine Generalklausel (u. U. Notstand) nur ganz ausnahmsweise vorgenommen hätte (*Beispiel:* die detaillierte Regelung der Abhörbefugnisse oder des Einsatzes von V-Männern im Interesse der Strafverfolgung).

b) Richterrecht

Mit dem Gewohnheitsrecht eng verwandt ist das Richterrecht. Dabei geht es hier nicht darum, daß der Prozeß und dessen Entscheid durch Richterspruch den wichtigsten Weg zur Rechtsdurchsetzung bilden, siehe unten III. Der Zusammenhang zwischen Richterrecht und Gewohnheitsrecht ist darin zu finden, daß die Gerichtspraxis vielfach erst zur Bildung der »Übung« unter Rechtsgenossen führt. Die Rechtsgenossen orientieren sich mit ihrer Übung nolens volens an der Judikatur. – Außerdem steht Richterrecht dem Gewohnheitsrecht funktionell nahe, denn das grobe Raster des schriftlich niedergelegten Rechts bedarf der Ausfüllung. Diese Ausfüllung kann durch Gewohnheitsrecht oder/und durch Richterrecht erfolgen.

---

16 *Nein*, zum Gesetzmäßigkeitsprinzip gehört die Bindung des Staates an das gesetzliche und verfassungsrechtliche Folterverbot. Man kann das auch so ausdrücken, daß bei umfassender Notstandsabwägung nach § 34 StGB (D), Art. 34 StGB (CH) die sichere und selbstverständliche Bindung des Staates an rechtsstaatliche Regeln schwerer wiegt als die Chance, im Einzelfall ein Menschenleben retten zu können. – Der Gedanke ist mit umgekehrtem Vorzeichen auf den ganz kleinen Notstand anwendbar. Wer die Parkzeit überschreitet, weil er beim Zahnarzt warten mußte, kann sich nicht auf Notstand berufen, weil eine umfassende Abwägung zeigt, daß im Bagatellbereich schon aus Kostengründen nicht umfassend abzuwägen ist, *Arzt*, in: Festschrift für Rehberg, Zürich 1996, S. 25.

Das *Verhältnis des Gesetzesrechts zum Richterspruch* wird unterschiedlich, mitunter sogar radikal unterschiedlich gesehen. Die *kontinentaleuropäische Rechtstradition* geht vom Gesetzesrecht aus. Aufgabe des Richters ist es, das bestehende Recht auszusprechen,»Rechtsprechung«. Richtersprüche können das Recht so richtig oder so falsch wiedergeben, wie auch Rechtsanwälte oder Rechtsgelehrte das geltende Recht richtig oder unrichtig wiedergeben können. Pointiert gesagt, Gerichte können nur erklären, was Recht ist, sie können Recht nicht schaffen. *Ausnahmsweise* kommt den Gerichten die Aufgabe der Rechtsschöpfung zu, wenn das gesetzte Recht *Lücken* läßt. Auf diese Problematik ist im Zusammenhang mit der Auslegung noch zurückzukommen, doch ist das grundsätzliche Verhältnis der Gesetzgebung zur Justiz schon hier aufzuwerfen.

Art. 1 ZGB (CH)

Das Gesetz findet auf alle Rechtsfragen Anwendung, für die es nach Wortlaut oder Auslegung eine Bestimmung enthält.
Kann dem Gesetze keine Vorschrift entnommen werden, so soll der Richter nach Gewohnheitsrecht und, wo auch ein solches fehlt, nach der Regel entscheiden, die er als Gesetzgeber aufstellen würde.
Er folgt dabei bewährter Lehre und Überlieferung.

Diese einfache Formel des Art. 1 ZGB ist weltberühmt geworden. Sie drückt das traditionelle *kontinentaleuropäische Rechtsdenken* sachlich wie sprachlich vorzüglich aus. Danach folgt auch aus der Gewaltenteilung, daß der rechtsprechenden Gewalt grundsätzlich nicht die Aufgabe der Gesetzgebung (Rechtsetzung) zukommt.

Der extreme *Gegenstandpunkt* ist aus dem *angloamerikanischen Rechtsdenken* hervorgegangen. Der Streit über das Recht kann nicht anders autoritativ geklärt werden als durch Richterspruch, also ist das Recht das, was die Gerichte als Recht bezeichnen. *»Law is what the judges say it is«*[17]. Rechtsprechung ist danach immer Rechtsschöpfung, das Recht ist ein Raster von Einzelfallentscheidungen. Das angloamerikanische common law ist weitgehend case law. Die Befugnis der Gerichte zur Rechtsschöpfung im System des common law wird letztlich auf verfassungsrechtliche Überlegungen zurückgeführt. Zunächst ist zu betonen, daß im angloamerikanischen Recht traditionellerweise das ungeschriebene Recht, das common law, dominiert. Es ist klar, daß Richterrecht dort besonderes Gewicht erlangen *muß*, wo kodifiziertes Recht fehlt. Vor allem ist vor dem Mißverständnis zu warnen, fehlende Bindung an kodifiziertes Recht führe zu willkürlichem Richter-

---

17 Dieses Schlagwort kennzeichnet den sogenannten Rechtsrealismus und Regelskeptizismus (legal realism, rule scepticism). In der Formulierung»The constitution is what the judges say it is« geht das Schlagwort auf den Präsidenten des U.S. Supreme Court, Chief Justice *Hughes* (1862–1948), zurück, vgl. *H. L. A. Hart*, Concept, a.a.O., S. 298 f. Wichtig ist, daß man dieses Schlagwort als Ausdruck des Realismus versteht, nicht des Zynismus.

»Recht«. Die vielen früheren Entscheide bilden ein Raster, das die neue Entscheidung (einigermaßen) berechenbar macht. Die Bindung des Richters an das Recht als case law bedeutet gleiche Entscheidung gleicher Sachverhalte, *stare decisis* (bleibe bei dem, was du – früher – entschieden hast). Diese Rechtsgleichheit führt zu einer genauen Analyse der früher entschiedenen Sachverhalte, denn ganz gleich sind die Streitfälle nie. Es ist also immer zu fragen, ob eine frühere Entscheidung nur scheinbar den gleichen Sachverhalt betrifft und worin Unterschiede liegen können, die eine abweichende Beurteilung des konkreten Sachverhalts gestatten.

Die *kontinentale Rechtstradition* vertraut dagegen auf Kodifikationen, also auf Gesetzesrecht. Diese Tradition hat ihrerseits mit dem Mißverständnis zu kämpfen, das Gesetz enthalte eine klare Verhaltensanweisung für alle denkbaren Sachverhalte. Dieses Mißverständnis läßt sich mit dem Schlagwort vom Richter als *Subsumtionsautomaten* ausdrücken. Im Richter steckt danach die Gesetzeskenntnis. Füttert man ihn mit dem zu entscheidenden Sachverhalt, kommt ein zuverlässiges Subsumtionsergebnis heraus (zur Subsumtion siehe unten § 3 I 6). – Richtig ist dagegen, daß die kontinental-europäische Rechtsauffassung den Richter durch das Gesetz nicht starr binden kann, weil das Gesetz elastisch sein muß. Das Gesetz kann die Vielfalt des Lebens nur mit Hilfe von wertungsbedürftigen Begriffen und Generalklauseln in den Griff bekommen. Damit wird dem Richter zugleich eine beträchtliche Beurteilungsfreiheit zugestanden. Nicht erst dort, wo der Richter Gesetzeslücken nach der Regel des Art. 1 ZGB schließt, sondern auch dort, wo er wertende Begriffe konkretisiert, wird er rechtsschöpferisch tätig. Auf den nur graduellen Unterschied zwischen Rechtsfindung (Anwendung des Gesetzesrechts) und Rechtsschöpfung ist zurückzukommen, siehe unten § 3 II.

Per saldo kann man von einer Annäherung des kontinentaleuropäischen und des angloamerikanischen Bildes von der Rolle des Richters sprechen. Trotzdem bleiben beträchtliche Divergenzen. Vor allem sind die Gesetze, die es in beiden Systemen gibt, ganz unterschiedlich. Beansprucht in den USA das Parlament als Gesetzgeber die Aufgabe der Rechtsschöpfung, die primär dem Richter zukommt, dann muß der Gesetzgeber eine peinlich genaue und detaillierte Regelung treffen. Angesichts solcher detaillierter Regelungen nehmen die Gerichte im »common law«-System – paradoxerweise – den Gesetzeswortlaut viel ernster, als es die Richter im kontinentaleuropäischen System tun[18]. *Wir* sind es gewohnt, daß der parlamentarische Gesetzgeber alles regelt, aber eben nur in Umrissen. Kontinentaleuropäische Gesetze

---

18 Die Gründe liegen nicht nur darin, daß die Gerichte die Eingriffe des Gesetzgebers ins common law restriktiv interpretieren, sondern daß sie sich schwer tun, Gesetzgebung als organisches Ganzes anzusehen und neben dem common law in ein System zu bringen, vgl. *Roscoe Pound*, Common Law and Legislation, 21 Harvard L.R. 383 (1908). – Ausführlicher Vergleich des kontinentaleuropäischen und des angloamerikanischen Rechtsdenkens bei *Fikentscher*, Methoden, Bd. 4 (besonders Kap. 31, 32).

haben traditionellerweise einen viel geringeren Umfang als z. B. amerikanische Gesetze, die denselben Lebenssachverhalt regeln (Relation ca. 1 : 10). Unsere Gerichte fühlen sich deshalb weniger dem Wortlaut und mehr dem Sinn des Gesetzes verpflichtet. Das gilt sogar in den Bereichen, in denen auch wir traditionellerweise eine relativ präzise und detaillierte Regelung erwarten, so besonders im Strafrecht.

Was Diebstahl ist, bestimmt das StGB (D) in § 242 mit den Worten:»Wer eine fremde bewegliche Sache einem anderen . . . wegnimmt, . . .« Wir empfänden die Verteidigung des Diebes, er habe dem Nachbarn z. B. die Kuh nicht weggenommen, sondern weggetrieben, oder er habe dem Nachbarn das Auto nicht weggenommen, sondern weggefahren, als dummen Scherz. Uns genügt auch der farblose Begriff der »Sache«, um Kühe mitzuerfassen. In den USA wäre dagegen die Verteidigung ernst zu nehmen, die sich auf wortwörtliche Interpretation stützt. Deshalb zählt der Gesetzgeber dort langatmig neben dem Wegnehmen das Wegfahren, Wegtreiben usw. auf. Ebenso nennt der Gesetzgeber die Tiere nicht nur als besondere Diebstahlsobjekte, sondern in vielen Einzelstaaten werden die Tierarten noch detailliert aufgezählt. Macht man das, muß man neben dem Esel auch den Maulesel miterwähnen und dann klarstellen, daß auch die Wegnahme toter Tiere erfaßt wird. So schwellen die Gesetzbücher an, denn jedes neue Detail schafft neue Abgrenzungsprobleme.

Je gewichtiger man die rechtsschöpferische Rolle des Richters veranschlagt, desto schwächer wird die Ordnungsfunktion des Rechts. Richterrecht ist kompliziert, ohne Hilfe juristischer Fachleute kaum auffindbar und damit vielfach gar nicht fähig, das Verhalten der Rechtsgenossen zu beeinflussen (und so Ordnung zu schaffen). Ein Richterrechtssystem richtet sich nicht an den Rechtsgenossen mit Verhaltensanweisungen, sondern an den Richter mit Rezepten zur Streitlösung.

Als klassischen Beleg für die Selbstkritik des case law vgl. *David Dudley Field*, Codification, 20 Am. L. Rev. 1 (1886):»The law with us is a sealed book to the masses; it is a sealed book to all but the lawyers . . . How can it be opened? In one way, and one only: writing it in a book of such dimensions and in such language, that all can read and comprehend it. What if lawyers should say that unwritten law is good enough for them? . . . It does not mend the matter, unless it be assumed that the law is made for the lawyers and not for the people.«

Auch für unser am Gesetzesrecht ausgerichtetes Rechtsdenken lohnt sich die *Frage, ob es wirklich die Rechtskenntnis ist, über die wir eine Verhaltenssteuerung erzielen.* Wie kann denn ein Recht, das studiert werden muß, das Verhalten des Durchschnittsbürgers regeln? Entstehen Rechtsstreite typischerweise, weil eine Seite das Recht nicht kennt (oder es kennt, aber böswillig verletzt), oder entstehen Streitigkeiten, weil eine klare Verhaltensanweisung nicht existiert oder jedenfalls nur dem Juristen bekannt ist? Welcher Durchschnittsbürger hat denn je die vielen Gesetze gelesen, nach denen er sein Verhalten tagaus tagein ausrichten muß?

Auf diese Fragen gibt es zwei Antworten. Einmal gibt es Lebensbereiche, die durch eine Parallelität zwischen Recht und Sittlichkeit charakterisiert sind. Die Verhaltenssteuerung erfolgt hier vielfach durch unser Wertempfinden, das wir mit Rechtsgefühl gleichsetzen. – Zum andern gibt es zunehmend »technische« Lebensbereiche, wo wir uns auf unser Wertgefühl nicht verlassen können und dürfen, sondern wo direkte Rechtskenntnis unerläßlich ist.

Wer einen Baum fällt, wird seinem Rechtsgefühl die Vorsicht entnehmen, die er aufwenden muß, um Gefährdungen Dritter auszuschließen. Das Gesetz würde in diesem Falle auch keine nähere Auskunft geben, und ob der Jurist als Fachmann oder die Juristin als Fachfrau einschlägige Präjudizien (also Entscheidungen vergleichbarer Fälle) finden würde, ist durchaus zweifelhaft. – *Wer eine Sägerei betreibt*, braucht Rechtskenntnisse, um die zum Schutz der Arbeitnehmer erforderlichen Vorsichtsmaßnahmen erkennen zu können (Unfallverhütungsvorschriften).

Wer ein Haus baut, wird die Rechte und Pflichten, die ihm aus Verträgen mit Handwerkern usw. erwachsen, noch einigermaßen mit Hilfe seines Rechtsgefühls abschätzen können, ohne die relativ ausführliche Regelung im Privatrecht zu konsultieren. Dagegen wird sich der Bauherr bei seiner Planung nach dem Baurecht richten, d. h. er wird sich unmittelbar oder durch Experten Klarheit über die baurechtlichen Vorschriften verschaffen.

Wir sehen also, daß der Bürger die Gesetzeslektüre teils nicht nötig hat, weil er sich von seinem Wertempfinden leiten läßt, so z. B. in weiten Bereichen des Strafrechts. In anderen Bereichen kann die Materie so kompliziert sein, daß sich der Bürger näher informieren muß, notfalls sogar das Recht lernen muß, so im Straßenverkehr und bei den Rechtsregeln für bestimmte Berufe. So erklärt es sich auch, daß theoretisch nicht geklärt ist, ob als *Rechtsadressat* der *Bürger oder* der *Richter* zu betrachten ist[19].

Eugen Huber, der Vater des ZGB (des schweizerischen ZGB; entspricht zusammen mit dem OR dem deutschen BGB), hat großen Wert auf Verständlichkeit und damit Lesbarkeit dieser großen Kodifikation durch den Laien gelegt[20]. Das macht die Schärfe verständlich, mit der die in der Schweiz h.L. die Ansicht ablehnt, Rechtsadressaten seien nur oder in erster Linie die rechtsanwendenden Staatsorgane (»Rückfall in absolutistische Gedankengänge . . . und . . . Ansteckung durch den totalitären Zeitgeist«[21]). – Je entschiedener wir dahin Stellung nehmen, daß sich die Gesetze an den Bürger wenden, desto dringlicher wird es freilich, die Realität zu erforschen, also zu untersuchen, wie weit der Bürger wirklich rechtskundig ist und wie weit er sein Verhalten wirklich am Recht ausrichtet. Ich vermute, daß solche Untersuchungen ein sehr differenziertes Bild ergeben würden. Ich vermute auch, daß sich bestätigen würde, daß der Laie Gesetze viel juristischer, wörtlicher interpretiert, als wir Juristen es tun. »Der Laie, viel mehr als der Jurist, will das Gesetz beim Wort nehmen können« *(Liver)*[22].

---

19 Kurzer Überblick über die verschiedenen Theorien zum Rechtsadressaten (und zur Rechtsgeltung) bei *U. Krüger*, Der Adressat des Rechtsgesetzes, Berlin 1969. Umfangreiche Nachweise zu neuerer (auch sozialwissenschaftlicher) Literatur bei *U. Diederichsen/R. Dreier* (Hrsg.), Das mißglückte Gesetz, Göttingen 1996 (vgl. insbes. das Referat von *Dreier*).
20 Näher *Liver*, Berner Kommentar, Allg. Einleitung zu Art. 1–10 ZGB, N. 117 ff., besonders N. 121, 130.
21 *Meier-Hayoz*, Berner Kommentar, Art. 1 ZGB, N. 147.
22 *Liver* (wie Anm. 20), N. 131.

II. Private Rechtsetzungsbefugnis, Privatautonomie

1. Wesen der Privatautonomie, Vertragsfreiheit

Knüpfen wir an die Überlegung an, daß eine detaillierte gesetzliche Regelung vielfach unübersichtlich und nur noch für Fachleute verständlich sein würde. Erinnern wir uns auch daran, daß das Recht wesentlich durch Gleichheit und Verallgemeinerung charakterisiert ist und insofern den individuellen Bedürfnissen nur beschränkt Rechnung tragen kann, siehe oben § 1 II 3. Dann haben wir die praktisch wichtigsten Gründe für die *Privatautonomie*, d. h. der Staat überläßt es den miteinander in Kontakt tretenden Privatpersonen, ihre Beziehungen zueinander zu regeln. Funktionieren können solche privaten Regelungen nur unter zwei Voraussetzungen: Die Betroffenen müssen sich auf Regeln einigen, und der Staat muß die Durchsetzung dieser Regeln garantieren.

Sind diese beiden Voraussetzungen erfüllt, kann eine solche private Rechtsetzung vorzüglich funktionieren. Mit ihr werden auch die vorstehend erörterten Probleme der Rechtskenntnis entschärft, denn die Vertragsparteien wissen zumeist, was sie miteinander vereinbart haben. Deshalb baut das gesamte Privatrecht auf der Vertragsfreiheit auf. Ob Vertragsfreiheit und Privatautonomie identische Begriffe sind, kann offenbleiben. Jedenfalls bildet die Vertragsfreiheit den Kern der Privatautonomie. Was ein Bürger dem andern an Waren und Dienstleistungen anbietet und was der andere an Gegenleistungen, insbesondere an Geld, dafür aufbringen will, bleibt der Vereinbarung dieser Bürger überlassen.

In der Zahl der Rechtsadressaten liegt ein quantitativer Unterschied zur normalen (staatlichen) Rechtsetzung. Während staatliche Individualgesetze wegen des Gleichbehandlungsgebotes geradezu anrüchig sind (siehe oben § 1 II 3), gilt die private Regelung oft nur für zwei Parteien. Selbst bei so wenigen Betroffenen geht es jedoch um Ordnung durch Normierung menschlichen Verhaltens. Es ist deshalb richtig, von privater Rechtsetzung zu sprechen[23]. – Via Privatautonomie können auch sehr weitreichende, generelle Regelungen getroffen werden, insbesondere in Form *Allgemeiner Geschäftsbedingungen*. Sie sind von staatlichem Recht, auch was ihren generellen Charakter betrifft, kaum zu unterscheiden. Das hat für die Auslegung solcher Regeln ebenso Konsequenzen wie für die Gewährleistung ihres Gerechtigkeitsgehalts.

---

23 Ausführlich *Burckhardt*, Methode, S. 202 ff., dort u. a. die Überlegung, daß eine Kompetenz zu privater Rechtsetzung nur als gleichzeitige Begrenzung der Rechtsetzungskompetenz des Staates zu begreifen ist. – Eine weit über das konkrete Beispiel ausgreifende Diskussion nicht staatlicher Rechtsetzung bei *Weyrauch/Bell*, Autonomous Lawmaking: The case of the »Gypsies«, 103 Yale L.J. 323 (1993).

Wer Privatautonomie nicht, wie hier, als *Freiheit zur Bindung*, sondern als Freiheit des Individuums von Bindungen versteht, hat mit der Vertragsfreiheit deshalb Mühe, weil der Vertrag bindet, d. h. Vertragsfreiheit ist Freiheit zur Bindung[24]. – Die Vertragsfreiheit setzt die Existenz von Gütern voraus, die Vertragsgegenstand werden können. Zur elementaren Aufgabe des Privatrechts, solche Güter als Rechtsgüter zu regeln, siehe unten § 4 I, V. So ist die Arbeitskraft ein Gut, der Einsatz dieses Gutes ist Gegenstand des Dienstvertrags. Ebenso ist Eigentum ein Gut und die Eigentumsübertragung Gegenstand des Kaufvertrags. Dabei ist jedoch zu beachten, daß die Verfügungsfreiheit über ein Gut sich vom Gut als Verfügungsgegenstand nicht scharf trennen läßt. Viele Güter würden rasch zu Lasten, wenn man sich die Verfügungsbefugnis wegdenken würde. Diesen Zusammenhang bringt das Gesetz bei der Definition des Eigentums richtig zum Ausdruck:

§ 903 Abs. 1 BGB (D)

Der Eigentümer einer Sache kann, soweit nicht das Gesetz oder Rechte Dritter entgegenstehen, mit der Sache nach Belieben verfahren und andere von jeder Einwirkung ausschließen.

Art. 641 ZGB (CH)

Wer Eigentümer einer Sache ist, kann in den Schranken der Rechtsordnung über sie nach seinem Belieben verfügen.

Er hat das Recht, sie von jedem, der sie ihm vorenthält, herauszuverlangen und jede ungerechtfertigte Einwirkung abzuwehren.

2. Zum Gerechtigkeitsgehalt der privaten Rechtsetzung

Eingangs sind praktische Argumente ins Feld geführt worden, die dafür sprechen, den betroffenen Privatpersonen die Regelung ihrer Interessenskonflikte zu überlassen. Diese praktischen Argumente kann man mit dem Stichwort *Markt* zusammenfassen. Dasselbe Stichwort weist auf die ethische Wurzel der Privatautonomie hin. Es geht darum, den Rechtsgenossen ein Maximum an Selbstverantwortung und Freiheit gegenüber dem Staat zu sichern[25]. Das ist zugleich die verfassungsrechtliche Wurzel der Vertragsfreiheit, Freiheit verstanden als Nichteinmischung des Staates.

Die ethische und politische Bewertung der Vertragsfreiheit hängt von der Gerechtigkeit der ausgehandelten Vertragsbedingungen ab. In ähnlicher Weise muß sich die Marktwirtschaft mit dem Problem des gerechten Preises auseinandersetzen, die Demokratie mit dem Gerechtigkeitsgehalt des Mehrheitswillens und die Theologie mit den nicht nur guten Resultaten, die Gott wegen seiner Zulassung menschlicher Freiheit zu verantworten hat

---

24 Vgl. nur die knappen Hinweise bei *Merz*, Privatautonomie, S. 3.
25 »Vertrag als eine zwischenmenschliche Urform«, *Hans Huber*, Vertragsfreiheit, S. 12.

(Theodizee). Vertragsfreiheit und Marktwirtschaft sind Ausdruck des *Liberalismus*. Der Kampf gegensätzlicher Interessen führt zur richtigen Kompromißlösung, siehe schon oben § 1 II 4. Vorbild ist der Kampf aller gegen alle in der Natur, der auch zu Lösungen führt, die wir als natürlich (und richtig) akzeptieren[26]. Die klassische Sicht der Verfassungsgebung beruht ebenfalls auf dem Vertrag als Modell, d. h. die Rechtsgenossen schließen sich zum Staat zusammen und unterwerfen sich der Staatsgewalt mit Sicherungen und zu Bedingungen, die sie frei aushandeln und in der Verfassung verankern *(Herrschaftsvertrag)*[27].

Unbestrittener *Pferdefuß der Vertragsfreiheit* ist die Prämisse von der *Gleichheit der Vertragschließenden*. Ein vernünftiger und gerechter Interessenausgleich ist dort zu erwarten, wo die Vertragschließenden nicht nur formell rechtsgleich sind, sondern ungefähr gleich mächtig. Freilich folgt aus gleicher Stärke der Kontrahenten nicht notwendig auch ein am allgemeinen Wohl orientierter Interessenausgleich. So können sich Arbeitgeber und Arbeitnehmer einer Branche einigen – und die Kosten auf die Allgemeinheit abwälzen.

Sind die vertragschließenden Parteien ungleich, kann die Vertragsfreiheit zur juristischen Festschreibung der wirtschaftlichen Übermacht einer Partei über die andere dienen, als Legitimation des *Rechts des Stärkeren*. Wer Lebensmittel verkauft, kann zur Durchsetzung höherer Preise diesen Verkauf für geraume Zeit einstellen; wer Lebensmittel kauft, kann zur Durchsetzung niedrigerer Preise nicht längere Zeit zuwarten, weil er sonst verhungert. Diese Kritik an der »bürgerlichen« Vertragsfreiheit liegt nahe. Soweit sie berechtigt ist, ist ihr durch Beschränkung der Vertragsfreiheit Rechnung zu tragen, anschließend 3. Dabei gilt es im Auge zu behalten, daß die Vertragsfreiheit nicht schon deshalb zu ungerechten Regelungen führt, weil sich in ihnen Ungleichheiten und damit die gesellschaftlichen Realitäten spiegeln. Es gehört zu den schwierigsten Problemen juristischer Grundsatz- und Tagespolitik, legitime und illegitime gesellschaftliche Ungleichheiten und deren legitime bzw. illegitime Ausnutzung im Rahmen der Privatautonomie zu unterscheiden.

---

26 Die Zusammenhänge zwischen Darwinismus und Markt sind nicht zu verwechseln mit der Frage, ob der Mensch von Natur aus böse oder gut ist, siehe oben § 1 II 2 und die berühmte Formulierung von *Hobbes* (1588–1679), der den Menschen als Beute des Menschen gesehen hat, »homo homini lupus« (deshalb Bedürfnis nach Schutz durch Vertrag, Rechtsfrieden). Wer die menschliche Natur optimistischer einschätzt, erklärt die Gemeinschaftsbildung mit der gerechten Vernunft des Menschen und seinem Bedürfnis nach Sorge für andere, so *Grotius* (1583–1645). Die ständige Wiederkehr solcher Modellvorstellungen wird deutlich bei *Freud*, Warum Krieg? (Brief an Albert Einstein, September 1932), Gesammelte Werke, Bd. XVI, S. 13 ff.

27 Zu Herrschaftsvertrag und Demokratie (auch zur Schweiz als praktischem Vorbild für die Theoriebildung) vgl. die knappe Darstellung bei *Zippelius*, Staatsideen, S. 102 ff.

Beispiel: Bei knappem Angebot und großer Nachfrage ist der Anbieter stark – der auf Privatautonomie beruhende Interessenausgleich ermöglicht dem Anbieter hohe Preisforderungen. Aber der Preis ist Spiegelung der Macht- und Marktverhältnisse und in diesem Sinne gerecht. Es wäre illusorisch, der Privatautonomie als Rechtsquelle das Resultat (im Beispiel den hohen Preis) anzulasten und eine gerechtere Lösung über Eingriffe in die Privatautonomie (Preisgestaltungsfreiheit) anzustreben. Eine gerechtere Lösung ist in diesem Beispiel primär in der Beeinflussung des Angebots zu suchen. Dabei ist für die Marktwirtschaft der hohe Preis der direkte Weg zur Beeinflussung (Erhöhung) des Angebots und damit zur Preissenkung. Der Hinweis auf den *Wohnungsmarkt* mag ausreichen, um die politische Brisanz der Privatautonomie ins Gedächtnis zu rufen.

Besonders wichtig ist schließlich, daß sich die Vertragsfreiheit zur *Organisationsfreiheit* weiterdenken läßt. Die Schwächeren können durch ihren Zusammenschluß ihre Macht stärken. So schützen sich die Schwachen durch Zusammenschluß zu einer Gemeinschaft gegen die Diktatur des Starken. Die Arbeitnehmer schließen sich in Gewerkschaften zusammen usw.

Nach dem Modell der Organisation der Arbeitnehmer ist heute die Organisation von anderen Interessengruppen mit geringer Verhandlungsmacht gängig geworden, von Konsumentengruppen bis hin zu Patientenorganisationen.

Hoffentlich rebellieren meine Leserinnen und Leser gegen diese optimistische Schilderung einer durch die Organisationsfreiheit gestärkten Vertragsfreiheit und sagen: Wenn sich die Schwachen organisieren, können es die Starken auch. Die wirtschaftliche Ungleichheit wird so von der individuellen Ebene (z. B. Arbeitgeber/Arbeitnehmer) auf die kollektive Ebene verlagert, aber nicht beseitigt (Arbeitgeberorganisation/Gewerkschaften). – Dieser Einwand trifft jedoch nur beschränkt zu. Jedenfalls dort, wo die Schwäche in einem Informationsdefizit (z. B. des Konsumenten) liegt, kann dieses Defizit durch Organisation beseitigt werden, ohne daß der stärkere Vertragspartner (im Beispiel der Hersteller) seinerseits durch Organisation einen neuen Vorsprung erreichen könnte. Die Schwäche des einzelnen Verbrauchers bei Preisvergleichen ist durch die Organisation gewissermaßen endgültig behebbar, die den Produzenten unmittelbar oder durch entsprechende Gesetzgebung zwingt, die Preise (auch) pro Standardeinheit (z. B. pro 100 g) anzugeben.

3. Schranken der Privatautonomie

Die Spannung zwischen einer privaten Rechtsetzung, die sich nicht über öffentliche Interessen hinwegsetzen darf, und dem öffentlichen Interesse an der Gewährleistung privater Freiheit, auch wenn sie zu Ungleichheit führt, bewältigen wir mit Hilfe der *Schranken der Vertragsfreiheit.* Im folgenden wird kurz auf die vier wichtigsten Schranken der Privatautonomie eingegangen, nämlich (1) Gesetzesverstoß; (2) Sittenwidrigkeit; (3) Persönlichkeitsrecht und (4) Monopolmißbrauch. Diese vier Schranken beeinflussen sich wechselseitig. Die beiden zuerst genannten Grenzen sind relativ unproblematisch, die beiden zuletzt genannten Grenzen sind schon erheblich problematischer.

Gesetzgebungsbeispiel Deutschland:

§ 134 BGB

Ein Rechtsgeschäft, das gegen ein gesetzliches Verbot verstößt, ist nichtig ...

§ 138 BGB

(1) Ein Rechtsgeschäft, das gegen die guten Sitten verstößt, ist nichtig.

(2) ...

Gesetzgebungsbeispiel Schweiz:

Art. 19 OR

Der Inhalt des Vertrages kann innerhalb der Schranken des Gesetzes beliebig festgestellt werden.

Von den gesetzlichen Vorschriften abweichende Vereinbarungen sind nur zulässig, wo das Gesetz nicht eine unabänderliche Vorschrift aufstellt oder die Abweichung nicht einen Verstoß gegen die öffentliche Ordnung, gegen die guten Sitten oder gegen das Recht der Persönlichkeit in sich schließt.

Art. 20 OR

Ein Vertrag, der einen unmöglichen oder widerrechtlichen Inhalt hat oder gegen die guten Sitten verstößt, ist nichtig ...

a) Öffentliche Ordnung

Als *erste Schranke* der privaten Rechtsetzungsbefugnis ist die *Rechtsordnung* zu nennen. Verträge mit rechtswidrigem Inhalt binden nicht (sind nichtig). So ist der Verkauf von Heroin als Ware ebenso verboten wie das Angebot einer Abtreibung als Dienstleistung. Die Rechtsordnung zieht der Privatautonomie Schranken durch öffentlich-rechtliche Vorschriften. So verbietet das Strafrecht den Handel mit Heroin als Ware oder Schwangerschaftsabbruch als Dienstleistung. Das Lebensmittelrecht schreibt u. a. eine Mindestqualität detailliert vor, die im Wege privater Vereinbarung nicht abbedungen werden kann. – Ein wichtiges Instrument zur Bekämpfung ungerechter Vertragsinhalte sind auch Regelungen des *Privatrechts*, die nicht abbedungen werden können. So kann der Verkäufer seine grundsätzliche Haftung für Mängel der verkauften Sache zwar durch entsprechende Vereinbarung mit dem Käufer ausschließen, aber nicht für dem Käufer arglistig verschwiegene Mängel[28]. Dieses zwingende Privatrecht (*ius cogens* im Gegensatz zum *ius dispositivum*) bezieht sich nicht nur auf Fragen von grundsätzlicher Bedeutung. Vielmehr gibt es auch zahlreiche zwingende Detailregelungen. Schon bei flüchtiger Lektüre der gesetzlichen Regelung

---

28 Art. 199 OR (CH); § 460 Abs. 2 BGB (D).

der (Wohnungs-)Miete finden sich einschlägige Beispiele zuhauf. Da das zwingende Privatrecht öffentliche Interessen verfolgt, steht es funktionell dem öffentlichen Recht nahe. Zum Unterschied zwischen öffentlichem Recht und Privatrecht siehe unten IV.

b) Sittenwidrigkeit

Als *zweite Schranke* der privaten Rechtsetzungsbefugnis nennt das Gesetz die *Sittenwidrigkeit*. Sie ist – neben Treu und Glauben – eine der ganz großen Generalklauseln des Zivilrechts. Die Berufung auf die guten Sitten (bzw. auf den Verstoß gegen die guten Sitten) reicht bis ins römische Recht zurück, siehe oben § 1 II 2 mit dem Beispiel des Mätressentestaments. Eine jahrhundertealte Rechtstradition hat die Anwendungsfälle dieser Generalklausel konkretisiert und an die Bedürfnisse der Gegenwart angepaßt. Sittenwidrig ist u.a. die Ausnutzung einer Position der Stärke, um im Einzelfall ein grob ungerechtes Resultat herbeizuführen. Insofern ist der *Wucher* als Sonderfall einer sittenwidrigen Ausnutzung einer überlegenen Position anzusehen, doch ist dieser Fall sowohl im Privatrecht wie im Strafrecht speziell geregelt, d. h. genauer umschrieben.

c) Persönlichkeitsrecht

Als *dritte Schranke* der Vertragsfreiheit nennt Art. 19 OR (CH) den Verstoß gegen »das Recht der Persönlichkeit«. Es besteht ein enger Zusammenhang mit dem Verstoß gegen die guten Sitten, weil sich die vertragschließenden Parteien über gesellschaftliche Grundwertungen hinwegsetzen. So erklärt es sich, daß das deutsche Recht diese Schranke nicht speziell erwähnt. Das *Persönlichkeitsrecht* wird als ein in seinem Kern unveräußerliches Recht betrachtet, d. h. im Namen der Freiheit wird hier der Person die Freiheit genommen, sich zu binden. Kraft Vertrags kann keine Sklaverei begründet werden, auch nicht in Raten oder in Teilbereichen der Persönlichkeit. Deshalb sind Verträge auf ewige Zeiten unzulässig, wobei sich die Gerichte wiederholt mit Bierlieferungsverträgen auseinandersetzen mußten. Jedenfalls eine 15 Jahre erheblich übersteigende Bezugspflicht des Wirtes bedeutet eine zu weitgehende Einschränkung seiner persönlichen Freiheit, vgl. *BGHZ 74, 293, 298; BGE 93 II 290, 300*. Aus demselben Grund ist es unzulässig, bei auf längere Zeit angelegten Rechtsbeziehungen das Recht zur Auflösung aus wichtigem Grund abzubedingen[29].

Sittenwidrigkeit und Verstoß gegen das Persönlichkeitsrecht ziehen der Vertragsfreiheit mit Blick auf elementare Wertungen der Rechtsgemeinschaft Grenzen. Solche Wertungen kommen auch im Verfassungsrecht zum Ausdruck, besonders in den Grundrechten. Aus den dem Bürger im Verhältnis

---

29 *Beispiele:* § 671 Abs. 3 BGB (D); Art. 337 i.V.m. Art. 361 OR (CH).

zum Staat garantierten Freiheiten und aus den Leistungen, die der Bürger vom Staat fordern kann, lassen sich Schlüsse auf Wertungen der Rechtsgemeinschaft ziehen, die auch im Verhältnis der Bürger zueinander von Bedeutung sein können. Insofern beachtet das Privatrecht mit seinen traditionellen Schranken der Vertragsfreiheit selbstverständlich zugleich die verfassungsrechtlichen Wertungen (verfassungskonforme Auslegung; mittelbare *Drittwirkung der Grundrechte*)[30].

Die privatrechtlichen Generalklauseln geben uns keinen sicheren Anhaltspunkt, wenn Einzelfragen zu beantworten sind, etwa derart, wieweit die Freizeit eines jungen Menschen unveräußerlich ist und wieweit sich ein Schüler zu Arbeit während seiner Freizeit verpflichten kann. Viele solcher Einzelfragen sind spezialgesetzlich geregelt (Jugendschutz im Arbeitsrecht). Solche spezialgesetzliche Regelungen sind dann wieder als Bestandteil der Rechtsordnung zugleich Schranken für die Privatautonomie.

Da widerrechtliche Verträge nichtig sind und die Vertragsfreiheit durch Rechtsvorschriften eingeschränkt werden kann, besteht die Gefahr, daß unter Berufung auf öffentliche Interessen aller Art die Vertragsfreiheit mehr und mehr ausgehöhlt wird.

Beispiele (in zeitlicher Reihenfolge) für massive Einschränkungen der Vertragsfreiheit: Arbeitsvertragsrecht, Mietrecht (Wohnungsmiete), Reisevertragsrecht.

Die Vertragsfreiheit ist als wichtiger Ausfluß des Persönlichkeitsrechts anzusehen. Die Vertragsfreiheit hat insoweit Grundrechtscharakter (Art. 2 Abs. 1 GG) und ist theoretisch gegen Aushöhlung ihres Wesensgehaltes geschützt (Art. 19 Abs. 2 GG). Praktisch ist jedoch mit juristischen Argumenten nicht gegen die Normenflut anzukommen, die dank Entdeckung immer neuer schutzbedürftiger Personenkreise den Gesetzgeber zu einer immer feiner werdenden Reglementierung verführt, durch die die Vertragsfreiheit erdrückt wird. Hier muß man auf die politische Auseinandersetzung vertrauen, in der auch nach den Kosten gefragt wird. Zu den Kosten gehören auch die Schäden durch illegale Umgehungen (Schwarzmarkteffekte) und die Ausgaben für eine Überwachungsbürokratie.

---

30 Die privatrechtlichen Generalklauseln haben im Laufe einer langen Entwicklung relativ präzise Umrisse gewonnen. Insofern sind die Abwägungen aufgrund der privatrechtlichen Generalklauseln schärfer konturiert als aufgrund der neueren verfassungsrechtlichen Generalklauseln. Deshalb ist verständlicherweise der *materiellrechtliche* Einfluß des Verfassungsrechts auf das Privatrecht gering. Man sollte jedoch die *formellen* Aspekte nicht unterschätzen, insbesondere die Frage, ob die verfassungskonforme Auslegung der privatrechtlichen Generalklauseln primär in die Kompetenz des Privatrechts oder primär in die Kompetenz des Verfassungsrechts fällt, zur Verfassungsgerichtsbarkeit siehe oben I 4. – Grundlegend zur mittelbaren Drittwirkung *Dürig*, in: *Maunz/Dürig*, Grundgesetz, München, 1. Lieferung 1958, Art. 1 N. 125, 126; Art. 2 N. 56, 57.

d) Monopolverbot

Als eine im Gesetz nicht ausdrücklich genannte, doch als Konkretisierung der großen Generalklausel der Sittenwidrigkeit hervorzuhebende Schranke der Privatautonomie ist das *Monopolmißbrauchsverbot*[31] anzusehen. Ein Rechtssystem, das die Privatautonomie gewährleistet, darf dem Privaten nicht zugleich die Freiheit einräumen, durch Monopolbildung eine Rechtsetzungsdiktatur zu errichten. Hier verbindet sich das Thema Privatautonomie mit dem Wettbewerbsrecht (Kartellrecht)[32], in dem eine immer wichtiger werdende grenzüberschreitende Dimension steckt.

Theoretisch läßt sich der Machtmißbrauch durch Monopole verhindern, wenn man sich den Monopolisten nicht als egoistisch denkende Privatperson vorstellt, sondern als eine am allgemeinen Nutzen orientierte »Person«, kurz, wenn *der Staat als Monopolist* auftritt. Das Spektrum reicht von mehr oder weniger totalen Staatsverwaltungsgesellschaften (öffentliche Verkehrsbetriebe oder Gefängnisse) über partielle Staatsmonopole (Post und Telecom) bis hin zur Zulassung von privaten Monopolen und Kartellen unter staatlicher Aufsicht (Elektrizitätsunternehmen).

In diesem Zusammenhang sei die heikle Frage berührt, ob *jedes* Freiheitsrecht ein vergleichbares immanentes Diktaturverbot enthält. Redefreiheit ja, aber keine Freiheit zur Propagierung der Abschaffung der Redefreiheit? Demonstrationsfreiheit ja, aber keine Freiheit für Demonstranten, die Andersdenkenden ihre Freiheit zur Demonstration nehmen wollen? Keine demokratischen Freiheiten den Feinden der Demokratie – keine Freiheit den Feinden der Freiheit?[33]

III. Rechtsdurchsetzung

1. Rechtsetzung und Rechtsdurchsetzung, Recht und Macht

a) Rechtszwang

Mit der Rechtsetzung wird eine Auswahl unter divergierenden Gerechtigkeitsvorstellungen getroffen. Wenn wir von der Verbindlichkeit des Rechts

---

31 Auf die Verwandtschaft zum *Wucher* (vorstehend c) ist hinzuweisen, doch kann die Wuchersituation auf Zufall beruhen (Havarie, Hilfe wird vom zufällig den Unglücksort erreichenden Schiff an »sittenwidrige« Bedingungen geknüpft). Oben im Text geht es mehr um ein planmäßig aufgebautes Monopol.

32 Vgl. das GWB (Gesetz gegen Wettbewerbsbeschränkungen).

33 Zu Art. 18 GG vgl. *Dürig*, in: *Maunz/Dürig*, Grundgesetz, München, Lieferung 1964, Art. 18 N. 6 (zum »schlechten Slogan«: »Keine Freiheit den Feinden der Freiheit« und ebenda N. 4, 5 zu deutschen historischen Erfahrungen). *Dürig* bevorzugt den Slogan der militanten oder abwehrbereiten Demokratie, ebenda N. 6). – Zur *Schweiz* weist *Saladin*, Grundrechte, S. 342 f., auf die Schwierigkeiten der »Grenzziehung zwischen grundrechtlich geschützten Außenseiterpositionen und einem eigentlichen Mißbrauch verfassungsmäßiger Grundrechte« hin.

sprechen, meinen wir damit, daß das Recht auch die Mitglieder der Rechtsgemeinschaft bindet, die andere Gerechtigkeitsvorstellungen haben, siehe
oben § 1 II 5. – Abweichende Gerechtigkeitsvorstellungen und privater Egoismus lassen sich nicht immer auf die lex ferenda ablenken, siehe oben § 1 II
6. Nur allzuoft erscheint der *Rechtsungehorsam* als ein verlockendes Mittel,
eigene Vorstellungen durchzusetzen.

Recht läßt sich gegen Ungehorsam letztlich nur mit Zwang durchsetzen.
Dieser *Rechtszwang* ist staatlicher Zwang. Neben der Behauptung gegen
äußere Feinde ist die Garantie des Rechtsfriedens im Inneren Hauptaufgabe
jedes Staates. Rechtsfrieden ist undenkbar ohne Rechtsdurchsetzung. Zur
Verteidigung der rechtsstaatlichen Ordnung (vgl. Art. 20 GG oder Art. 2
BV) ist notfalls mit staatlichem Zwang gegen Rechtsverletzer vorzugehen.
Wer recht hat, muß auch recht behalten. Recht ohne Zwang ist nicht denkbar. *Periphere Ausnahmen* sind anzuerkennen, z. B. die Unklagbarkeit von
Ansprüchen aus Ehevermittlungsverträgen[34]. Das *Völkerrecht*, das vielfach
nicht durchsetzbar ist, nimmt eben deswegen eine Sonderstellung ein. Darauf soll im Rahmen der Einführung nicht eingegangen werden[35]. – Auch für
die Rechtsdurchsetzung gilt, daß die *Prävention*, also die Verhütung von
Rechtsverletzungen, effizienter ist als das Einschreiten gegen Rechtsbrecher. Mittel der Prävention ist in erster Linie die Schaffung guten Rechts
(weil so die Chance freiwilliger Befolgung besonders groß ist), in zweiter
Linie die Androhung von *Sanktionen* (Rechtszwang, z. B. Strafe oder Schadenersatz).

Aus der Durchsetzung des Rechts mit Hilfe der Staatsmacht folgt das *staatliche Gewaltmonopol*. Die Privatautonomie als private Rechtsetzungsbefugnis muß sich zur Durchsetzung dieser privaten Vereinbarungen des
staatlichen Zwanges bedienen. Eine private *Zwangs*autonomie stünde mit
der privaten Rechtsetzungsautonomie in Widerspruch, weil nicht gesichert
wäre, daß der private Zwang zur Durchsetzung des Rechts (und nicht zur
Durchsetzung des Unrechts) angewandt werden würde. *Schiedsgerichtsbar-
keit, Vereinsstrafen* und ähnliches sind keine echten Ausnahmen vom staatlichen Gewaltmonopol, ohne daß dies hier näher ausgeführt werden
könnte[36]. *Notwehr und Selbsthilfe* sind dagegen echte und präzise geregelte
Ausnahmen. Der Bürger darf Rechte mit Gewalt verteidigen (Notwehr)
oder durchsetzen (Selbsthilfe), weil und wenn staatliche Hilfe zu spät käme.
Je häufiger in einer Gesellschaft Rechtsverletzungen sind, desto stärker werden die Tendenzen zur Durchbrechung des staatlichen Gewaltmonopols,
sichtbar u.a. an der organisierten Inanspruchnahme des Notwehr- und

---

34 § 656 BGB; Art. 416 OR.
35 Ausführlich *Burckhardt*, Organisation, S. 329 ff., ebenda S. 270 ff. zu Recht und
   Zwang.
36 Schon für Anfänger interessant (auch zur Differenzierung zwischen Rechtszwang und
   sonstigen Nachteilen) *Max Kummer*, Spielregel und Rechtsregel, Bern 1973 (besonders
   S. 42–46).

Selbsthilferechts (Bürgerwehren, private Bewachungs- und Festnahme-unternehmen)[37].

Das staatliche Gewaltmonopol schließt private gewaltsame Rechtsdurchsetzung aus. Wo Privatpersonen mit Gewalt *gegen* das Recht vorgehen, z. B. rauben oder morden, ist solcher Gewalt mit Rechtszwang, bei Raub und Mord also mit Strafe, zu begegnen. Der gewaltsame Rechtsbruch stellt das staatliche Gewaltmonopol nicht in Frage und ist insofern harmloser als die eigenmächtig-gewaltsame Rechtsdurchsetzung. Der Mörder ist für die Rechtsordnung insofern weniger gefährlich als die Bürger, die ihn lynchen.

b) Rechtszwang und die gesellschaftlichen Machtverhältnisse

Die vorstehend betonte Abhängigkeit des Rechts vom Rechtszwang hat niemand prägnanter formuliert als *Gustav Radbruch* (unter Zuspitzung einer Äußerung von *Kant*): »Wer Recht durchzusetzen vermag, beweist damit, daß er Recht zu setzen berufen ist. Umgekehrt: wer nicht Macht genug hat, einen jeden im Volke gegen den andern zu schützen, hat auch nicht das Recht, ihm zu befehlen«; vgl. zum selben Zitat oben § 1 III. – Wenn es uns bei diesen schroffen Sätzen fröstelt, dann deshalb, weil in ihnen das böse alte Sprichwort anklingt: *Wer die Macht hat, hat das Recht.*

Die Ohnmacht des Rechts zeigt sich besonders scharf, wenn es Personen gibt, die so mächtig sind, daß das Recht gegen sie nicht durchsetzbar ist. Historisch hat der Widerstand eines Mächtigen gegen das Recht und letztlich gegen die zentrale Staatsgewalt eine große Rolle gespielt.

Götz von Berlichingen, 1. Akt, Bischof: »Der Kaiser hat nichts Angelegners, als vorerst das Reich zu beruhigen, die Fehden abzuschaffen und das Ansehen der Gerichte zu befestigen. . . . das Reich ist, trotz ein vierzig Landfrieden, noch immer eine Mördergrube. Franken, Schwaben, der Oberrhein und die angrenzenden Länder werden von übermütigen und kühnen Rittern verheeret. Sickingen, Selbitz mit *einem* Fuß, Berlichingen mit der eisernen Hand spotten in diesen Gegenden des Kaiserlichen Ansehens.«

Dieser Form der Herausforderung der Staatsmacht durch eine fast gleich mächtige Einzelperson kommt keine aktuelle Bedeutung zu. Zu erinnern ist jedoch daran, daß die Realität, zu der auch die gesellschaftlichen Macht-verhältnisse gehören, schon auf die Rechtsetzung durchschlägt, siehe oben § 1 II 5, 6. Natürlich kommt der Schutz des Eigentums den Eigentümern zugute; wer nie einen originellen Einfall hat, dem nützt der juristische Schutz

---

37 Zu Notwehr vgl. § 32 StGB (D), Art. 33 StGB (CH). Auch wenn man mit der h.L. die
   Notwehrbestimmung dahin auslegt, daß der Angegriffene sich auch dann selbst wehren darf, wenn staatliche Hilfe erreichbar wäre, liegt das Schwergewicht der Notwehr bei Sachverhalten, wo der staatliche Schutz nicht funktioniert, näher *Arzt*, Notwehr, Selbsthilfe, Bürgerwehr, in: Festschrift für Schaffstein, Göttingen 1975, S. 77; *ders.*, Zum privaten Festnahmerecht, in: Festschrift für Kleinknecht, München 1985, S. 1. – Zu exzessiver Notwehr eines für Gewaltfreiheit eintretenden (und deshalb ständig von stärkeren Mitschülern provozierten) Schülers vgl. *BGH*, JR 1980, 21 mit Anm. *Arzt*.

des Urheberrechts unmittelbar nichts[38]. Das Recht spiegelt jedoch nicht einfach die Machtverhältnisse. Teils sind die Interessengegensätze so komplex, daß sie sich neutralisieren; auch können Ideen zum Machtfaktor werden. Vor allem sorgt die Organisation des Staates und damit der Staatsgewalten für eine Distanz des Rechts von den gesellschaftlichen Gruppeninteressen. Wie, wie gut oder wie schlecht das funktioniert, gehört zu den Grundthemen der *Rechtssoziologie.*

Da in unserer Gesellschaft viele Interessengegensätze bestehen und sich die Gesellschaft zudem in einem ständigen Wandel befindet, ist Rechtsgehorsam alles andere als eine Selbstverständlichkeit. Konflikte zwischen dem Recht und gesellschaftlich mächtigen Interessengruppen sind alltäglich. Tendenziell hinkt das Recht den gesellschaftlichen Veränderungen hinterher. Das Recht ist von gestern; Juristen sind tendenziell konservativ.»Recht – das bedeutet nur allzu oft, daß die Lebenden von den Toten regiert werden« *(Roscoe Pound)*[39].

Karl N. Llewellyn, The Bramble Bush. On our Law and its Study, New York 1951 (Erstausgabe 1930), S. 144:»law thrusts, law clubs, not merely for the maintenance of order, but for the maintenance of that very order which is cracking . . . The essential attribute of law is to conserve, to jam new conditions into old boxes, whether they will fit or not; not to change, readjust, or cure . . .«

Selbstverständlich kann die Rechtsordnung der gesellschaftlichen Entwicklung auch vorauseilen. Es gibt wichtige juristische Errungenschaften, mit deren Hilfe etablierte gesellschaftliche Zwänge aller Art langsam abgebaut werden konnten. Der Gegensatz zwischen der relativ alten *juristischen Freiheit zur Eheschließung und Scheidung*[40] und der gesellschaftlich unmöglichen Heirat oder Scheidung spielt in den Romanen und Theaterstücken um die Jahrhundertwende eine große Rolle (*Fontane*, Effi Briest). – Ähnlich hat die relativ alte *juristische Religionsfreiheit* (vgl. Art. 4 GG; Art. 49 BV) angesichts gesellschaftlicher Traditionen und Pressionen noch nicht dazu geführt, daß die verbreitete innere Loslösung von den großen Religionsgesellschaften auch äußerlich vollzogen werden könnte. – Besonders groß ist die Versuchung, das Richterrecht, insbesondere im Zusammenhang mit der Verfassungsgerichtsbarkeit, zum Motor des gesellschaftlichen Fortschritts zu machen, *social engineering* – siehe unten § 3 I 5.

---

38 Ein mittelbarer Nutzen kann entstehen, weil ein rechtlich geschützter Urheber (vielleicht) eher bereit ist, sein Werk anderen zugänglich zu machen, als ein rechtlich nicht geschützter Urheber.

39 »Law is often in very truth a government of the living by the dead«, *Roscoe Pound*, The Causes of Popular Dissatisfaction with the Administration of Justice (1906), zitiert nach dem Neuabdruck in 35 FRD 273, 277 (1964). Man beachte die Nähe (und den Unterschied) zur historischen Auslegung, siehe unten § 3 I 5.

40 Die ältere schweizerische BV normiert explizit das Recht zur Eheschließung, Art. 54 BV – die neuere deutsche Verfassung sieht dieses Recht als so selbstverständlich an, daß es in Art. 6 GG nicht erwähnt wird.

Zusammenfassend läßt sich sagen, daß das Recht gesellschaftliche Veränderungen bremsen oder beschleunigen kann. Dabei besteht die Gefahr verbreiteten Rechtsungehorsams, sobald sich das Recht von der gesellschaftlichen Realität allzu weit entfernt oder sobald Interessengruppen die kurzfristigen, durch Widerstand gegen das Recht erzielbaren Vorteile höher bewerten als den langfristigen Nutzen, der in der Unterordnung *aller* unter das Recht liegt. Verbreiteter Rechtsungehorsam führt rasch zur Überforderung des staatlichen Apparates zur Rechtsdurchsetzung.

Beispiel: Die Herabsetzung von Tempolimiten wird in der Schweiz u.a. mit dem Argument bekämpft, eine entsprechende Regelung lasse sich angesichts des zu erwartenden Widerstandes der Autofahrer nicht durchsetzen. In Deutschland ist im November 1985 die Regierung bei ihrer Berechnung des Nutzens einer Geschwindigkeitsbegrenzung von 100 km/h auf Autobahnen von einem Befolgungsgrad von 30%(!) ausgegangen (gestützt auf einen Großversuch). – Wie die Autofahrerorganisationen drohen die Gegner von Kernkraftwerken mit der Undurchsetzbarkeit des Rechts.

Wer die Macht hat, hat das Recht – das ist nicht nur die Mehrheit mit ihrer Rechtsetzungsmacht, sondern auch die Minderheit mit ihrer Macht, die Rechtsdurchsetzung zu blockieren. Politik ist die Suche nach dem Kompromiß, der nicht nur die Rechtsetzung trägt, sondern auch die Rechtsdurchsetzung erträgt.

c) Zur Hinnahme von Rechtsverletzungen

Am Anfang dieses Abschnitts (siehe oben III 1 a) ist mit Rechtsdurchsetzung Zwang gegen einen Rechtsbrecher im konkreten Einzelfall und zugunsten eines konkreten Individuums gemeint. Im weiteren Verlauf (siehe oben III 1 b) haben wir dann von der Durchsetzbarkeit des Rechts generell gesprochen, insbesondere zugunsten öffentlicher Interessen (Geschwindigkeitsbegrenzungen). Wir sind wie selbstverständlich davon ausgegangen, daß die Rechtsdurchsetzung erwünscht ist. Das Recht (und den Rechtsgehorsam) denkt man sich als Regel, den Rechtsbruch als Ausnahme. Dieses Schema ist nicht falsch, bedarf aber der Modifikation[41].

Zum einen handeln die Menschen oft ohne Rücksicht auf die Rechtslage. Wo die Verhaltenssteuerung nicht durch das Recht erfolgt, tritt zugleich die Frage in den Hintergrund, ob das Recht verletzt ist. Erst wenn es zum Streit kommt, wird »plötzlich« nach der Rechtslage gefragt, aus dem Streit wird ein Rechtsstreit.

---

41 Zu starr *Fleiner/Giacometti*, Bundesstaatsrecht, S. 409: »In diesem im Art. 4 BV niedergelegten Gebot der ausnahmslosen und richtigen Anwendung der Rechtssätze ist somit das Legalitätsprinzip enthalten, insofern sich dieses eben auf die ausnahmslose und richtige Durchsetzung der Rechtsordnung bezieht, also die schrankenlose und richtige Herrschaft der geltenden Gesetze fordert.«

Beispiel: Wer ein Haus baut, tut dies aufgrund minutiös geregelter Rechtsbeziehungen. Im Verhältnis Architekt/Bauherr wird ein Architektenvertrag geschlossen. Das Dreiecksverhältnis Bauherr/Handwerker/Architekt ist durch den Architektenvertrag in Verbindung mit dem Auftrag (CH) bzw. Werkvertrag (D), der an den Handwerker vergeben wird, ebenfalls detailliert geregelt (private Rechtsetzung, siehe oben II). – Solange die Beteiligten vernünftig sind, kommen sie auch bei Schwierigkeiten gar nicht auf die Idee, als erstes die Rechtslage zu prüfen. Man spricht miteinander und sucht eine vernünftige Lösung. Für den Handwerker spielt dabei weniger die Frage eine Rolle, ob er zur Beseitigung eines (zweifelhaften) Mangels gerichtlich gezwungen werden könnte. Wichtiger wird für den Handwerker das Kalkül sein, daß er wenig Chancen hat, vom Architekten künftig wieder Aufträge zu bekommen, wenn er jetzt »kleinlich« ist. – Der vernünftige Bauherr wird kleinere Mängel hinnehmen, weil deren Beseitigung schließlich auch für ihn mit Umtrieben verbunden ist, usw.

Mitunter funktionieren Beziehungen in praxi reibungslos, ohne daß die Beteiligten eine Ahnung von den juristischen Komplikationen haben. Im Restaurant gibt es selten juristischen Ärger, obwohl die Beziehungen Gast/Wirt einen verwirrenden juristischen Cocktail bilden, mit den Ingredienzien Kauf (eine Flasche Bier), Miete (Raum), Leihe (Bierglas, Stuhl). Auch werkvertragliche Elemente (Essenszubereitung) können hinzutreten.

Zum andern haben wir dem Strafrecht und der Kriminologie die Entdeckung des sogenannten *Dunkelfeldes* zu verdanken. Als Dunkelziffer bezeichnen wir die Relation zwischen entdeckten (= der Polizei bekanntwerdenden) Straftaten und unentdeckten Straftaten. Die Aufhellung dieses Dunkelfeldes ist mit verschiedenen Methoden möglich. So kann man vom Schwund im Supermarkt und vom Durchschnittswert der Beute bei entdeckten Ladendiebstählen ungefähr auf die Zahl unentdeckt gebliebener Diebstähle schließen. Auf die Einzelheiten ist hier nicht einzugehen. Wichtig ist nur, daß man erkannt hat, daß die Rechtsdurchsetzung im Sinne der Entdeckung aller Straftaten und der Bestrafung aller Straftäter gar nicht die Idealvorstellung sein kann. Deshalb (und nicht nur aus praktischen, insbesondere finanziellen Gründen) limitiert der Staat die Ressourcen, die er für die Rechtsdurchsetzung zur Verfügung stellt – im Strafrecht von den Polizeibeamten über die Strafrichter usw. bis hin zur Kapazität der Gefängnisse.

Der Soziologe *Heinrich Popitz*[42] hat sich 1965 mit der utopischen Gesellschaft befaßt, die *Thackeray* im 19. Jahrhundert entworfen hatte. In dieser Gesellschaft wird jeder, der ein Unrecht begeht, entdeckt und bestraft. *Popitz* hat dem drei Einwände entgegengehalten: Unmöglich sei die »totale Verhaltenstransparenz«; unmöglich sei »ein Normsystem, das die Entdeckung aller Normbrüche aushalten würde«; unmöglich sei »ein Sanktionssystem, das seine Schutzfunktion bewahren könnte, wenn es mit allen Normbrüchen, die passieren, fertig werden müßte«.

---

42 *Popitz,* Über die Prävention des Nichtwissens, leicht zugänglich in: Recht und Staat, Heft 350, Tübingen 1968; näher dazu *Lüderssen,* Strafrecht und Dunkelziffer, in: Recht und Staat, Heft 412, 1. Aufl., Tübingen 1972. – Die oben im Text vorgenommene verkürzende Wiedergabe von *Popitz* ist von *Lüderssen,* a.a.O., S. 6, übernommen.

Die im vorstehenden Zitat angedeuteten Fragen sind noch weitgehend unerforscht. Plausibel erscheint die Hypothese, daß es einerseits für die Orientierung der Rechtsgenossen an der Rechtsregel unschädlich ist, wenn es regelwidriges Verhalten gibt (und die Rechtsgenossen dies wissen) – daß es aber andererseits eine Schwelle gibt, bei deren Überschreitung Rückwirkungen auf den Rechtsgehorsam zu erwarten sind.

Der prinzipiell rechtstreue Bürger wird es mit einem Achselzucken hinnehmen, daß es einzelne »Raser« gibt, die sich nicht an Geschwindigkeitsbegrenzungen halten, oder einzelne Steuersünder, die ihr Einkommen nicht voll angeben. Die Normmißachtung kann jedoch so verbreitet sein, daß erst einige und dann viele rechtstreue Bürger nicht mehr einsehen, warum sie das Opfer an Zeit oder Geld bringen sollen, das sich so viele ersparen. So kann eine Spiralbewegung in Gang kommen, die schließlich zu einem bloß noch auf dem Papier stehenden Recht führt.

Die mit dem Stichwort *Dunkelziffer* zusammenhängenden grundsätzlichen Fragen dringen erst allmählich vom Strafrecht und von der Kriminologie aus ins Recht und in die Sozialwissenschaften insgesamt ein, man denke z. B. an die Diskussion der Vollzugsdefizite im Verwaltungsrecht, insbesondere im Recht des Umweltschutzes. Auch die Wirtschaftswissenschaften bemühen sich neuerdings um das Dunkelfeld. So ist z. B. die klassische Messung des Bruttosozialprodukts irreführend, weil die Schwarzarbeit und die auf Schwarzmärkten erbrachten Waren- und Dienstleistungen nicht erfaßt werden[43].

Im folgenden Abschnitt kehren wir zur Rechtsdurchsetzung im konkreten Fall zurück (oben III 1 a) und verfolgen deren Problematik weiter.

2. Der Prozeß als Mittel der Rechtsdurchsetzung

a) Materielles Recht und Prozeßrecht

Wie ist das Recht durchzusetzen? Vorstehend haben wir auf diese Frage geantwortet, durch Inanspruchnahme staatlichen Zwanges. Voraussetzung für diesen Einsatz staatlichen Zwanges ist die Feststellung, wer recht bzw. wer unrecht hat. Das Recht ist im Prozeß durchzusetzen. Der Prozeß schließt mit einem Richterspruch, d. h. mit einer Entscheidung, wer recht hat. Diese Entscheidung stützt sich auf zwei Grundpfeiler, nämlich die *Wahrheitsfindung* (Sachverhaltsaufklärung) und die *Rechtsfindung*. Wenn *Rechtsfriede* die zentrale Aufgabe des Rechts darstellt, dann verstehen wir auch, daß mitunter der Verzicht auf die Sachverhaltsaufklärung oder/und der Verzicht auf die Rechtsfindung befriedender wirken können als Wahrheitsfindung und Richterspruch. Deshalb unterstützt ein guter Richter die

---

43 Zur Schattenwirtschaft in der Schweiz vgl. *Weck-Hannemann/Pommerehne/Frey*, Die heimliche Wirtschaft, Bern/Stuttgart 1986. – Zur Forderung, auch andere Rechtsgebiete sollten sich um Dunkelfeld und *faktische* Normgeltung kümmern, vgl. *Noll*, Über die soziale Wirksamkeit von Gesetzen, in: *Rehbinder* (Hrsg.), Schweizerische Beiträge zur Rechtssoziologie, Berlin 1984, S. 65.

streitenden Parteien auf der Suche nach einem Vergleich. Deshalb ist auch die instrumentale Sicht des Prozeßrechts (als Mittel zur Durchsetzung des materiellen Rechts) zu einseitig. Das Prozeßrecht dient wie das materielle Recht der Befriedung. Im Rechtsstaat gibt es keine Wahrheitsfindung um jeden Preis. Vielmehr sind die Verfahrensrechte aller Beteiligten zu respektieren, selbst wenn diese Verfahrensrechte die Wahrheitsfindung behindern[44]. *Beispiele:* Zeugnisverweigerungsrecht der Angehörigen einer Partei; Schweigerecht des Angeklagten im Strafprozeß.

Kommt es zum Urteil, so muß dieser Richterspruch oft noch durchgesetzt werden. Deshalb schließt sich an das *Erkenntnisverfahren* das *Vollstreckungsverfahren* an.

Das Urteil ist Grundlage für die geordnete Inanspruchnahme staatlichen Zwanges zur Vollstreckung. Der Zwang wird im Zivilprozeß durch besondere Gerichtsvollzieher ausgeübt, die ihrerseits notfalls die Unterstützung der Polizei beanspruchen können. Im Strafprozeß wird das Urteil mit polizeilicher Hilfe vollstreckt (z. B. wenn der Verurteilte sich nicht zum Strafantritt stellt).

Damit stehen wir vor der das gesamte Recht durchziehenden Spaltung in materielles Recht und Prozeßrecht. Das *materielle Recht* regelt die Rechte (Ansprüche) und deren Kehrseite, die Pflichten. Das *Prozeßrecht* regelt das Verfahren zur Feststellung, wer im Recht ist, und die Vollstreckung.

b) Ursachen der Rechtsstreite

Die vielen Ursachen[45] für Rechtsstreite lassen sich auf drei Grundmuster reduzieren: (1) Meinungsverschiedenheiten über die Rechtslage; (2) Meinungsverschiedenheiten über den Sachverhalt; (3) Rechtsungehorsam bei klarer Rechtslage und klarem Sachverhalt.

(1) Die *Meinungsverschiedenheiten über die Rechtslage* beherrschen den Rechtsunterricht an der Universität, doch sind diese Fälle in der Praxis eher selten. Zum Glück, denn insbesondere dann, wenn sich Parteien trotz anwaltlicher Beratung immer noch unterschiedliche Vorstellungen über das Recht machen, richtet sich ein gewisser Vorwurf an die Rechtsordnung. Das Recht hat es nicht verstanden, klare Verhaltensanweisungen zu geben. Noch spitzer gesagt, Juristen haben an Rechtsstreiten und damit an unklaren Rechtsverhältnissen ein berufsegoistisches Interesse, wie die Ärzte an Krankheiten oder die Karrosserielackierer an Glatteis.

---

44 Näher zum Prozeß als Mittel zur Durchsetzung des materiellen Rechts und zu den prozeßrechtlichen Selbstzwecken *Noll*, Gesetzgebungslehre, S. 108 f.
45 Lockere Lektüre: *Volker Wagner*, Die Lust am Prozeß, Baden-Baden 1985.

Sebastian Brant[46], Professor an der Juristischen Fakultät der Universität Basel, schreibt dazu im Jahre 1494:

>»Damit lang hin die Sach sich ziehe,
>man der Gerechtigkeit entfliehe,
>läßt man sich bitten, treiben, mahnen,
>verläuten, ächten und verbannen,
>verläßt sich drauf und nimmt fest an,
>daß man das Recht ja biegen kann,
>als wär es eine wächsne Nase.
>Man merkt nicht, daß man selbst der Hase,
>der in der Schreiber Soß muß braten,
>von dem die Richter, Advokaten
>auf ihrem Tische wollen haben
>ein Keulchen, sich daran zu laben . . .
>Da muß man teure Anwält dingen –
>sie noch aus fernen Ländern bringen –,
>um so die Sache hinzubiegen,
>wenn die mit Schwatz den Richter trügen.
>Stets muß man neu Gerichtstag stellen,
>damit hochauf die Kosten schwellen
>und werd verplempert und verzehrt
>mehr, als der Hauptsach zugehört.«

(2) *Meinungsverschiedenheiten über den Sachverhalt* sind häufiger, weil jeder die Dinge von seiner Warte aus sieht. Außerdem gibt es auch Fälle, in denen beide Parteien den wahren Sachverhalt kennen und übereinstimmend beurteilen, aber die eine Partei hofft, daß die andere den Sachverhalt nicht beweisen kann.

Klassisches Beispiel ist das *salomonische Scheinurteil*[47], also der Streit um ein Kind, bei dem Salomo als Richter durch ein Scheinurteil (Teilung) die Aufklärung des Sachverhalts gelungen ist. Die streitenden Parteien kannten die Wahrheit, doch vertraute die Pseudo-Mutter darauf, daß es der wahren Mutter nicht gelingen werde, den Beweis zu erbringen.

(3) *Rechtsungehorsam* bei klarem Sachverhalt und klarer Rechtslage ist an sich unvernünftig, weil jeder Prozeß Kosten verursacht und ein erfolgreicher Widerstand auf Dauer heute angesichts der Staatsmacht undenkbar ist. Trotzdem sind solche Prozesse häufig, und zwar aus unterschiedlichen

---

46 *Brant*, Das Narrenschiff, 1494 – hier zitiert in der Übertragung in heutige Sprachform durch Margot Richter, Hamburg 1958, S. 161. – Das Original ist an dieser Stelle mit einem Holzschnitt (wahrscheinlich von Albrecht Dürer) illustriert, auf dem ein Narr zu sehen ist, der der Justitia die Binde um die Augen legt, siehe oben § 1 II 3 a. Nach *Kissel*, Die Justitia, München 1984, S. 85, dürfte es sich um die erste bildliche Darstellung der Justitia mit Augenbinde handeln.
47 Zusammenhang mit dem *Naturrecht* bedenken (oben § 1 III): Welche Annahme hat Salomo seinem Bluff als »natürlich« zugrunde gelegt?

Gründen. Zum einen gibt es finanz- und nervenstarke Parteien, die es in einer an Schikane grenzenden Weise auf einen Prozeß ankommen lassen, in der – oft begründeten – Erwartung, der im Recht befindliche Gegner werde eher resignierend nachgeben als die mit einem Rechtsstreit verbundenen Umtriebe auf sich zu nehmen. Prozesse kosten nicht nur Geld, sondern auch Kraft und Nerven. Je komplizierter ein Verfahren ist und je länger es dauert, desto attraktiver wird diese Strategie für starke Parteien. Deshalb verfolgt die Öffentlichkeit mit Besorgnis die immer länger werdende Verfahrensdauer. »Langlebigkeit« liegt in der Natur z. B. von Versicherungen, aber auch von Behörden, d. h. Versicherungen oder der Staat haben als juristische Personen bei Auseinandersetzungen mit dem Versicherungsnehmer oder dem einzelnen Bürger als natürlicher (und sterblicher) Person den längeren Atem. Näher zu juristischer bzw. natürlicher Person siehe unten § 4 IV 2 b. – Der andere Grund, der zu Prozessen bei klarer Sach- und Rechtslage führt, liegt in der Zahlungsunfähigkeit des Schuldners. Gerade arme Schuldner suchen mitunter durch unsinniges Bestreiten einen Aufschub zu erreichen; ein Aufschub, der durch die zusätzliche Belastung mit den Verfahrenskosten teuer bezahlt wird.

c) Rechtskraft

Die instrumentale Sicht des Prozeßrechts als Mittel zur Durchsetzung des materiellen Rechts läßt sich durch das Bild untermauern, daß das materielle Recht und das Prozeßrecht zwei verschiedene Teilaspekte der *einen* Gerechtigkeit verkörpern: Das materielle Recht versinnbildlicht die Idee der materiellen Gerechtigkeit (= Richtigkeit). Das Prozeßrecht versinnbildlicht die Idee der Rechtssicherheit. Jede Suche nach der richtigen (materiell richtigen) Lösung muß einmal aufhören. Jeder Streit muß einmal ein Ende haben. Deshalb endet der Prozeß mit einer autoritativen Feststellung, dem richterlichen Urteil. Meistens gibt es gegen solche Urteile einen Instanzenzug (Überprüfung durch ein höheres Gericht), doch auch dieser Instanzenzug hat selbstverständlich einmal ein Ende. Dieses Ende bezeichnen wir als *Rechtskraft* einer Entscheidung. Dabei heißt formelle Rechtskraft, daß die Entscheidung nicht mehr angefochten werden kann. Mit materieller Rechtskraft ist gemeint, daß in derselben Sache nicht erneut (von vorn) prozessiert werden kann.

Die Fälle der ausnahmsweisen Rechtskraftdurchbrechung mit Hilfe der *Wiederaufnahme*[48] als außerordentlichem Rechtsmittel sind in den Prozeßgesetzen detailliert geregelt. Dabei geht es immer um den Konflikt zwischen Rechtssicherheit und materieller Gerechtigkeit (Richtigkeit). Eine Rechtskraftdurchbrechung ist z. B. möglich, wenn der vom Mordvorwurf rechtskräftig freigesprochene Angeklagte nachträglich glaubhaft die Tat gesteht oder wenn der wegen Mordes rechtskräftig

---

48 In der Schweiz je nach Kanton auch *Revision* genannt – nicht vergleichbar mit Revision nach deutscher Terminologie.

Verurteilte ein Lebenszeichen seines angeblichen Opfers vorweisen kann oder wenn der zur Zahlung verurteilte Schuldner nach Ende des Prozesses seine Quittung wiederfindet, aus der hervorgeht, daß er die Schuld bezahlt hatte.

Unverkennbar hat in den letzten Jahrzehnten eine Verlagerung der Gerechtigkeit stattgefunden: weg von der materiellen Richtigkeit und hin zu einer Verfahrensgerechtigkeit. Bei dieser *Amerikanisierung der Gerechtigkeit*[49] hat sicher die in § 1 III beschriebene Einsicht eine Rolle gespielt, daß im Rechtsetzungsverfahren das richtige Resultat (fast) ganz mit der Einhaltung des demokratischen Prozedere zusammenfällt. Beim gewöhnlichen Prozeßrecht ist jedoch im Auge zu behalten, daß eine mit Phrasen wie Diskurs und Akzeptanz begründete Verbesserung der Verfahrensgerechtigkeit so weit gehen kann, daß die Wahrheitsfindung, d. h. das materiell richtige Resultat, geradezu sabotiert wird.

d) Beweisrecht

Das Beweisrecht ist ein wichtiger Bestandteil des Prozeßrechts. Es regelt u.a. die Frage, mit welchen Beweismitteln ein Beweis geführt werden darf und mit welchen Zwangsmitteln Beweise erhoben werden dürfen.

Dem *Zivilprozeßrecht* ist z. B. die Anwort auf die Frage zu entnehmen, ob ein Kläger sich auf die Aussage seiner Ehefrau als Zeugin berufen darf (und wenn ja, ob die Ehefrau als Zeugin aussagen muß oder ob ihr ein Zeugnisverweigerungsrecht zusteht). Im *Strafprozeßrecht* finden wir u. a. das Folterverbot, d. h. ein Geständnis des Beschuldigten darf nicht durch Gewalt erreicht werden (auch nicht durch Drohung oder Täuschung). Im *Verwaltungsprozeßrecht* spielt u. a. die Frage eine große Rolle, in welchem Umfang der Bürger als Partei ein Recht auf Einsichtnahme in Akten der Behörde hat.

Das Beweisverfahren kann noch so gründlich sein, in vielen Fällen gelingt es dem Richter dennoch nicht, die Wahrheit herauszufinden. Es entsteht gewissermaßen eine Patt-Situation. Die materiellrechtliche Lage kann im Prozeß nicht geklärt werden. Das materielle Recht kann nicht durchgesetzt werden, weil es nicht bewiesen werden kann: »Denn ein Haifisch ist kein Haifisch – wenn man's nicht beweisen kann« (*Brecht*, Dreigroschenoper, Fassung 1949). Auch in solchen – häufigen – Fällen muß um des Rechtsfriedens willen der Streit mit einem Urteilsspruch abgeschlossen werden. Entschieden wird zuungunsten *der* Partei, die nach Regeln, die materiellrechtliche und prozessuale Elemente verbinden, mit der Beweisführung belastet wird. Es kommt also auf die *Beweislast* an.

Beispiel[50]: Patient G klagt gegen den Arzt S auf Schadenersatz, u.a. Krankenbehandlungskosten; mit Blick auf immaterielle Schäden spricht man von Schmerzens-

---

49 *Arzt*, in: Festschrift für Triffterer, Wien etc. 1996, S. 527.
50 Näher *Wiegand*, in: Arzt und Recht (Berner Tage für die juristische Praxis, 1984), Bern 1985, S. 97, 102 ff., 107 ff., 115–118 (auch zum deutschen Recht, u. a. unter Hinweis auf *BVerfGE 52, 131*).

geld (D) bzw. Genugtuung (CH). G behauptet, er sei in der Praxis des S geröntgt worden und habe dabei eine viel zu hohe Strahlendosis abbekommen. Dies habe neben Verbrennungen eine Krebserkrankung als Spätfolge ausgelöst. – S bringt vor, sein Röntgengerät funktioniere einwandfrei; ob er den G selbst geröntgt habe, wisse er nicht mehr, es sei aber unwahrscheinlich, weil im allgemeinen seine Angestellte X solche Aufnahmen mache; X sei kompetent und vorsichtig; die Verbrennung durch Röntgenstrahlen habe G also wahrscheinlich bei einem anderen Arzt erlitten; im übrigen bestehe zwar zwischen der Strahlenbelastung und der Krebserkrankung ein typischer Zusammenhang, denkbar sei jedoch auch, daß die Erkrankung mit der Strahlenbelastung nicht zusammenhänge.

In älteren Gesetzbüchern wird der Zusammenhang zwischen materiellem Recht und Beweislast permanent und explizit hergestellt, so im ABGB (Österreich, 1811), wo es z. B. heißt »wenn er beweist . . .« (§ 367); »wird aber bewiesen« (§ 368); »muß den Beweis führen« (§ 369) usw. In modernen Gesetzbüchern finden sich solche punktuellen Beweislastregeln relativ selten, Beispiel aus dem Kaufrecht Art. 193, 194 OR (CH), § 442 BGB (D). Im übrigen gilt überall als *Faustregel für die Beweislastverteilung*, was in der Schweiz im ZGB wie folgt festgehalten ist:

Art. 8 ZGB (CH)

Wo das Gesetz es nicht anders bestimmt, hat derjenige das Vorhandensein einer behaupteten Tatsache zu beweisen, der aus ihr Rechte ableitet.

Das vorstehende *Beispiel* illustriert, wie vielfältig modifizierbar diese Regel ist. So ist im Beispiel G beweispflichtig dafür, daß der Strahlenzwischenfall in der Praxis des S passiert ist. S ist beweispflichtig dafür, daß ihm – hätte er so wie seine Angestellte gehandelt – kein(!) Vorwurf zu machen ist, vgl. § 278 BGB (D) bzw. Art. 101 OR (CH). Bezüglich des Zusammenhangs zwischen Strahlenzwischenfall und einer Erkrankung als Folge trifft an sich die Beweislast den G, doch kann ihm eine Beweislasterleichterung zugute kommen. Unter bestimmten, im einzelnen umstrittenen Voraussetzungen kann es genügen, daß die beweispflichtige Partei zwar keinen vollen Beweis erbringt, aber einen typischen Zusammenhang nachweist. Dann wird der anderen Partei die Beweislast dafür überbürdet, daß der konkrete Fall atypisch verlaufen ist.

Da der Frage der Beweislast vielfach geradezu schicksalhafte Bedeutung zukommt, ist über die Beweislastverteilung zugleich eine Verfeinerung des materiellen Rechts möglich. Wie das vorstehende Beispiel zeigt, ergibt erst die Summe zwischen materiellem Recht und Beweislastverteilung die endgültige Abgrenzung der Interessensphären der Parteien. Derselbe Gedanke läßt sich auch dahin ausdrücken, daß viele vorgeblich materielle Regelungen nur mit Blick auf die Beweislast getroffen werden.

Beispiel: Eine Kreditkartenorganisation bedingt sich in sogenannten Allgemeinen Geschäftsbedingungen das Recht aus, die Kreditkarte ohne Angabe von Gründen zurückzufordern. – Selbstverständlich hat die Kreditkartenorganisation nicht das geringste Interesse daran, grundlos willkürlich von den Karteninhabern die ausgegebene Karte zurückzufordern. Eine Rückforderung ist für die Kartenorganisation nur dann sinnvoll, wenn der Kunde kreditunwürdig ist oder sonst die Karte mißbraucht. – Die materielle Regelung dient hier nur dazu, der Organisation, *wenn* sie die Karte zurückfordert, den Nachweis eines vernünftigen Grundes zu ersparen.

Das *Strafrecht* bildet insofern eine Ausnahme, als hier die Beweislastverteilung starr ist: Der Staat muß die Voraussetzungen für den staatlichen Strafanspruch beweisen, d. h. zugunsten des Beschuldigten gilt die *Unschuldsvermutung*, in dubio pro reo[51].

Art. 6 Abs. 2 EMRK

Bis zum gesetzlichen Nachweis seiner Schuld wird vermutet, daß der wegen einer strafbaren Handlung Angeklagte unschuldig ist.

Abschließend ist zum Thema »Beweislast« darauf hinzuweisen, daß man sich in einem sehr viel allgemeineren Sinne um *Argumentationslastregeln* bemüht, die für jede Diskussion (oder jeden politischen oder rechtlichen Diskurs) Geltung beanspruchen[52].

e) Prozeßkosten

Prozesse sind teuer, und der Ausgang ist meist unsicher – nicht immer, siehe oben b. Für das europäische Rechtsdenken (mit Einschluß Englands) ist es ganz selbstverständlich, daß derjenige, der den Prozeß verliert, nicht nur seine eigenen Kosten zu tragen hat, sondern auch die des siegreichen Gegners. Es ist auffallend, wie sicher sich schon die erstsemestrigen Studierenden hier bezüglich ihres Rechtsgefühles sind. Unser Recht läßt sie in diesem Rechtsgefühl nicht im Stich.

§ 91 Abs. 1 S. 1 ZPO (D)

Die unterliegende Partei hat die Kosten des Rechtsstreits zu tragen, insbesondere die dem Gegner erwachsenen Kosten zu erstatten, soweit sie zur zweckentsprechenden Rechtsverfolgung oder Rechtsverteidigung notwendig waren.

Ähnliche Regeln bestehen in der Schweiz in allen Kantonen und im Verfahren vor dem Bundesgericht.

Ich habe keine Erklärung dafür, auf welchem Wege der Durchschnittsbürger dieses Stück Rechtskultur erlernt. In den USA kommen die law students mit der gleichen Selbstverständlichkeit zum umgekehrten Resultat. Wer streitet, soll die Kosten seines Streits selbst tragen; wer einen Prozeß verliert, hat schon genügend Unglück erlitten, deshalb soll er nicht noch mit den

---

51 Weil der Grundsatz seit langem als selbstverständlich angesehen wird, findet er sich nicht explizit im Strafprozeßrecht. Die Aufnahme in Art. 6 EMRK hat dem Verfassungsrecht eine formelle Kompetenz zur Mitsprache geliefert, von der nach anfänglicher Zurückhaltung immer ungenierter Gebrauch gemacht wird.

52 Grundlegend *Alexy*, Theorie der juristischen Argumentation, 2. Aufl., Frankfurt a. M. 1991, S. 242 ff.

Kosten belastet werden, die seinem Gegner entstanden sind. – Auch hier entspricht die Rechtslage dem Rechtsgefühl, d. h. dem amerikanischen Recht ist die Belastung des Verlierers mit den Kosten des Siegers grundsätzlich fremd.

Es lohnt sich, sich die theoretisch fundamentalen Unterschiede in ihren praktischen Auswirkungen vor Augen zu führen.

Rechenbeispiel, Streitsumme 20'000[53]

Kosten variabel, von 2'000 pro Partei bis 20'000 pro Partei

A. Prozeßausgang zugunsten

		Kosten 2'000		Kosten 5'000		Kosten 10'000		Kosten 20'000	
1. des K	Netto	USA	D/CH	USA	D/CH	USA	D/CH	USA	D/CH
	K+	18'000	20'000	15'000	20'000	10'000	20'000	0	20'000
	B –	22'000	24'000	25'000	30'000	30'000	40'000	40'000	60'000
2. des B									
	K –	2'000	4'000	5'000	10'000	10'000	20'000	20'000	40'000
	B –	2'000	0	5'000	0	10'000	0	20'000	0

B. Vergleichswert

1. Chancen 50 : 50, Kosten 2'000

Vergleichswert = 10'000 (und zwar in beiden Systemen und ohne Rücksicht auf die Kostenhöhe). – Der Vergleichswert wird wie folgt berechnet: Man stelle sich vor, es komme zu beliebig vielen Prozessen (einfachstes Kopfrechenbeispiel mit 20 Verfahren), dann ergibt sich der durchschnittliche Gewinn des K (USA: 10 Verfahren gewonnen = 180'000; 10 Verfahren verloren = – 20'000; Nettogewinn in 20 Verfahren = 160'000 oder pro Prozeß 8'000). Ebenso einfach errechnet sich der durchschnittliche Verlust des B. Vergleichswert ist dann die Summe aus Gewinn des K und Verlust des B, geteilt durch zwei.

2. Chancen 90 : 10 für K, Kosten 2'000

Vergleichswert: USA = 18'000; D/CH = 19'600

3. Chancen 10 : 90 gegen K, Kosten 2'000

K kommt in den USA auf durchschnittlich +/– 0; bei uns auf durchschnittlich –(!) 1'600; B kommt in den USA auf durchschnittlich – 4'000, in Deutschland oder der Schweiz auf – 2'400. D. h. für B empfiehlt es sich in den USA, dem K seine 10%-Chance zum vollen Wert von 2'000 abzukaufen

---

53 Unter enger Anlehnung an *Philip J. Mause*, Winner takes all: A re-examination of the indemnity system, 55 Iowa L.R. 26 (1969), vgl. dort das Rechenbeispiel S. 54 f. – K = Kläger; B = Beklagter.

(Mitte zwischen 0 für K und – 4'000 für B), während in unserem System die Chance des K wirtschaftlich wertlos ist.

Das vorstehende Beispiel beruht auf einer Reihe von unausgesprochenen Annahmen, u.a. daß beide Parteien die Chancen übereinstimmend einschätzen und beide gleich risikofreudig sind. Besonders auffallend ist, daß bei geringen Streitsummen ein Prozeß im amerikanischen System *immer* unwirtschaftlich ist, also auch bei sehr hoher Gewinnchance. Dies hat zur Entstehung einer organisierten Kriminalität beigetragen, denn Gläubiger, deren Schuldner kleine Beträge nicht bezahlt haben, haben das Geld – guten Gewissens! – mit Hilfe privater Bedrohungsorganisationen eingetrieben. Inzwischen ist dieses Problem durch die Einrichtung sogenannter Small Claim Courts gemildert worden. Auch sonst wird in den USA der Grundsatz, daß jede Partei ihre eigenen Kosten zu tragen hat, zunehmend modifiziert.

Für die Entwicklung des materiellen Rechts ist besonders die in unserem System enthaltene Abschreckung vor Prozessen mit hohen Kosten und geringen Erfolgsaussichten von Bedeutung. Da sich die Kosten nach den Streitsummen richten und niemand kleine Beträge bei geringer Erfolgschance einzutreiben versuchen wird, geht es also primär um Verfahren mit hohen Streitwerten. Dieser Abschreckungseffekt wird durch staatliche Prozeßkostenhilfe nicht beseitigt, denn die Gewährung solcher Prozeßkostenhilfe setzt eine vernünftige Erfolgsaussicht des Prozesses voraus. – In den USA werden dagegen solche Verfahren noch dadurch zusätzlich begünstigt, daß es den Anwälten gestattet ist, für den Fall, daß sie den Prozeß verlieren, ihren Mandanten gegenüber im voraus auf Honorar zu verzichten. Damit wird ein Verfahren für den Kläger auch dann attraktiv, wenn er nur geringe Gewinnchancen hat. Verliert er den Prozeß, so muß der Beklagte seine eigenen Kosten tragen, und ihm (dem Kläger) entstehen nur geringe Kosten, weil sein Anwalt gratis arbeitet. Gewinnt der Kläger den Prozeß, um so besser. – Für den Anwalt ist die Sache freilich nur dann attraktiv, wenn er für den unwahrscheinlichen Fall eines günstigen Prozeßausgangs ein besonders hohes Honorar erhält. Denn dieses Honorar muß ihn für die vielen verlorenen, d.h. von ihm gratis geführten Verfahren entschädigen. Oft sprechen die amerikanischen Gerichte im Wissen um diese Zusammenhänge der siegreichen Partei einen überhöhten Betrag zu, so daß der Partei nach Teilung dieses Betrags mit ihrem Anwalt eine angemessene Nettosumme verbleibt. – Eine solche Beteiligung des Anwalts am Prozeßerlös ist nach schweizerischem Recht verboten *(Erfolgshonorar, pactum de quota litis)*.

§ 49 b Abs. 2 BRAO (D)[54]

»*Vereinbarungen, durch die eine Vergütung oder ihre Höhe vom Ausgang der Sache oder vom Erfolg der anwaltlichen Tätigkeit abhängig gemacht wird*

---

54 Ähnlich für die Schweiz die Richtlinien des schweizerischen Anwaltsverbandes, SJZ 70 (1974) 131 f., Ziff. 13; als *Beispiel* entsprechender kantonaler Regelungen vgl. Art. 17 Abs. 1 Gesetz über die Fürsprecher vom 6. 2. 1984 (Bern).

(Erfolgshonorar) oder nach denen der Rechtsanwalt einen Teil des erstrittenen Betrags als Honorar erhält (quota litis), sind unzulässig.«

Es gibt Rechtsgebiete, wo die Rechtsfortbildung stark vom amerikanischen Recht beeinflußt wird, weil nur dank des amerikanischen Prozeßrechts über die einschlägigen Fragen überhaupt ein Rechtsstreit geführt werden kann (ohne prohibitives Kostenrisiko). *Beispiele*: Arzthaftungsrecht, Teile des Aktien- und Gesellschaftsrechts (Auseinandersetzungen über Gesellschaftsübernahmen usw.), Produzentenhaftung.

Unsere Überlegungen zum Prozeßrecht seien mit der Feststellung abgeschlossen, daß das Prinzip einer Rechtsdurchsetzung durch ein ordentliches Verfahren (statt durch Eigenmacht) immer zugleich eine Verkürzung des materiellen Rechts bedeutet. Ein Gläubiger hat Anspruch auf Leistung bei Fälligkeit – durchsetzen kann er jedoch die Leistung immer erst mit Verspätung, nach einem Prozeß. Dieser teilweise Verzicht auf das, was nach dem materiellen Recht an sich beansprucht werden kann, muß den Rechtsgenossen zugemutet werden, weil die Alternative (Eigenmacht) zu Unfrieden führen müßte. Daß dieser Verzicht um so schmerzlicher ist, je länger die Prozesse dauern, liegt auf der Hand.

IV. Privatrecht und öffentliches Recht

Alle Rechtsnormen ordnen wir in einer bis ins römische Recht zurückreichenden Tradition entweder dem öffentlichen Recht oder dem Privatrecht zu. Diese Zuordnung ist u.a. für die Gesetzgebungskompetenz und für den Gerichtsweg von Bedeutung.

Terminologie: Französisch sprechen wir von droit public bzw. droit privé. Unter der *deutschen* Bezeichnung »Zivilrecht« versteht man üblicherweise einen Teilbereich des Privatrechts, doch werden die Begriffe Privatrecht bzw. Zivilrecht häufig gleichgesetzt. Das im Rahmen der Privatautonomie gesetzte Recht rechnen wir immer zum Privatrecht (mit Komplikationen im kollektiven Arbeitsrecht). Zum Privatrecht zählen auch Regelungen, die der Privatautonomie nur wenig oder gar keinen Raum lassen, so das Recht der unerlaubten Handlungen, Art. 41 ff. OR (CH) bzw. §§ 823 ff. BGB (D). Zum zwingenden Privatrecht (ius cogens) siehe oben II 3. – Der *englische* Ausdruck civil law wird meist im Sinne eines Gegensatzes zum common law gebraucht, civil law als kontinentaleuropäisches Recht.

Die Zweiteilung Privatrecht/öffentliches Recht ist elementar, vgl. dazu Schaubild 2 im Anhang nach § 5. Der formale Unterschied ist einfach: Das Privatrecht regelt die Rechtsbeziehungen der Bürger zueinander; das öffentliche Recht regelt die Rechtsbeziehungen der Bürger zum Staat (und verschiedener staatlicher Rechtssubjekte zueinander, z. B. des Bundes zu einem Gliedstaat). Schwieriger ist es, den *sachlichen* Unterschied zu erklären. Der *Schlüssel* liegt im *Rechtsdurchsetzungsproblem*. Während sich Privatpersonen (auch) bei der Rechtsdurchsetzung gleichgeordnet gegenübertreten und sich deshalb des staatlichen Zwanges zur Rechtsdurchsetzung bedienen müssen, ist der Staat dem Bürger *insofern* übergeordnet. Der Bürger ist dem Staat in dem Sinne unterworfen, daß der Staat seine Rechte gegenüber dem Bürger hoheitlich durchsetzen kann, *Subordinations- oder Subjektionstheorie*[55]. Zum Kern des öffentlichen Rechts gehören die Regeln, die es der Exekutive gestatten, ihre auf ein Handeln oder Unterlassen des Bürgers gerichteten Ansprüche ohne vorgängige richterliche Entscheidung durchzusetzen.

Hoheitliches Vorgehen der Verwaltung ist unentbehrlich bei der Gefahrenabwehr (Polizeirecht)[56]. In anderen Bereichen des öffentlichen Rechts wird vor allem im Interesse effizienter Verwaltung die Rechtsbeziehung zwischen Staat und Bürger einseitig durch *Verwaltungsakt* (D) bzw. *Verwaltungsverfügung* (CH) geregelt, näher § 5 III 2 a. Eine Rechtskontrolle, insbesondere in Form der Einschaltung der Gerichte, erfolgt erst nachträglich und nur dann, wenn der Bürger dies verlangt.

Beispiele: Die Polizei kann einer Nachtruhestörung kraft öffentlichen Rechts ein Ende machen, notfalls durch Verbringung des Störers in eine Arrestzelle. Die vom Lärm betroffenen Privatpersonen können sich gegen die Störung nur wehren, indem sie den Staat auffordern, kraft öffentlichen Rechts einzugreifen (also indem sie die Polizei alarmieren). Kraft Privatrechts können die Störungen nur unter Einschaltung der Zivilgerichte abgewehrt werden, Unterlassungsklage (wenn Wiederholungsgefahr besteht, etwa im Verhältnis zwischen Vermieter und lärmenden Mietern)[57].

Wenn der (angebliche) Gläubiger G dem Schuldner S eine *Rechnung* schickt, so ist dies einseitig und für S völlig unverbindlich. S braucht nichts zu unternehmen und kann es dem G überlassen, die angebliche Forderung einzuklagen. Wenn der Staat dem Bürger eine *Steuerveranlagung* zuschickt, ist diese einseitige Verfügung für den Bürger verbindlich. Der Bürger muß diese Verbindlichkeit dadurch abwehren, daß er Rechtskontrolle verlangt (Einspruch, letztlich Einschaltung der Justiz).

Wer das erste der vorstehenden Beispiele durchdenkt, wird erkennen, daß ein öffentliches Interesse am Schutz privater Rechte bestehen kann, ja muß, siehe unten § 5 I 2 a, 4 b. Das ist einer der Gründe dafür, daß das Rechtsdurchsetzungsrecht, insbesondere das *Prozeßrecht*[58] mit Einschluß des Zivilprozeßrechts, zum öffentlichen Recht gezählt wird.

---

55 Die Darstellung im Text folgt der gängigen Lehrmeinung. Es geht nicht um *eine* Theorie (überhaupt nicht um Rechtstheorie), sondern um konkrete Folgen für Gesetzgebungskompetenz, Rechtsweg usw. Der Gesetzgeber entscheidet über die Einordnung, ohne an eine Theorie gebunden zu sein. – Ausführliche Übersicht über die verschiedenen Theorien bei *Wolff/Bachof/Stober*, Verwaltungsrecht I, § 22 N. 13 ff. und *Nawiasky*, Rechtslehre, S. 273 ff., dort S. 290 f. zum zwingenden Zivilrecht.

56 Die Gefahrenabwehr gehört zu den zentralen Aufgaben des öffentlichen Rechts, während eigenmächtige Gefahrenabwehr im Privatrecht auf Ausnahmen beschränkt ist, siehe oben III 1 a zu Notwehr und Selbsthilfe.

57 Schönes *Beispiel* für unerlaubtes eigenmächtiges Vorgehen von Privatpersonen gegen einen Störer *BGE 104 IV 53*.

58 Zur abweichenden französischen Doktrin, nach der das Zivilprozeßrecht zum Zivilrecht gezählt wird, vgl. *Germann*, Grundlagen, S. 287.

Darüber hinaus werden zum öffentlichen Recht alle Regelungen gezählt, die der Exekutive Eingriffs-, Aufsichtsbefugnisse oder Monopolstellungen gegenüber dem Bürger verleihen, auch wenn damit keine eigenmächtige Rechtsdurchsetzungsbefugnis verbunden ist[59]. Eine Eingriffsbefugnis und damit öffentliches Recht liegt auch vor, wenn das Verhalten des Bürgers von staatlichen Bewilligungen abhängig gemacht wird (z. B. Baubewilligung oder Ausweis zum Führen eines Autos).

Beispiele für eine Mischung von Monopolstellung und Zwangsbefugnis sind die Wasserversorgung, Abwasserentsorgung und Abfallbeseitigung. Meist wird diese Materie öffentlich-rechtlich so geregelt, daß der Gemeinde ein Monopol zugesprochen wird. Zugleich wird der Bürger zur Benutzung der Leistungen des Monopols gezwungen (Anschluß- bzw. Benutzungszwang).

Selbstverständlich stellt die Subordinations- oder Subjektionstheorie den Staat nicht über das Recht. Aus der rechtsstaatlichen Gewaltenteilung folgt, daß auch der Staat als Exekutive dem Recht unterworfen ist. Näher zur Rechtskontrolle der Verwaltung § 5 III 2 b.

Die *Interessentheorie* grenzt öffentliches Recht vom Privatrecht nach öffentlichem bzw. privatem Interesse ab. Diese Theorie hat der römische Jurist *Ulpian* (um 220) in die Formel gefaßt: »publicum ius est quod ad statum rei romanae spectat, privatum quod ad singulorum utilitatem pertinet.«

Die aktuelle Bedeutung der Interessentheorie liegt darin, daß sie die verschwimmenden Grenzen zwischen öffentlichem Recht und Privatrecht bewußtmacht. Einerseits besteht ein öffentliches Interesse an Privatautonomie, zugleich wird die Privatautonomie im öffentlichen Interesse begrenzt, teils durch öffentlich-rechtliche, teils durch privatrechtliche Normen. Andererseits kann der Staat sich seiner Orientierung am öffentlichen Interesse auch dann nicht entziehen, wenn er auf jede rechtliche(!) Überlegenheit gegenüber den Bürgern verzichtet und rein privatrechtlich tätig wird, z. B. ein Hotel betreibt oder Kugelschreiber kauft.

Wie weit die Rücksicht auf öffentliche Interessen auch bei einer solchen rein fiskalischen Tätigkeit geht und wie weit es dem Staat überhaupt gestattet ist, in ein privatrechtliches Gewand zu schlüpfen und Privatpersonen zu konkurrenzieren, ist grundsätzlich und in vielen Details zweifelhaft. Die Annäherung privater Wirtschaftstätigkeit unter mehr oder weniger starker staatlicher Aufsicht (Elektrizitätswerke, Banken) an privatwirtschaftliche, aber nicht rein fiskalische staatliche Tätigkeit (Bahn, Mülldeponie) stellt uns vor viele politische und juristische Probleme. – Das gilt auch für die umgekehrte Fragestellung, also ob es Grenzen für die

---

59 Insbesondere dort, wo die Behörde S als Schuldner Ansprüche des Bürgers G als Gläubiger ablehnt (z. B. eine Baubewilligung nicht erteilt), ist ein prinzipieller Unterschied zwischen der entsprechenden Situation unter Privatpersonen nicht oder nur mit Mühe erkennbar (z. B, wenn sich der Grundstückseigentümer S weigert, den Bau einer Leitung durch sein Grundstück zugunsten seines Nachbarn G zuzulassen, obwohl G dies nach privatrechtlichem Nachbarrecht beanspruchen kann).

Privatisierung staatlicher Aufgaben gibt, ob beispielsweise ein Privatgefängnis so gut vorstellbar ist wie eine private Universität oder eine Privatschule.

Als *Fiskus*[60] bezeichnen wir den Staat, wenn er sich wie eine Privatperson behandeln lassen will (und sich dem Privatrecht unterstellt), z. B. eine Gemeinde beauftragt einen Handwerker mit der Reparatur eines Fensters. Angesichts der Marktmacht des Staates kann der Fiskus ein lästiger Konkurrent für »echte« Privatrechtssubjekte werden. Zudem ist fraglich, ob der Staat als Privatperson öffentliche Interessen ignorieren darf (z. B. dem Billigsten den Reparaturauftrag erteilt, statt ortsansässige Gewerbetreibende oder Angehörige von Minoritäten etc. zu bevorzugen).

Zusammenfassend läßt sich sagen: Kernbereich des öffentlichen Rechts ist die Subordination des Bürgers gegenüber dem Staat; Kernbereich des Privatrechts ist die Koordination gleichrangiger Rechtssubjekte. Abgesehen von rein fiskalischer staatlicher Tätigkeit wird man (fast) immer auf öffentliches Recht stoßen, wenn der Staat als Rechtssubjekt an einem Rechtsverhältnis beteiligt ist. Dies erklärt, warum ausnahmsweise auch Koordination gleichberechtigter Rechtssubjekte unter das öffentliche Recht fallen kann, etwa wenn Gemeinden miteinander Vereinbarungen treffen.

---

60 Fiskus = Finanzvermögen, d. h. mit fiskalischer Tätigkeit will der Staat Geld verdienen (er muß Geld ausgeben, um Vermögen zu erhalten, Reparaturbeispiel). So erklärt es sich, daß auch die Steuerbehörde als Fiskus bezeichnet wird, obwohl Steuererhebung fraglos eine hoheitliche = öffentlich-rechtliche Materie darstellt.

§ 3 Rechtsfindung und Rechtsauslegung

I. Auslegung der Rechtsquellen

1. Rechtsquellen im Überblick

Auf der *Suche nach dem Recht* ist der *Bürger*, wenn (weil) er sein Verhalten an der Rechtsordnung ausrichten will. Damit stellt sich im Zusammenhang mit der Rechtsfindung die schon oben in § 2 I 5 b angeschnittene Problematik der Verhaltenssteuerung durch das Recht (Rechtsadressat, Rechtskenntnisse des Laien, Rechtsgefühl). Die Rechtsfindung hängt mit der Zugänglichkeit (Verständlichkeit, Klarheit) des Rechts zusammen: Unklares Recht ist für den Bürger unzugänglich. – Auf der Suche nach dem Recht ist der *Richter*, der Rechtsstreite entscheiden muß. In diesem Zusammenhang ist noch einmal zu unterstreichen, daß in vielen Prozessen *nicht* über das Recht gestritten wird, siehe oben § 2 III 2 b.

Die Rechtsfindung für den konkreten Fall setzt allgemeine Kenntnisse über die Rechtsquellen voraus. Im Zusammenhang mit der Rechtsetzung haben wir in § 2 I 3 als Rechtsquellen Verfassung, Gesetz, Verordnung, Gewohnheitsrecht, Richterrecht und Regelungen kraft Privatautonomie kennengelernt. Wir haben auch gesehen, daß es in einem bundesstaatlichen System verschiedene mit Gesetzgebungskompetenzen ausgestattete Gemeinwesen gibt – zu dieser Stufenleiter vom Bund bis zu den Gemeinden oben § 2 I 3.

Auf unserer Suche nach dem Recht gewinnen wir verhältnismäßig rasch eine Übersicht, wenn wir das Recht und damit die Rechtsquellen in Sachgebiete unterteilen. Gehen wir von der in § 2 IV diskutierten groben Unterscheidung zwischen Privatrecht und öffentlichem Recht aus, so ergibt sich der in *Schaubild 2* (im Anhang nach § 5) wiedergegebene Überblick.

Wer sich anschickt, Rechtswissenschaft zu studieren, wird angesichts der sich in diesen Schaubildern andeutenden Paragraphenfülle erschrecken. Diese Furcht ist unbegründet. Rechtswissenschaft ist keine Paragraphenkunde. Statt auswendig zu lernen, wo welcher Baum im Dickicht des Paragraphenwaldes steht, ist Rechtswissenschaft eine Art Orientierungskunde, d. h. wir lernen, wie man mit dem Kompaß umgeht und sich so in unbekannten(!) Regelungslabyrinthen zurechtfindet. Zur Stellung der Rechtswissenschaft in Relation zu anderen Wissenschaften vgl. *Schaubild 1* (im Anhang nach § 5).

2. Der Gesetzeswortlaut als Ausgangspunkt der Auslegung

Mit der Kenntnis der Rechtsquellen stehen wir nicht am Ende, sondern erst am Anfang der Rechtsfindung, denn das Recht, das aus den Quellen fließt, ist oft unklar. Man beseitigt diese Unklarheit – und findet die richtige Rechtsregel – durch *Auslegung*. Diese Auslegung ist eine typisch juristische Kunst, streckenweise auch eine Wissenschaft. Der Jurist wird wegen seiner Auslegungskunststücke gelegentlich bewundert und nicht selten verachtet: »Im Auslegen seid frisch und munter – legt Ihr's nicht aus, so legt was unter«[1]. Im folgenden geht es um eine Einführung in die Auslegungskunst (*Hermeneutik*, juristische *Methodenlehre, allgemeine Rechtslehre, Rechtstheorie*).

Bei der Auslegung des geschriebenen Rechts[2] geht es in einer *ersten Stufe* um das *Verhältnis Wortlaut/Sinn*. Das Denkvermögen ist an die Ausdrucksmöglichkeit (Sprache) gebunden[3]. Hinter dem konkreten Ausdruck steckt ein Sinn, der mitgeteilt werden soll. Es versteht sich, daß die Ermittlung dieses Sinns beim Wortlaut anzusetzen hat. Deshalb ist *Ausgangspunkt* jeder Auslegung der Wortlaut des Gesetzes. »La loi s'interprète en premier lieu selon sa lettre«, *BGE 105 Ib 49, 53*. »Der Begriff bedarf der Auslegung, die mit dem Wortlaut zu beginnen hat«, *BGHSt 19, 158, 159* (betr. »Gegenstand« einer Einziehung). Näher zur wortwörtlichen (grammatikalischen) Auslegung unten 7 b. – Ziel der Auslegung ist die Ermittlung des *Sinns*. Maßgebend ist nicht der isolierte Wortsinn (als Sinn jedes einzelnen Wortes), sondern der sich aus dem Kontext ergebende Sinn des Gesetzes, die *ratio legis*. Stellen wir uns den Gesetzgeber als eine Person vor[4], die das Recht verkündet. Dann ist der Bürger (oder/und Richter) Befehlsempfänger, *Normadressat*. Die Sprache des Gesetzes muß das in jeder Sprache steckende Übersetzungsproblem lösen, nämlich den Sinn in Worten auszudrücken. Beim Gesprächspartner kommt das Rückübersetzungsproblem hinzu, nämlich vom Ausdruck auf den Sinn zu schließen. Hier liegen die *Auslegungsprobleme der ersten Stufe*.

---

1 So der Jurist *Goethe*, Zahme Xenien, 2. Buch; siehe auch Anm. 22. – Über die Unbeliebtheit des Juristen vgl. die Zitate aus dem 15. Jahrhundert (*Brant*, siehe oben § 2 III 2 b) bzw. 16. Jahrhundert (*Morus*, siehe unten § 5 a. E.); zum modernen Juristen *Wengler*, NJW 1959, 1705.

2 *Mündliches Recht* (z. B. mündlicher Vertrag) und Richterrecht werfen mit dem schriftlichen Recht prinzipiell vergleichbare Auslegungsprobleme auf. – Zur Findung und Auslegung des Gewohnheitsrechts vgl. *Burckhardt*, Methode, S. 275.

3 Zu den Zusammenhängen zwischen Sprach- und Denkvermögen vgl. *F. G. Jünger*, Sprache und Denken, Frankfurt a. M. 1962 und *D. E. Zimmer*, So kommt der Mensch zur Sprache, 2. Aufl., München 1995, S. 119 ff., 132 ff.

4 Da es *den* Gesetzgeber nicht gibt und am Gesetzgebungsverfahren viele Personen beteiligt sind, ist der Wille des historischen Gesetzgebers aus den Gesetzgebungsmaterialien nur schwierig zu erschließen, siehe unten I 5. »Der Gesetzgeber« ist Beispiel für eine traditionelle Sprechweise, bei einer Umstellung auf »die Gesetzgeberin« würde der Tradition eine Diskriminierung unterstellt.

Beispiele: Der Gesetzgeber schließt in der männlichen Sprachform die Frauen als Adressatinnen der Norm ein. Moderne Gesetze vermeiden eine solche Terminologie, weil sie als diskriminierend empfunden wird. – Der Gesetzgeber gebraucht Singular *oder* Plural, meint aber oft (jedoch nicht immer!) Singular *und* Plural. – Wenn § 223 a StGB (D) bzw. Art. 123 Ziff. 2 StGB (CH) im Zusammenhang mit Körperverletzung eine Strafschärfung vorschreiben, wenn der Täter »eine (!) Waffe« einsetzt, ist »selbstverständlich« auch der Fall erfaßt, daß der Täter mit zwei (!) Messern auf sein Opfer einsticht. – Umgekehrt: Art. 126 Abs. 1 StGB (CH): »Wer gegen jemanden Tätlichkeiten(!) verübt . . .« trifft »selbstverständlich« auch den Täter, der nur *eine* Tätlichkeit verübt. – Wird für den Fall der Erblindung des Opfers eine Strafschärfung vorgesehen, ist Singular bzw. Plural nicht selbstverständlich. Deshalb heißt es präzise in § 224 Abs. 1 StGB (D) »Sehvermögen auf einem oder beiden Augen«.

Es gibt fast kein Wort, das einen eindeutigen Sinn hat, bei dem also die Auslegungsprobleme der ersten Stufe nicht auftreten können. Je *deskriptiver* (d. h. Realität unmittelbar beschreibend) die Begriffe sind, desto selbstverständlicher ist im allgemeinen ihr Sinn: Mensch, Kind, Tod, Schußwaffe sind Begriffe, deren Sinn einigermaßen klar ist. Je *normativer* (d. h. mit Wertungen aufgeladen) die Begriffe sind, desto auslegungsbedürftiger werden sie: eheliches Kind, Lebensgefahr, sexuelle Handlung, pornographisch, Urkunde, Fahrlässigkeit, gute Sitten, Billigkeit. – Die Unterscheidung deskriptive/normative Begriffe gibt allerdings nur einen Anhaltspunkt. Ein Begriff mag noch so deskriptiv sein – wenn er in einem normativen Zusammenhang gebraucht wird, geht es immer auch um eine Wertung. »Wald« kann je nach Kontext (Baurecht: Abstand; Forstrecht: Subventionsansprüche) unterschiedliche Bedeutungen annehmen; vgl. auch die unterschiedliche Bedeutung des weder rein deskriptiven noch stark normativen Begriffs »Gebäude« in *BGHSt 3, 300.*

Besonders groß kann die Distanz zwischen Wortlaut und Wortsinn bei der *Vertragsauslegung* sein, u.a. deshalb, weil die beteiligten Parteien vom allgemeinen Sprachgebrauch beliebig (!) abweichen können, immer vorausgesetzt, sie sind sich über diese Abweichung einig. *Falsa demonstratio non nocet* – die falsche Bezeichnung ist unschädlich, d. h. nicht das Wort, sondern der ihm übereinstimmend beigelegte Sinn bindet die Parteien. Obwohl die Regel alt ist, sehen auch relativ moderne Gesetze ihre ausdrückliche Erwähnung nicht als überflüssig an.

§ 133 BGB (D)

Bei der Auslegung einer Willenserklärung ist der wirkliche Wille zu erforschen und nicht an dem buchstäblichen Sinne des Ausdrucks zu haften.

Art. 18 Abs. 1 OR (CH)

Bei der Beurteilung eines Vertrages sowohl nach Form als nach Inhalt ist der übereinstimmende wirkliche Wille und nicht die unrichtige Bezeichnung oder Ausdrucksweise zu beachten, die von den Parteien aus Irrtum oder in der Absicht gebraucht wird, die wahre Beschaffenheit des Vertrages zu verbergen.

Beispiel: Mit einem Vertrag über die Lieferung von Lachs in Öl kann in Wahrheit die Lieferung von Haifisch gemeint sein (»Seelachs«), vgl. RGZ 99, 147 (Walfisch unter der norwegischen Bezeichnung Haifisch).

Statt in allgemeinverständlicher Sprache können die Parteien ihr Verhältnis zueinander in Codes regeln. Funktionieren wird das nur, wenn der Schlüssel zum Code von jeder Partei vorgelegt werden kann. Sonst wird sich der Richter im Streitfall an den allgemeinen Sprachgebrauch halten, siehe oben § 2 III 2 d (Beweislast).

3. Der Gesetzessinn als Ziel der Auslegung

a) Lösung von Interessenkonflikten

Die Auslegung geht vom Wortlaut aus und zielt auf die Ermittlung des Sinns einer Regelung. Dabei braucht sich der Sinn der Regelung nicht mit dem »üblichen« *Wortsinn* zu decken, vgl. die vorstehenden Beispiele und näher unten 7 c. Sinn und Zweck einer Regelung bezeichnet man auch als *ratio legis.*

Terminologie[5]: Die Berufung auf die ratio legis deckt zwei Fälle. Sie müssen nicht scharf auseinandergehalten werden, doch sollte man wissen, welchen der zwei Fälle man im Auge hat. Ratio legis kann eng als *Sinn einer ganz konkreten Regelung* verstanden werden. So ist der Ausdruck bisher hier verwendet worden. Ratio legis kann aber auch weit als *allgemeiner Sinn (Zweck) eines Gesetzes in der Summe seiner vielen Detailregelungen* verstanden werden. Diese allgemeinere ratio legis kann dann als Hilfe bei der Auslegung einer Detailregelung dienlich sein.

Beispiel: Ein Testament kann nur bei Beachtung bestimmter Formvorschriften wirksam errichtet werden, u. a. in Form des eigenhändigen Testaments. Ob die Formulierung »eigenhändig« bzw. »von Hand niederzuschreiben« in § 2247 BGB (D) bzw. Art. 505 ZGB (CH) auch den Fall des mit dem Fuß gemalten Testaments deckt (der Erblasser hat beide Arme verloren), ist eine Frage nach der ratio legis i.e.S., also nach dem *Sinn der konkreten Regelung.* Diese Frage führt jedoch zur ratio legis i.w.S., also nach dem Sinn der Formvorschriften bei der Testamentserrichtung allgemein (oder sogar nach dem Sinn von Formvorschriften überhaupt, siehe unten § 4 II 1).

Der Gesetzessinn im engeren wie im weiteren Sinne führt zur Aufgabe des Rechts zurück, Interessenkonflikte zu lösen. Der Gesetzeszweck ist meist als Vektor vieler widerstreitender Kräfte zu bestimmen. Zur Spannung zwischen dem Sinn, den der historische Gesetzgeber mit dem Gesetz verbunden hat, und den Bedürfnissen der Gegenwart siehe unten 5.

Daß gesetzliche Regelungen auf Interessenkonflikte zurückführen, ist heute unbestritten. Daraus folgt, daß die Auslegungsprobleme nicht durch eine *Begriffsjurisprudenz* zu lösen sind, sondern nur durch eine *Interessenjurisprudenz.* Historisch ist die Interessenjurisprudenz wesentlich der pointierten These von *v. Ihering* zu verdanken, daß das Recht aus einem Kampf widerstreitender Interessen hervorgehe (»Der Kampf ums Recht«, 1872).

---

5 Vgl. nur *Burckhardt*, Methode, S. 289, auch zur schwierigen Abgrenzung zwischen ratio legis und Motiv des Gesetzgebers; siehe auch unten Anm. 8.

Entscheidend gefördert wurde die Interessenjurisprudenz durch die Arbeiten von *Philipp Heck*.

Philipp Heck[6], Das Problem der Rechtsgewinnung, 1912, hat darauf hingewiesen, daß »jede Fallentscheidung als eine Abgrenzung einander gegenüberstehender Interessen aufzufassen« ist. »Mit besonderem Nachdruck (muß) gefordert werden, daß die Wissenschaft die Wertung des Gesetzes, die Interessengrundlage der gesetzlichen Bestimmungen erforsche und hervorhebe. Jeder Rechtssatz ist auf seinen Interessengehalt zu prüfen. Zweitens ist aber zu fordern, daß die Rechtswissenschaft auch das Leben erforsche, die Lebensgrundlagen und Lebensbedürfnisse, die Wirkung des Rechtes auf das Leben, die funktionelle Seite der Rechtsinstitute . . . In der Betonung der Interessenforschung bei Rechtserkenntnis und Lebenserkenntnis liegt der berechtigte Kern des stark betonten Verlangens nach einer soziologischen Rechtswissenschaft, einer Rechtssoziologie oder einer die dogmatische Rechtswissenschaft ergänzenden soziologischen Rechtswissenschaft.«

Zu betonen ist, daß die Berufung auf Interessen nicht zu einer gefühlsmäßigen Fall-zu-Fall-Entscheidung verkommen darf. *Auch die Interessenjurisprudenz muß* »*begrifflich*« *argumentieren*, d. h. durch Verallgemeinerung, durch Herausarbeitung *typischer* Interessenlagen ist der Schutz vor Willkür und gefühlsbedingten Kurzschlüssen im Einzelfall zu gewährleisten.

Der Soziologe *Talcott Parsons*[7] deutet sowohl »exaggerated legal ›formalism‹« als auch »the ›sentimental‹ exaggeration of . . . ›interests‹« als Flucht des Juristen (Richters) vor der Belastung, die die Pflicht zur Streitentscheidung ohne klaren Anhalt mit sich bringt.

Nur angedeutet werden kann hier die schwierige *Unterscheidung des Gesetzeszweckes vom gesetzgeberischen Motiv*[8]. Bei einem *Vertrag* ist die Trennung zwischen den von den Vertragsparteien verfolgten Zwecken und den Motiven im Ansatz einfach. Kauft K beim Juwelier V eine Perlenkette, so liegen die von K und V mit dem Vertrag verfolgten Zwecke auf der Hand. Hat K den Vertrag geschlossen, weil er die Kette seiner Braut zu Weihnachten schenken wollte, so ändert sich am Vertragszweck (Kauf der Kette) nichts, auch wenn das Motiv dahinfällt (z. B. weil die Braut sich von K getrennt hat). Freilich kompliziert sich die im Ansatz einfache Unterscheidung sehr schnell.

Beim *Gesetzgeber* wird man hinter dem Gesetzeszweck meist ein allgemeineres *Motiv* entdecken. Das Gesetz ist das Mittel, mit dem der Gesetzgeber

---

6 *Heck*, Das Problem der Rechtsgewinnung, zugänglich in *Esser* (Hrsg.), Studien und Texte zur Theorie und Methodologie des Rechts, Bd. 2, Bad Homburg 1968, S. 9 ff. (oben im Text werden S. 35 und 40 zitiert).
7 *Parsons*, A Sociologist Looks at the Legal Profession (Essays in Sociological Theory), rev. ed. Glencoe, Ill. 1958, S. 370, 377.
8 Für den Gesetzgeber – wie ganz allgemein für menschliche Zweckverfolgung – gilt, daß jedes mit dem Mittel X erstrebte Ziel Y seinerseits wieder zum Mittel Y wird, um das Ziel Z zu erreichen usw. Zur Zweck-Mittel-Relation als Strukturprinzip *Arzt*, in: Festschrift für Welzel, New York 1974, S. 823.

solche Motive, d. h. allgemeine Zwecke, zu verwirklichen sucht. Die Motive des Gesetzgebers können eine Hilfe sein, um den Sinn des Gesetzes zu ermitteln. Der Sinn des Gesetzes darf jedoch nicht geändert werden, weil die Zielvorstellungen des Gesetzgebers mit diesem Mittel nicht oder wirksamer mit anderen Mitteln verwirklicht werden könnten.

Beispiel: Mit dem Betäubungsmittelgesetz (BtMG) verfolgt der Gesetzgeber das Ziel, den Drogenkonsum zu unterdrücken. Dieses Motiv kann die Auslegung einzelner Vorschriften beeinflussen. Das Ziel darf jedoch nicht mit Mitteln verfolgt werden, die das Gesetz nicht vorsieht (z. B. folgt die Zulässigkeit des Einsatzes von Lockspitzeln nicht aus ihrer Tauglichkeit i.S. des gesetzgeberischen Ziels). Gesetzgebungspolitische Aufgaben und gesetzliche (= zulässige) Mittel sind zu unterscheiden. – Zugleich enthält das BtMG konkrete Verbote und damit Zwecke, ohne daß es darauf ankommt, ob das Motiv (Drogenkonsum zu bekämpfen) mit solchen Mitteln überhaupt erreichbar ist oder Drogenkonsum die Nachteile mit sich bringt, die dem Gesetzgeber vor Augen standen[9]. – Ähnlich fallen Subventionsregelungen, die z. B. speziell zur Stärkung der kleinen Bauern »gedacht« sind, nicht deshalb dahin, weil sich herausstellt, daß sie dieses Ziel verfehlen.

b) Lösung von Zukunftsproblemen

Für eine Rechtsnorm ist die Regelung unbestimmter, in der Zukunft liegender Konfliktsituationen charakteristisch, siehe oben § 1 II 3 zur Verallgemeinerung als Wesensmerkmal des Rechts. Während es bei den vorstehend 2 erörterten Auslegungsproblemen der ersten Stufe darum geht, aus dem Wortlaut auf den Sinn zu schließen – also ein Problem, das bei jeder Kommunikation auftreten kann –, wirft die Ausrichtung der Norm auf die Zukunft *besondere* Probleme auf. Diese *Auslegungsprobleme der zweiten Stufe* entstehen durch die Unbestimmtheit, Offenheit der Zukunft. Deshalb kann jede – auch jede in Wortlaut und Sinn klare – Zukunftsvorsorge nicht mehr als ein Fragment sein. Dieses Bruchstück erlaubt mehr oder weniger deutliche Schlüsse, wie eine komplette Regelung ausgesehen hätte.

Beispiel, Reglement der Grünanlagen der Stadt X[10]: Dieses – fiktive – Reglement betreffend die Nutzung öffentlicher Grünanlagen der Stadt X vom 11. November 1986 (= Gemeindeverordnung i.S. der Hierarchie oben § 2 I 3) lautet:

§ 1 Die Nutzung des Parks steht im Rahmen der nachfolgenden Bestimmungen allen Bürgern offen.

§ 2 Das Betreten der Grünflächen ist verboten.

§ 3 Das Befahren der Wege mit Fahrrädern ist verboten.

§ 4 Hunde sind an der Leine zu führen.

---

9 Daß die Justiz eine solche Bindung an das Gesetz ungern sieht, bezeugen *BGE 117 IV 314* und *BVerfGE 90, 145*.

10 In der Praxis sind es insbesondere die Friedhofsordnungen, die zu Streitigkeiten Anlaß geben, zumal Schutz vor Störung im ideellen Bereich besonders schwer gegen persönliche Freiheit *zur* Störung abzugrenzen ist, vgl. *BVerwGE 2, 172* oder *BGE 101 Ia 392*.

§ 5 Die Verletzung der Bestimmungen des § 2, § 3, § 4 wird mit Buße bis . . . bestraft.

Der 20jährige Theo fährt mit dem Fahrrad auf dem Rasen herum. – *Lösung* (bitte erst überlegen; auch *welche* Bestimmung nach Ansicht der Leserin oder des Lesers zutrifft): Wir haben keine Auslegungsprobleme der ersten Stufe. »Betreten« ist ebenso klar wie »Befahren«; »Grünfläche« ist ebenso klar wie »Wege«. – Zugleich ist nicht ernstlich zweifelhaft, daß das Verhalten von Theo dem *Sinne* nach von § 2 verboten ist. Die Grünfläche wird durch Befahren noch stärker belastet als durch Betreten. § 3 trifft dagegen nicht zu, denn er dient der Sicherheit der Fußgänger auf den Wegen.

Das vorstehende Beispiel illustriert die fragmentarische Erfassung der Zukunft. Deshalb taucht im Beispiel (und prinzipiell) das Problem der »ergänzenden« Auslegung unter Berufung auf den *Zweck des Gesetzes* auf. Das Beispiel zeigt zugleich, daß ein Verbot der Ergänzung des Gesetzes (durch Auslegung!) zu einer Aufblähung der Gesetze führen muß. Statt sich auf typische Probleme zu beschränken, müßte der Gesetzgeber auch ganz seltene und entlegene Verhaltensweisen gesondert aufführen, also in concreto das *Befahren* des Rasens verbieten.

Im vorstehenden Beispiel sind es eher praktische Gründe, die gegen eine ausführlichere Regelung sprechen: Das Reglement verliert seine plakative Wirkung, wenn es auch selten vorkommende Störungen »explizit« verbietet; solche Verbote wirken unter Umständen geradezu lächerlich. – Im folgenden Beispiel geht es deutlicher um die nur beschränkt vorhersehbare künftige Entwicklung, die Auslegungsprobleme schafft.

Beispiel, Scheitern einer Ehe, BGHZ 84, 361: Der Polier K (Kläger) heiratet die B (Beklagte), Tochter seines Chefs. Vereinbart wird Gütertrennung. Nach zwei Jahren Ehe ersteigert B ein Haus, um mit K und den Kindern darin zu leben. 50% des Kaufpreises gibt ihr K. Beim Umbau hilft K massiv mit (sicher 200, vielleicht 300 Stunden), B liefert Material und zahlt die Arbeiter, die dem K beim Umbau helfen. Vorgesehen war, dem K ein Wohnrecht am Haus einzuräumen. Bald nach dem Umbau kommt es zur Trennung K/B; B zieht mit den Kindern – ohne K – ins Haus ein; 1½ Jahre nach Einzug kommt es zur Scheidung. B/K streiten, ob K für seinen ehebedingten Einsatz für das Haus etwas (und wieviel) zu beanspruchen hat. – Die vertragliche Grundlage für die Leistungen des K ist völlig unklar. Der BGH nimmt einerseits an, irgendeine vertragliche Grundlage müsse es geben; zugleich sieht sich der BGH außerstande, eine »Abfindung« des K kraft Auslegung dieses Vertrages zu konstruieren, weil sich das Scheitern der Ehe als fundamentale Veränderung »der Beurteilung nach dem Vertragswillen entzieht« (a.a.O. S. 368, m. E. zweifelhaft). So bleibt dem BGH nur die Zuflucht zur Annahme, die Geschäftsgrundlage dieses Vertrages sei entfallen und K habe *deshalb* Ansprüche. Zur Höhe äußert sich der BGH ausweichend. – Was halten *Sie* für richtig? Bedenken *Sie* auch die *Beweisebene*: K hatte es gegenüber B aus damaliger Sicht nicht nötig, die investierte Zeit zu fixieren, und Jahre danach ist es für ihn nahezu unmöglich.

Das vorstehende *Beispiel* betrifft eine der relativ häufigen Situationen, in denen eine *vertragliche Regelung* den späteren Gang der Dinge nicht ausreichend einkalkuliert hatte. Schöne Beispiele für *gesetzliche Regelungen*, die eine bestimmte Entwicklung nicht vorhergesehen hatten, sind seltener. Die beiden Hauptbeispiele im jüngeren deutschen Recht sind die Gleichstellung der nichtehelichen und ehelichen Kinder und der Fall der Berliner Mauer; aus dem älteren deutschen Recht ist die Geldentwertung durch Inflation zu nennen[11].

Die beiden Beispiele leiten zur Frage über, woran man erkennen kann, daß eine Auslegung richtig ist, und wo die Grenzen der Auslegung liegen. Im folgenden Beispiel sehen wir intuitiv diese Grenzen als überschritten an, doch ist es außerordentlich schwierig, dieses Urteil nicht intuitiv, sondern mit rechtswissenschaftlichen Mitteln zu gewinnen.

Beispiel, Reglement der Grünanlagen (Variante): Spaziert Theo mit maximal laut eingestelltem Radio auf den Parkwegen herum, mag dies für andere Besucher störender sein als die Belästigung durch Radfahrer – trotzdem scheitert die Anwendung des § 3. Dem Fragment des § 3 läßt sich kein allgemeines Belästigungsverbot entnehmen. – Bewerfen Kinder auf den Parkwegen Passanten mit Tannenzapfen, so sind die Eltern, die dieses Verhalten dulden, nicht mit § 4 zu fassen.

Ehe wir die Frage nach der richtigen Auslegung weiterverfolgen, müssen wir uns dem Instrumentarium zuwenden, ohne das die Vielfalt und Ungewißheit der zukünftigen Entwicklung gesetzgebungstechnisch nicht zu bewältigen wäre, nämlich den Generalklauseln. Mit Hilfe von Generalklauseln lassen sich Auslegungsprobleme lösen oder kaschieren, die durch die nur bruchstückhafte Erfassung der Probleme von morgen im Gesetz von heute entstehen.

4. Die Generalklauseln

a) Allgemeines

Vorstehend haben wir von gesetzlichen oder vertraglichen Bestimmungen als mittels Auslegung zu ergänzenden Bruchstücken gesprochen. So läßt sich das Beispiel der Grünanlagen (vorstehend I 3 b) durch generalklauselartige Bestimmungen zukunftssicher machen.

Beispiel, Reglement der Grünanlagen (Variante mit Generalklausel):

§ 1 . . .

§ 2 Das Betreten der Grünflächen, Pflücken von Blumen oder die *sonstige Beeinträchtigung* von Parkeinrichtungen ist verboten.

§ 3 Das Befahren der Wege mit Fahrrädern oder die *sonstige Belästigung* von Parkbenützern ist verboten.

Kritischen Leserinnen und Lesern wird auffallen, daß die Ergänzung durch die Generalklausel – vielleicht – den Sinn des speziell verbotenen Verhaltens ändert.

---

11 Vgl. zusammenfassend *Palandt*, BGB, § 242 N. 112; zum Abrücken vom Grundsatz »Mark = Mark« angesichts der Inflation vgl. RGZ 107, 78, 88. Zur Gleichstellung nichtehelicher mit ehelichen Kindern vgl. *Palandt*, BGB, 48. Aufl., München 1989, Überblick zu §§ 1934 a–e, N. 1–4.

Radfahren im menschenleeren Park ist nach der neuen Fassung des § 3 – vielleicht – erlaubt (weil es niemanden konkret belästigt); Betreten des Rasens im herbstlichen Park ist – vielleicht – erlaubt (weil es den Rasen nicht konkret beeinträchtigt). Wir berühren damit u. a. die Problematik des *Gefahrbegriffs* (abstrakte bzw. konkrete Gefahr). Das wollen wir hier nicht weiter verfolgen.

Die *Technik des Legiferierens mit Generalklauseln* ist gang und gäbe. Dabei ist der Übergang von einem relativ bestimmten Begriff zu einem relativ unbestimmten Begriff und schließlich zur Generalklausel fließend. Oben in I 2 haben wir den Unterschied zwischen deskriptiven und normativen Begriffen darin gesehen, daß der Sinn deskriptiver Begriffe in der Regel(!) selbstverständlicher ist als der Sinn normativer Begriffe. »Mensch« mag im engen Bereich zwischen (noch) Leibesfrucht und (schon) Mensch unklar sein; »Tod« mag im engen Bereich zwischen Herz- oder Hirntod unklar sein; »Schußwaffe« mag im engen Bereich zwischen ungeladener und geladen-entsicherter Waffe unklar sein usw. Diese sich um einen relativ scharfen selbstverständlichen *Begriffskern* lagernde unscharfe Zone bezeichnet man als *Begriffshof* (wie der Mond einen Hof haben kann). Generalklauseln haben einen besonders umfangreichen Begriffshof.

Macht der Gesetzgeber eine Rechtsfolge (und damit eine Regel) von *allen Umständen des Einzelfalls* abhängig, so kommt dies funktionell einer Generalklausel nahe (Beispiele anschließend b). Wir haben es oben in § 1 II 3 geradezu als Charakteristikum des Rechts angesehen, daß es als allgemeine Regel nicht allen Besonderheiten des Einzelfalles Rechnung tragen kann. Eben daraus ergibt sich der generalklauselartige Charakter des Verweises auf »alle Umstände«. Man meint damit alle relevanten Umstände – und in der Unterscheidung irrelevanter und relevanter Umstände liegt die für die Generalklausel charakteristische Elastizität.

Bisher haben wir die Generalklausel als Mittel des Gesetzgebers betrachtet, eine Regel so elastisch zu machen, daß sie auch im Zeitpunkt ihres Erlasses nicht vorhergesehenen Entwicklungen gerecht werden kann. Es kann aber auch das umgekehrte Problem auftreten, daß eine konkrete und eindeutige Regelung, die in die Zukunft hineinwirkt, durch grundlegende, nicht einkalkulierte (vielleicht nicht einkalkulierbare) Veränderungen ihren Gerechtigkeitsgehalt verliert. Hier hilft der ebenfalls generalklauselartige Vorbehalt der *clausula rebus sic stantibus*[12] mit Ablegern, etwa Wegfall der Geschäftsgrundlage oder Rechtskraftdurchbrechung. Insbesondere bei *Rentenansprüchen* finden sich verschiedene gesetzliche Ausprägungen der clausula rebus sic stantibus für diesen Spezialbereich[13].

---

12 Vgl. *von Tuhr/Escher*, OR II, S. 170–173 und *Palandt/Heinrichs*, BGB, § 242 N. 110 ff.
13 Für *Deutschland* vgl. §§ 323 ZPO, 1612 a BGB; für die *Schweiz* vgl. Art. 46 Abs. 2 OR, Art. 153 Abs. 2 ZGB.

b) Die Generalklauseln des Privatrechts

Als die beiden ganz großen Generalklauseln des Privatrechts sind die Billigkeit und das Prinzip von Treu und Glauben (mit Schikane- und Rechtsmißbrauchsverbot als Ausprägungen) hervorzuheben[14]. Zum Verhältnis der Gerechtigkeit zur Billigkeit siehe oben § 1 II 3 b. Das Rechtsmißbrauchsverbot, die damit zusammenhängende *Verwirkung*[15] und die Billigkeit haben gemeinsam, daß sie Ergebnisse korrigieren können, die an sich (gewissermaßen prima vista) aus dem Recht abzuleiten sind. So wird z. B. der Grundsatz, daß der urteilsunfähige Schädiger nicht schadenersatzpflichtig ist, durch Verweis auf Billigkeit modifiziert, vgl. § 829 BGB (D); Art. 54 OR (CH).

Weiter sind als große Generalklauseln zu nennen die *guten Sitten*[16] und die *Verhältnismäßigkeit.* – Das zuletzt genannte Prinzip wird im Zivilrecht meist verbal anders etikettiert, u. a. als Übermaß, Erheblichkeit oder Angemessenheit. Als Subform der Verhältnismäßigkeit berührt sich die Angemessenheit aufs engste mit der Billigkeit. Gesetzestextbeispiele finden sich im Nachbarrecht, vgl. § 906 BGB (D), Art. 684 ZGB (CH).

c) Die Generalklauseln des öffentlichen Rechts

Das öffentliche Recht ist nicht nur historisch von den Prinzipien der Gleichheit und Freiheit geprägt, sondern es verwendet Gleichheit und Freiheit als ganz große Generalklauseln zur Entscheidung konkreter Rechtsfragen der Gegenwart. Das aus dem *Gleichheitsprinzip* herzuleitende *Willkürverbot* verbietet dem Staat, ohne triftigen Grund einen Bürger anders als einen anderen Bürger zu behandeln. Insofern dominiert die Gleichheit (auf Kosten staatlicher Handlungsfreiheit), während beim Bürger die Freiheit dominiert (d. h. er kann andere Bürger ohne triftigen Grund bevorzugen, z. B. X ein Darlehen geben, es aber Y verweigern)[17]. Mit dem Gleichheitsgebot hängt auch das *Verhältnismäßigkeitsprinzip* eng zusammen, denn es setzt eine Güterabwägung voraus – und damit einen Gütervergleich.

---

14 Zu *Deutschland* vgl. zu Treu und Glauben § 242 BGB; zur Schikane § 226 BGB. – In der *Schweiz* ist das Rechtsmißbrauchsverbot in Art. 2 Abs. 2 ZGB verankert, zu Treu und Glauben Art. 2 Abs. 1 ZGB. – Bezugnahmen auf Billigkeit in Art. 4 ZGB (CH), vgl. auch § 829 BGB (D).

15 Vgl. *Kegel,* Verwirkung, Vertrag und Vertrauen, in: Festschrift für Pleyer, Köln etc. 1986, S. 513 ff.

16 §§ 138, 826 BGB; Art. 20, 41 Abs. 2 OR. – Vgl. auch § 1 II 1 mit Anm. 4.

17 Das GG hat der Gleichheit (Art. 3) »durchaus bewußt die Freiheit als das höhere Gut vorangestellt«, *v. Mangoldt,* Das Bonner Grundgesetz, zitiert nach der 1. Aufl., Berlin etc. 1953, Art. 3 N. 1. – Zum Willkürverbot als »Einfallstor« für die »Idee der Gerechtigkeit« *H. Huber,* Die Garantie der individuellen Verfassungsrechte, ZSR (NF) 55 (1936) 1 a, 169 a.

Die *Freiheit* ist in den Verfassungen in verschiedenen konkreten Ausprägungen verankert, so als Glaubensfreiheit oder als Berufsfreiheit. Da im Vordergrund der Freiheitsrechte die Abwehr staatlicher Eingriffe steht, bildet das *öffentliche Interesse an einer Freiheitsbeschränkung* das Gegenbild zur Freiheit. Dieses öffentliche Interesse stellt eine weitere elementare Generalklausel des öffentlichen Rechts dar.

Die Generalklauseln des öffentlichen Rechts haben zunächst dieselbe Aufgabe zu erfüllen wie die Generalklauseln in anderen Rechtsbereichen, nämlich die einer offenen und ungenauen, aber eben deshalb relativ zukunftssicheren Regelung.

Beispiel: Töfflikontrolle, BGE 107 IV 84 (ital.) = Pra 70 (1981) Nr. 195: Polizisten kontrollieren die mopedfahrenden Schüler. Schüler C will eine Kontrolle vermeiden und biegt nach links ab; Polizist G stellt sich ihm mit ausgebreiteten Armen in den Weg. C möchte mit gesenktem Kopf unter den Armen des G durchfahren, stößt gegen die Hand des G und stürzt so unglücklich, daß er stirbt. – Hier enthält schon die kantonale Regelung (entsprechend in Deutschland die landesrechtliche Regelung) der Zwangsbefugnisse der Polizei den Hinweis auf die Verhältnismäßigkeit. Dieses Prinzip wird nach ständiger Rechtsprechung zugleich in das StGB[18] hineingelesen. Das ist wichtig, weil BGer bzw. BGH nur prüfen, ob *Bundesrecht* verletzt worden ist. Ob im Beispielsfall das Ergebnis (fahrlässige Tötung, unverhältnismäßiger Zwang) richtig ist, soll hier nicht weiter verfolgt werden.

Darüber hinaus sind die Generalklauseln des öffentlichen Rechts im Zusammenhang mit der Problematik der Verfassungsgerichtsbarkeit zu sehen, siehe oben § 2 I 4. Verfassungsrechtliche Generalklauseln wie »persönliche Freiheit«, »Willkür«, »Verhältnismäßigkeit« usw. sind die Maßstäbe, mit deren Hilfe konkrete gesetzliche Regelungen auf ihre Vereinbarkeit mit der BV gemessen werden[19].

d) Die Generalklauseln des Strafrechts

Das *Strafrecht* ist geprägt von Generalklauseln, die der Verdeutlichung des noch allgemeineren Prinzips der *Verantwortlichkeit* des Menschen für sein Handeln dienen: Verursachung, Zurechnungsfähigkeit, Schuld, Fahrlässigkeit. Da sich auch das Privatrecht mit der Verantwortlichkeit des Menschen befaßt, insbesondere für Schädigungen, aber auch für geschaffenen Rechtsschein, gibt es insoweit zwischen Privatrecht und Strafrecht viele Berührungspunkte.

Besonders bemerkenswert ist, wie der zunächst einigermaßen klare quasi naturwissenschaftliche Begriff der Kausalität im Strafrecht und im Recht der unerlaubten Handlungen in komplizierter Weise so modifiziert und auf-

---

18 Ob der Zwang verhältnismäßig war, ist bundesrechtlich eine Frage der Fahrlässigkeit; zudem müssen alle kantonalen/landesrechtlichen Amtsrechte das bundesrechtliche Verhältnismäßigkeitsprinzip respektieren, vgl. Art. 32 StGB (CH).
19 Weil solche Generalklauseln dem Verfassungsgericht einen bedenklich weiten Spielraum eröffnen, ist die Kontrolle von *Bundes*gesetzen auf ihre Vereinbarkeit mit der BV der Justiz in der *Schweiz* verwehrt (Art. 113 BV), anders in *Deutschland* Art. 100 GG.

geweicht wird, daß er funktionell als Generalklausel angesprochen werden darf. Das wird besonders deutlich, wenn (in Verbindung mit der Fahrlässigkeit) von *adäquater Kausalität* die Rede ist. Mit Adäquanz meint man, daß es angemessen(!) ist, eine Folge (= einen schädlichen Erfolg) auf ein Verhalten (= des Täters im Strafrecht, des Schädigers im Privatrecht) zurückzuführen, siehe unten § 4 III 2.

5. Der historische Gesetzgeber und die Bedürfnisse der Gegenwart

Bei dem kraft *Privatautonomie* gesetzten Recht ist die ratio legis als Auslegungsrichtschnur identisch mit dem von den Parteien übereinstimmend verfolgten Zweck. Diese Übereinstimmung bezieht sich auf die Zeit des Abschlusses der Vereinbarung, »historischer« Parteiwille[20]. Ändern sich die Verhältnisse und mit ihnen die Interessenlage, kann es auf der Hand liegen, daß eine Partei sich heute nicht auf eine Vereinbarung einlassen würde, die sie vor geraumer Zeit getroffen hat. Trotzdem bleibt die Bindung gemäß dem historischen Willen bestehen. Erst in Extremsituationen kann das Festhalten am Vertrag trotz erheblicher Änderung der Verhältnisse (z. B. Geldentwertung) gelockert oder beseitigt werden, clausula rebus sic stantibus, Rechtsmißbrauch, siehe oben I 4 b. – Häufiger ist eine Entwicklung der Verhältnisse, die den Parteien (insoweit übereinstimmend) bewußtmacht, daß ihre Vereinbarung lückenhaft ist, weil sie die eine oder andere Konstellation nicht bedacht haben. Hier ergibt sich die sinnvolle Ergänzung aus dem Weiterdenken des historischen lückenhaften Willens nach Treu und Glauben. Da die Ansichten der Parteien darüber oft auseinandergehen, kommt es zur *ergänzenden richterlichen Vertragsauslegung.*

Auch die Auslegung des *Gesetzes* anhand der ratio legis macht zunächst die Ermittlung des Willens des *historischen Gesetzgebers* erforderlich. Da die Gesetzgebung kein Rechtsetzungsakt einer Einzelperson ist, sondern ein kompliziertes Verfahren unter Beteiligung verschiedener Gremien, *kann* der *subjektive Wille* des historischen Gesetzgebers unklar oder widersprüchlich sein. Das ändert nichts daran, daß sich vielfach den *Gesetzesmaterialien*[21] wichtige Anhaltspunkte für die Auslegung entnehmen lassen. Aus unter Umständen widersprüchlichen subjektiven Willensäußerungen im Gesetzgebungsverfahren und aus der historischen Interessenlage ermittelt man den

---

20 Dazu und zu Parallelen und Unterschieden zwischen Gesetzes- und Vertragsauslegung sowie der schwierigen Abgrenzung zwischen Auslegung und Ergänzung *Palandt/Heinrichs*, BGB, § 157 N. 2 ff. und *Bucher*, OR AT, S. 180 ff., 188 f.

21 Gesetzesmaterialien sind in *Deutschland* insbesondere die Bundestags- und Bundesratsdrucksachen (enthalten die Begründung des Gesetzesentwurfs – meist durch die Bundesregierung, vgl. Art. 76 GG – sowie Änderungsanträge mit Begründung etc.); in der *Schweiz* insbesondere die *Botschaft* (Begründung des vom Bundesrat den Räten zugeleiteten Gesetzesentwurfs, veröffentlicht im Bundesblatt) sowie das Protokoll der Verhandlungen der Räte (veröffentlicht im Amtlichen Bulletin der Bundesversammlung).

objektiven historischen Willen des Gesetzgebers. Dieser entstehungszeitliche Normsinn bezieht sich immer auf die Regelung der Zukunft. Für uns ist diese Zukunft die Gegenwart und der Rechtsetzungsakt die Vergangenheit, vgl. oben § 2 III 1 b die pointierte Formulierung von *Roscoe Pound* vom Recht als der Herrschaft der Toten über die Lebenden. Das führt zu zwei Problemen, die man trotz aller Zusammenhänge getrennt betrachten sollte:

(1) Der historische Gesetzgeber hat die Zukunft unvollkommen vorausgesehen, deshalb ist seine Regelung fragmentarisch. Folge ist die (ergänzende) Auslegung nach dem Willen des historischen Gesetzgebers, Beispiele siehe oben I 3 b. Zu den Auslegungshilfsmitteln und Auslegungsgrenzen anschließend 7.

(2) Die vom historischen Gesetzgeber getroffene Regelung erweist sich zwar nicht als fragmentarisch; es haben sich jedoch die Anschauungen gewandelt oder das Umfeld, in das die konkrete Regelung eingebettet ist. – Dieses an zweiter Stelle genannte Problem stellt sich um so schärfer, je starrer die Regelung ist. Starre Regelungen werden im Laufe der Zeit unangemessen. »Vernunft wird Unsinn, Wohltat Plage; Weh dir, daß du ein Enkel bist!«[22]. Elastische Regelungen sind länger vernünftig, denn dehnbare Begriffe, insbesondere Generalklauseln, erlauben es dem Richter, die sich wandelnden Anschauungen zu berücksichtigen.

Beispiel Sexualmoral: Mit einer sich wandelnden Sexualmoral hält die zivilrechtliche Generalklausel der guten Sitten vollkommen Schritt, so wenn es um die Beurteilung eines Testaments zugunsten einer Geliebten geht (unter gleichzeitiger Beschränkung von Familienangehörigen auf den Pflichtteil), siehe oben § 1 II 1. – Im deutschen Strafrecht hat der alte Begriff der »Unzucht« mit Wandlungen der Sexualmoral ungefähr Schritt halten können. Was in den 50er Jahren sicher als unzüchtige Veröffentlichung bewertet worden wäre (*Beispiel:* Fanny Hill)[23], konnte um 1970 ohne Änderung des Gesetzeswortlauts als nicht unzüchtig betrachtet werden. Wenn jedoch die moderne Sexualmoral einverständliche unzüchtige Handlungen zwischen oder mit Kindern bis ungefähr 14 Jahren toleriert, veraltet ein Straftatbestand wie der des schweizerischen StGB, der das Schutzalter auf 16 Jahre fixiert. Er kann nur sehr beschränkt durch Auslegung modernisiert werden. Angesichts der klaren Altersgrenze und der klaren Interpretation der unzüchtigen Handlung als sexuelle Handlung bedarf es eines Eingriffs des Gesetzgebers, um das StGB an gewandelte Vorstellungen anzupassen. Das ist in der Schweiz 1992 geschehen. Freilich ist nicht das Schutzalter generell gesenkt worden, sondern die Straflosigkeit einverständlicher sexueller Handlungen an ungefähre Gleichaltrigkeit von Täter und »Opfer« geknüpft worden, vgl. Art. 187 StGB (CH). Zugleich ist das Verbot unzüchtiger Schriften auf harte Pornographie reduziert worden, Art. 197 StGB (CH) – ähnlich § 184 StGB (D) seit 1973.

Das auslegungstheoretische Schrifttum hat den Konflikt zwischen *historischer Auslegung* und *objektiv-zeitgemäßer Auslegung* herausgearbeitet. Man

---

22 *Goethe*, Faust (Mephistopheles zum Schüler).
23 *BGHSt 23, 40 (1969)* mit rechtsvergleichenden Hinweisen; vgl. auch *BGE 104 IV 88* und *BGE 96 IV 64, 70.*

ist sich dabei jedoch bewußt, daß es sich insofern um einen künstlichen Gegensatz handelt, als jeder (vernünftige) Gesetzgeber mit der Elastizität seiner Regelung die Anpassung an die Bedürfnisse der Zukunft will. Anders ausgedrückt: Die zeitgemäße Auslegung entspricht weitestgehend dem subjektiven und objektiven Willen des historischen Gesetzgebers.

Wenn die Regelung nicht so elastisch ist, daß sich Deckungsgleichheit zwischen historischer und zeitgemäßer Auslegung erreichen läßt, dann trägt das Gesetz von gestern den Bedürfnissen von heute nicht mehr genügend Rechnung. Hier verbirgt sich hinter der Berufung auf objektiv-zeitgemäße Auslegung die *Gesetzeskorrektur*[24]. Es geht nicht mehr um Auslegung, sondern um Änderung eines antiquierten Rechts. Eine solche Befugnis der Justiz, eine veraltete Regelung zu mißachten oder rechtsschöpferisch an die Bedürfnisse der Gegenwart anzupassen, ist im Einklang mit der wohl herrschenden Meinung[25] abzulehnen. Der historische Gesetzgeber ist nicht tot, sondern er lebt im Gesetzgeber unserer Tage fort. Dieser Gesetzgeber hat die Kompetenz zur Aktualisierung des Rechts. Die Bindung der Justiz an das Gesetz wird illusorisch, wenn die Justiz sich ihr entziehen könnte unter Berufung auf Antiquiertheit des Gesetzes. Bindung auch an ein alt gewordenes Gesetz ist besser als eine Unberechenbarkeit des Rechts, die der Preis für eine richterliche Rechtsmodernisierungskompetenz wäre.

Der Gesetzgeber kann durch unvernünftiges Zögern, das Recht an geänderte Verhältnisse anzupassen (Geldentwertung), eine gesetzestreue Justiz in schwerste Konflikte stürzen. Die Seltenheit solcher Fälle zeigt jedoch, daß wir Grund haben, auf die Vernunft des Gesetzgebers zu bauen.

Zusammenfassend läßt sich das Dilemma zwischen einem zu starren und einem zu elastischen Recht so formulieren: Wenn ungerechte Urteile (ungerecht infolge veralteten Rechts) heute seltene Ausnahmen sind, so hat diese zunächst erfreuliche Feststellung auch ihre Schattenseiten. Ein solches Resultat kann nämlich nur zustande kommen, (1) wenn der Gesetzgeber das Recht ständig modernisiert, oder (2) wenn die Justiz eine Rechtsanpassungskompetenz beansprucht, d. h. wenn sie ihre Bindung an ein antiquiertes Gesetzesrecht nicht ernst nimmt, oder (3) wenn der Gesetzgeber durch Generalklauseln das Recht elastisch hält. – Keine der drei Erklärungen befriedigt. Lösung (1) führt zu einer Normenflut; Lösung (2) bedeutet die

---

24 Vgl. dazu *Gygi*, recht 1983, 73 ff., besonders 78, der viele scheinbar anwendungszeitliche Auslegungsbeispiele als in Wirklichkeit der Praxisänderung zugehörig deutet (also bessere Einsicht in den *historischen* Zweck aufgrund neuerer Erfahrungen!).

25 Zum »Legitimationsdefizit richterlicher Rechtsfortbildung« *Bär*, Praxisänderung und Rechtssicherheit, in: Festschrift für Meier-Hayoz, Bern 1982, S. 1 ff., 24 f. Ebenda zur »Anmaßung der richterlichen Elite, statt der demokratisch direkt legitimierten Gesetzgebungskörper die rechtspolitische Marschrichtung zu bestimmen«. Im Gegensatz zum normalen Gesetzgeber werde der vom Richter gefundene Fortschritt »einsam, in ruhigem und gepflegtem Interieur ersonnen«, und er habe »keinen Winden politischer Ausmarchung standzuhalten«. Weitere Hinweise hier im Text a. E. von 5.

Verlagerung der rechtspolitischen Ausmarchung vom demokratischen Gesetzgeber auf die Justiz; Lösung (3) bedeutet die weitgehende Abdankung des Gesetzgebers zugunsten des Richters. Dies kommt im Titel der schon klassischen Schrift von *Hedemann*, Die Flucht in die Generalklauseln, Tübingen 1933, zum Ausdruck. – Anzuerkennen ist, daß die Praxis der Gesetzgebung und Justiz durch Kombination der drei Lösungen, von denen jede in Reinkultur unbefriedigend ist, das Dilemma in einer insgesamt erträglichen Weise bewältigt hat.

Hinweise zur Vertiefung[26]: Die vorstehend behandelten Fragen sind elementar und zugleich lebhaft umstritten. Dabei gehen die Meinungen teils in der Sache auseinander, teils jedoch nur in der Terminologie, was das Verständnis zusätzlich erschwert. Der Sache nach wie hier *Burckhardt*, Einführung, S. 217 f.: »Wenn das Gesetz nicht deutlich spricht, ist stets anzunehmen, es habe das Vernünftige, Gerechte gewollt« (S. 217). Historische Auslegung wird definiert als Maßgeblichkeit der »Meinung . . ., welche diese (sc. die am Gesetzgebungsverfahren mitwirkenden) Personen damals mit den gebrauchten Worten verbunden haben« (S. 217). *Diese* (subjektive) historische Auslegung lehnt *Burckhardt* ab. Dagegen befürwortet er eine (objektive) historische Auslegung in folgendem Sinn: »Der dem Gesetz beim Erlaß einmal zukommende Sinn soll ihm auch gelassen bleiben. Wenn sich das Problem verschiebt, darf man das Gesetz nicht anders interpretieren, um diesem neuen Bedürfnis gerecht zu werden. Man muß es ändern« (S. 218). – Dies deckt sich der Sache nach mit der hier vertretenen Ansicht.

Was die *Rechtsprechung* betrifft, so ist zu befürchten, daß sie je länger desto mehr der Versuchung erliegt, das von ihr momentan für rechtspolitisch richtig Gehaltene ins geltende Recht hineinzulesen – unter Zuhilfenahme von Generalklauseln (ggf. solcher des Verfassungsrechts). Die Kritik des Schrifttums[27] an dieser Entwicklung läßt zwar gelegentlich an Deutlichkeit nichts zu wünschen übrig, kann aber die Gerichte aus zwei Gründen nicht nachhaltig beeindrucken. (1) Einmal nimmt das Schrifttum im Bemühen um Originalität seinerseits auf das geltende Recht tendenziell noch weniger Rücksicht als die Judikatur. (2) Zum anderen ist das Schrifttum so vielfältig geworden, daß sich die geschlossene Ablehnung einer politisch vielleicht vernünftigen, mit dem geltenden Recht aber unvereinbaren Entscheidung kaum je erreichen läßt.

Angesichts dieser allgemeinen Entwicklung ist verständlich, daß die Rechtsprechung eine weitgehende Befugnis annimmt, Rechtsnormen an veränderte Verhältnisse anzupassen. Zugleich vermeidet die Judikatur eine klare

---

26 Aus dem nicht mehr überschaubaren Schrifttum seien noch hervorgehoben: *Germann*, Grundlagen, S. 82 ff.; *Meier-Hayoz*, Berner Kommentar, Art. 1 ZGB, N. 144, 151; *Stratenwerth*, in: Festschrift für Germann, Bern 1969, S. 257 ff.; *Zippelius*, Methodenlehre, § 4 II, § 10 II.

27 Vorstehend Anm. 25, 26. – Nach meiner Ansicht hat diese Entwicklung zum Teil ganz banale Gründe, u.a. die Flut der Entscheidungen und Publikationen, dazu mit Beispielen und weiteren Hinweisen *Arzt*, in: Gedächtnisschrift für A. Kaufmann, Köln etc. 1989, S. 839 ff.

Aussage, ob eine grundsätzliche Hinwendung zur anwendungszeitlichen Auslegung (und Abwendung von der historischen Auslegung) vorliegt[28].

6. Subsumtion und Auslegung

Damit kehren wir zur Frage zurück, wie man richtig auslegt. Bei der Auslegung als Frage nach dem Sinn einer Regelung steht uns denknotwendig ein realer oder hypothetischer Sachverhalt vor Augen. Fragen wir mit Bezug auf einen *konkreten Sachverhalt*, ob er von der Norm erfaßt werde, sprechen wir von der *Subsumtion* dieses Sachverhalts unter die Norm. Fragen wir allgemein nach dem Sinn der Norm, testen wir hypothetische Sachverhalte auf ihre Subsumierbarkeit unter die Norm. Traditionellerweise sprechen wir hier nicht von Subsumtion, sondern von Definition – und Auslegung generell[29].

Beispiel, BGE 103 IV 65, 69 (Körperverletzung): »Gegen 23.40 Uhr des 12. April 1974 war S auf dem Heimweg bei der Ringstraße 37 in Olten. W schlug ihm völlig grundlos dreimal die Faust ins Gesicht. S wollte fliehen, doch brachte ihn W durch einen Beinhaken zu Fall und versetzte ihm mehrere Fußtritte. S täuschte Bewußtlosigkeit vor, worauf W von ihm abließ. Der Arzt stellte eine Prellung der Unterkieferregion rechts, eine Rippenkontusion links vorne, Schürfwunden im Bereich des rechten Vorderarmes und der linken Hand fest.« – Im Hinblick auf die Strafbarkeit des W ist zu fragen, ob sein Verhalten als ein erheblicher Eingriff in die körperliche Integrität des S anzusehen ist (dann Körperverletzung) oder nur als eine vorübergehende harmlose Störung des Wohlbefindens (dann nach deutschem Strafrecht straflos, nach schweizerischem Strafrecht käme eine – gegenüber Körperverletzung mildere – Strafbarkeit wegen einer Tätlichkeit nach Art. 126 StGB in Betracht). Mit Recht nimmt das BGer eine Körperverletzung an.

Auch wenn wir *allgemein* nach dem Sinn einer Norm fragen, können wir die Antwort (im Beispiel die Abgrenzung des Körperschadens von überhaupt nicht strafbaren körperlichen Einwirkungen oder – im schweizerischen Recht – bloß als Tätlichkeit strafbaren Beeinträchtigungen) nur mit Blick auf hypothetische Sachverhalte formulieren.

Dementsprechend führt *BGE 103 IV 65, 70* zum »Begriff der einfachen Körperverletzung« aus: Das StGB schützt mit dem Tatbestand der Körperverletzung »Körper, körperliche Integrität, körperliche und geistige Gesundheit. Diese Schutzobjekte verletzen erhebliche Eingriffe in die körperliche Integrität, wie Verabreichen von Injektionen oder auch Kahlscheren. Weiter ist unzulässig das Bewirken oder Verschlimmern eines krankhaften Zustandes oder das Verzögern seiner Heilung. Das kann geschehen durch Zufügen äußerer oder innerer Verletzungen und Schädigungen, wie unkomplizierter, verhältnismäßig rasch und problemlos völlig ausheilender

---

28 Als Beispiel verweise ich auf die Auseinandersetzung mit *BGE 104 II 15* durch *Ernst A. Kramer*, in: St. Galler Festgabe zum Schweizerischen Juristentag 1981, Bern/Stuttgart 1981, S. 99 ff.

29 Auslegung wird von der Subsumtion unterschiedlich abgegrenzt, näher zur eigenen Ansicht und weitere Hinweise bei *Arzt*, Strafrechtsklausur, 5. Aufl., München 1996, § 3.

Knochenbrüche oder Hirnerschütterungen, durch Schläge, Stöße und dergleichen hervorgerufene Quetschungen, Schürfungen, Kratzwunden, außer wenn sie keine weitere Folge haben als eine vorübergehende harmlose Störung des Wohlbefindens. Wo indessen die auch bloß vorübergehende Störung einem krankhaften Zustand gleichkommt (z. B. durch Zufügen von erheblichen Schmerzen, Herbeiführen eines Nervenschocks, Versetzen in einen Rausch- oder Betäubungszustand), ist eine einfache Körperverletzung gegeben.«

Das vorstehende Beispiel ist auch insofern lehrreich, als es zeigt, daß die Prüfung der Anwendbarkeit einer Norm auf einen konkreten Sachverhalt nicht ins Blaue hinaus erfolgen kann, sondern ein *Vorverständnis* voraussetzt. So haben wir im vorstehenden Beispiel an eine Subsumtion unter Körperverletzung»im Hinblick« auf eine Strafbarkeit des Täters gedacht. Im Hinblick auf Schadenersatzforderungen des Opfers hätten wir dagegen die Subsumtion unter die Bestimmungen über Schadenersatz geprüft, Art. 41 ff. OR (CH) bzw. §§ 823 ff. BGB (D). Allgemein gesagt: *Vor* einer Subsumtion findet eine Vorprüfung statt. Ziel dieser Vorprüfung ist es, die unzähligen nicht relevanten Regelungen auszuscheiden und die eigentliche Subsumtion auf die *vielleicht* (!) anzuwendenden Normen zu beschränken. Theoretisch lassen sich solche Vorprüfungen von der Subsumtion i.e.S. nicht unterscheiden.

Die klassische Sicht des Subsumtionsvorganges differenziert zwischen der Norm als dem »Obersatz«, dem Sachverhalt als dem »Untersatz« und dem eigentlichen Subsumtionsvorgang i.S. der Herstellung einer Beziehung zwischen Ober- und Untersatz. Der Obersatz ist als Regel und damit als Befehl des Gesetzes zu verstehen. Im vorstehenden *Beispiel* »befiehlt« § 223 StGB (D) bzw. Art. 123 Ziff. 1 StGB (CH), daß grundsätzlich jeder Mensch, der einen anderen (vorsätzlich, rechtswidrig und schuldhaft) körperlich schädigt, zu bestrafen ist. – Der »Untersatz« liegt in der Feststellung, daß W dem S zu bestimmter Zeit an einem bestimmten Ort Faustschläge und Fußtritte versetzt hat. Die Subsumtion stellt eine Beziehung zwischen Unter- und Obersatz her – mit der Schlußfolgerung *(conclusio)*, daß das Verhalten des W von der Norm erfaßt ist, W *also* nach dieser Norm des StGB zu bestrafen ist.

Die Beziehung zwischen Obersatz und Untersatz beruht auf einem Vergleich des konkreten Sachverhalts mit hypothetischen, von der Norm erfaßten Sachverhalten. Die *Ähnlichkeit* des konkreten Sachverhalts mit solchen hypothetischen, von der Norm erfaßten Sachverhalten ist das die Subsumtion tragende Argument. So erklärt es sich, daß im vorstehenden Beispiel anläßlich von Fußtritten das Gericht u.a. vom Kahlscheren (!) spricht. Das Beispiel zeigt zugleich, daß *Normauslegung folgenorientiert* ist, d. h. man bedenkt bei der Auslegung der Rechtsvoraussetzungen die Konsequenzen (= Rechtsfolgen). Man sollte erraten können, warum das deutsche Strafrecht Beeinträchtigungen schon als Körperverletzung ansieht, die das schweizerische Strafrecht als für eine Körperverletzung zu harmlos betrachtet[30].

Mit den für die juristische Subsumtion charakteristischen Ähnlichkeitsschlüssen operieren wir ganz allgemein und ganz unabhängig vom Recht. Wir können z. B. ein Gebilde, das wir vorher nie gesehen haben, als »Blume« begreifen. Solche Einordnungen in unser Denk- und Begriffsschema erfolgen ebenfalls durch Ähnlichkeitsschlüsse. Die juristische Subsumtion ist deshalb mit allen allgemeinen Fragen der *Erkenntnistheorie* belastet. Darüber hinaus bereitet die logische Analyse des juristischen Subsumtionsvorganges besondere Schwierigkeiten. Mein Eindruck geht dahin, daß die komplizierten Untersuchungen zur Wissenschaftstheorie und Hermeneutik für Juristen ebenso wie die Untersuchungen speziell zur juristischen Logik den alltäglichen und alltagstheoretischen Umgang mit dem Subsumtionsschluß bisher so gut wie gar nicht beeinflußt haben.

Auch praktisch relevant sind dagegen die Untersuchungen der Faktoren geworden, die in der Realität – in vielleicht illegitimer Weise – den Ähnlichkeitsschluß beeinflussen. So kann z. B. die Herkunft des Richters ein derartiger Faktor sein, *Richtersoziologie*.

Hinweise zur Vertiefung: Zur Subsumtion und juristischen Logik vgl. die gut lesbare und grundlegende »Einführung in das juristische Denken« von *Engisch*, besonders S. 43–84. – Wesentlich schwieriger (obwohl immer noch einführend!) dazu *U. Neumann*, in: *Kaufmann/Hassemer (Hrsg.)*, Einführung, a.a.O., S. 292 ff., dort Hinweise auf die monographische Literatur, u.a. auf die grundlegende Arbeit von *Klug*[31]. – Zur *Richtersoziologie* vgl. *Schneider/Schroth*, in: *Kaufmann/Hassemer (Hrsg.)*, Einführung, a.a.O., S. 470 ff., 479 f., Subsumtion als Problem, »Kriterien zu entwickeln, die den Übergang von der Norm zum Einzelfall konsensfähig leisten«.

7. Auslegungsmittel und Auslegungshilfen

a) Definition

Was selbstverständlich ist, bedarf keiner Auslegung. Auslegung ist Klärung eines zunächst unklaren Sinnes. Diese Klärung erfolgt über die Definition, also die Gleichsetzung eines unklaren Begriffs mit anderen, klareren Begriffen. Am Ende der Auslegung steht ein *Evidenzerlebnis*, der Sinn ist klargeworden. – Obwohl jede Definition als Gleichsetzung in einen Zirkel führen muß, funktioniert dieses Verfahren praktisch sehr gut. Das liegt daran, daß wir die Klärung nicht durch einfache Gleichsetzung herbeiführen, sondern

---

30 Da das deutsche Recht keine »Tätlichkeit« kennt, steht es in solchen Grenzfällen vor der Wahl, strafrechtlich gar nicht (oder via Körperverletzung) zu reagieren. Das schweizerische Recht kann zwar Körperverletzung verneinen – und trotzdem strafrechtlich schwach reagieren (via Tätlichkeit).

31 Wer als Anfänger den Zugang zur Rechtslogik sucht, sollte beginnen mit dem kurzen Beitrag von *Philipps*, Absolute und relative Rechte . . ., in: Festschrift für R. Weimar, Frankfurt a. M. etc. 1986, S. 391.

erst eine *Ähnlichkeit* feststellen und dann die Gleichsetzung auf diese Ähnlichkeit stützen. Zunächst ein Beispiel, das wie eine Scherzfrage klingt, aber die Rechtsprechung immer wieder beschäftigt: Was ist eine *Schußwaffe?*

Beispiel: Diebstahl und Raub mit Schußwaffen wird mit schärferer Strafe bedroht als der »einfache« Diebstahl oder der einfache Raub. Die Strafschärfung knüpft § 244 Abs. 1 Nr. 1 StGB (D) an die Voraussetzung, wer einen Diebstahl begeht, »bei dem er oder ein anderer Beteiligter eine *Schußwaffe* bei sich führt« (zu anderen Waffen ebenda Nr. 2). – Art. 139 Ziff. 3 Abs. 3 StGB (CH) lautet: »wenn er (sc. der Dieb) zum Zweck des Diebstahls eine Schußwaffe oder eine andere gefährliche Waffe mit sich führt«.

Liegt eine Schußwaffe vor, wenn der Täter eine Replika einsetzt, also eine Waffe, die wie eine Schußwaffe aussieht (nein, *BGE 111 IV 49*); genügt eine Schreckschußpistole mit Tränengaspatronen (nein, *BGE 113 IV 60*, sie ist aber »andere gefährliche Waffe«); eine Handgranate (nein, *BGE 113 IV 60*, sie ist aber »andere gefährliche Waffe«).

Schwierig wird es, wenn eine *nicht geladene* Schußwaffe zur Diskussion steht. Hier sollten die Leserinnen und Leser im Rückblick auf § 2 III 2 d darüber nachdenken, ob die Ausdehnung auf ungeladene Schußwaffen ganz generell diskutabel ist (oder überhaupt nicht oder nur dann, wenn der Täter schnell laden könnte). Ehe man eine Antwort auf diese Frage sucht, sollte man darüber nachdenken, ob man »eigentlich« nur geladene Waffen erfassen möchte (aber ungeladene Waffen einbezieht, um dem Täter nicht die schwer zu widerlegende Ausrede zu eröffnen, die Waffe sei ungeladen gewesen). Auch ohne strafrechtliche Kenntnisse wird man auf das entscheidende Argument pro bzw. contra »ungeladen« stoßen, wenn man über den Grund der Strafschärfung nachdenkt[32].

Es folgt ein noch komplexeres Beispiel, bei dem es nicht nur um ein einzelnes Tatbestandsmerkmal geht.

§ 265 a StGB – D – *(Erschleichen von Leistungen)*

(1) Wer die Leistung eines Automaten oder eines öffentlichen Zwecken dienenden Fernmeldenetzes, die Beförderung durch ein Verkehrsmittel oder den Zutritt zu einer Veranstaltung oder einer Einrichtung in der Absicht erschleicht, das Entgelt nicht zu entrichten, wird ... bestraft ...

Art. 150 StGB – CH – *(Erschleichen einer Leistung)*

Wer, ohne zu zahlen, eine Leistung erschleicht, von der er weiß, daß sie nur gegen Entgelt erbracht wird, namentlich indem er
ein öffentliches Verkehrsmittel benützt,
eine Aufführung, Ausstellung oder ähnliche Veranstaltung besucht,
eine Leistung, die eine Datenverarbeitungsanlage erbringt oder die ein Automat vermittelt, beansprucht,
wird ... bestraft.

---

32 Pro, wenn man annimmt, es gehe um besonders massive Einschüchterung (dann würde sogar eine Attrappe ausreichen). Contra, wenn es um das Risiko geht, daß die Waffe eingesetzt wird mit schlimmsten Folgen, vgl. *BGHSt 24, 136.*

Fast immer evident und damit keiner Auslegung bedürftig ist die Klausel »ohne zu zahlen« bzw. »das Entgelt nicht zu entrichten«. Wer in einen Telefonautomaten statt Münzen ein Metallplättchen einwirft, kann sich nicht ernstlich mit dem Argument verteidigen, er habe bezahlt, zwar nicht mit Geld, wohl aber mit einem Metallstück. Wer diese »Verteidigung« widerlegen will, macht sich geradezu lächerlich – wie immer, wenn man etwas ausführlich zu begründen sucht, was klar zutage liegt (so wenn man »Mensch« definiert als »jedes vom Weibe geborene Wesen« usw.). – Evident ist auch, daß diese Leistung von einem *Automaten* vermittelt worden ist. – Dagegen ist generell und im Beispielsfall das *Erschleichen* nicht völlig unproblematisch, insbesondere ist zweifelhaft, ob damit einfach die Inanspruchnahme der Leistung ohne Zahlung gemeint oder ein heimliches Vorgehen erforderlich ist (ersteres war bis zur abweichenden Entscheidung *BGE 117 IV 449* in der Schweiz nahezu allgemeine Ansicht; in Deutschland ist die Frage umstritten). – Nehmen wir an, der Täter nimmt mit dem Metallplättchen nicht einen Telefon-, sondern einen Zigarettenautomaten in Betrieb, dann wird der Begriff der *Leistung* problematisch. Die Lieferung einer Ware ist zwar auch eine Leistung, doch ergibt sich aus einer die Gesetzgebungsgeschichte und die Gesetzessystematik einbeziehenden Betrachtung, daß der mißbräuchliche Bezug von *Waren* aus Automaten dem Diebstahl unterfallen soll. Insofern wirkt die Definition der Leistung auf den Automaten zurück. Leistungserschleichung ist als Sonderfall des Betruges zu verstehen; die Besonderheit liegt darin, daß »eine geldwerte Leistung *ohne* motivierende Einwirkung an andere (insbesondere auf Kontrollpersonen) . . . erschlichen wird. Prototypisch war zunächst der Fall des ›blinden‹ Passagiers«[33]. – Auch wenn wir diese Definition der Leistung akzeptieren, ist die Abgrenzung des Leistungs- vom Warenautomaten nicht eindeutig, man denke an die Zuordnung von Geldwechsel- oder Foto- bzw. Fotokopierautomaten.

Obwohl die Auffächerung des auslegungsbedürftigen Begriffs in *Mittelbegriffe* letztlich tautologisch bleibt, hat sich die Auslegung via Definition praktisch deshalb so bewährt, weil ihr dieselbe Annäherung an die Evidenz durch Ähnlichkeitsschlüsse zugrunde liegt wie der Subsumtion eines Sachverhalts unter eine (von vornherein klare oder durch Auslegung geklärte) Norm. Wie die Subsumtion mit der Auslegung des gesetzlichen Begriffs beginnt, so bereichert umgekehrt jede Subsumtion eines neuen Sachverhalts unser Wissen über die Bedeutung der Norm. Die Subsumtion wirkt auf die Auslegung zurück. Deshalb ist die Kenntnis der Gerichtspraxis und damit der Sachverhalte, die unter die Norm subsumiert worden sind oder die knapp nicht unter die Norm subsumiert worden sind, eine unerläßliche Hilfe für die Auslegung. So beruft man sich im vorstehenden *Beispiel* bei der Auslegung des Tatbestandes der Leistungserschleichung mit Recht auf den Fall des blinden Passagiers als »Prototyp«.

Im folgenden werden Auslegungshilfen kurz behandelt. Soweit es sich dabei um formal-logische Schlüsse handelt, läßt sich mit ihrer Hilfe die inhaltlich richtige Auslegung nicht direkt ermitteln. Solche Schlüsse sind nur das Mittel, um verschiedene, unter Umständen gegensätzliche Inhalte pointiert auszudrücken. Diese geschickte Formulierung der Abwägungsgesichtspunkte erleichtert die inhaltlich richtige Entscheidung. Deshalb sollten solche Auslegungshilfen nicht unterschätzt werden.

---

33 *Stratenwerth*, Schweizerisches Strafrecht BT-I, 5. Aufl., Bern 1995, § 16 N. 50.

b) Grammatikalische Auslegung und Mehrsprachigkeit

Schon oben I 2 ist dargelegt, daß der Gesetzeswortlaut den Ausgangspunkt jeder Auslegung bildet. Im vorstehenden Beispiel (Schußwaffe) ist die grammatikalische wortwörtliche Beschränkung auf den »Dieb« nicht ernst zu nehmen – auch Diebinnen werden erfaßt. Im vorstehenden Beispiel (Leistungserschleichung) ist der in der deutschen Überschrift verwendete Plural (Leistungen) nicht ernst zu nehmen – obwohl man intensiv de lege ferenda über eine Bestrafung des Schwarzfahrens nur bei Wiederholungstätern diskutiert.

Liegt der Gesetzestext in mehreren gleichberechtigten Sprachen vor, vervielfachen sich die Probleme schon auf dieser Ebene. Von Staaten abgesehen, die (wie z. B. die Schweiz) mehrsprachig legiferieren, nehmen diese Situationen deshalb zu, weil internationale Rechtsquellen an Bedeutung gewinnen.

Beispiel EMRK: Art. 6 Abs. 3 lautet in deutscher Übersetzung der authentischen englischen und französischen Fassungen: »Jeder Angeklagte hat mindestens (englischer Text) insbesondere (französischer Text) die folgenden Rechte . . .«

c) Eindeutiger Wortlaut, restriktive und extensive Auslegung

Die dem Gesetzeswortlaut beizulegende Bedeutung kann »selbstverständlich« sein. So kann es evident sein, daß der Singular mitgemeint ist, wenn der Gesetzgeber den Plural verwendet oder umgekehrt, siehe oben I 2. Ebenso selbstverständlich kann es sein, daß mit dem Verbot des Betretens einer Grünanlage auch das Befahren gemeint ist, siehe oben I 3 b. Daß sich angesichts eines eindeutigen Sinns einer Regelung keine Deutungsprobleme stellen, darf nicht mit der Frage verwechselt werden, ob es einen eindeutigen Wortlaut gibt.

Eine Ansicht, die im Schrifttum und in der Judikatur einen starken Rückhalt genießt[34], sieht im *eindeutigen Wortlaut* des Gesetzes[35] eine Schranke für die Auslegung. Dabei ist zu unterstreichen, daß es genaugenommen um den eindeutigen *Wortsinn* geht. Zum Gegensatz zwischen dem isolierten Wortsinn und dem Normsinn als Sinnzusammenhang vgl. schon oben I 2. Unter Berufung auf den eindeutigen Wortsinn wird die Frage nach dem Normsinn abgeschnitten oder – schroffer gesagt – die Hinnahme des Unsinns gefordert.

Die wohl überwiegende Auffassung sieht im eindeutigen *Wortsinn* kein taugliches Instrument, das den Gesetzgeber gegen eine schrankenlose rich-

---

34 Näher *Germann*, Grundlagen, S. 79; *Schnyder*, Entgegen dem Wortlaut, in: 100 Jahre Schweizerisches Bundesgericht, Basel 1975, S. 29; zusammenfassend *Locher*, Rechtsfindung, S. 97 f., 114, 116 ff.

35 Da Parteien vom üblichen Sprachgebrauch abweichen können, kann jedenfalls im Rahmen der Privatautonomie die Frage nach dem Sinn nicht unter Berufung auf den eindeutigen Wortlaut abgeschnitten werden, siehe oben I 2.

terliche Gesetzesauslegung schützen könnte (sehr streitig). Dieser Ansicht ist zu folgen. Der Wortsinn ist selten eindeutig. Wo er eindeutig ist, wäre die entsprechende Schranke für die Auslegung zufällig, d. h. der Gesetzgeber ist so nicht *sinnvoll* gegen unbeschränkte richterliche Auslegung zu schützen.

Fährt im *Beispiel* (Reglement der Grünanlagen, siehe oben I 3 b) der Parkbesucher Theo mit dem Motorrad auf den Wegen herum, müßte man fragen, ob vom Wortsinn her »Fahrrad« eindeutig ist (und das Motorrad nicht umfaßt). In diesem Beispiel ist »Betreten« vom isolierten Wortsinn her eindeutig etwas anderes als Befahren. Zugleich ist vom Normsinn her nicht zweifelhaft, daß mit »Fahrrad« auch das Motorrad gemeint ist und das Betreten das Befahren mitumschließt. D. h., vom Wortlaut und Wortsinn kann immer nur mehr oder weniger deutlich, mitunter eindeutig, auf den Normsinn geschlossen werden.

Schranke für die Zulässigkeit der Auslegung ist die Zuverlässigkeit, mit der sie zum richtigen Sinn führt – also ein quantitatives und relativ unbestimmtes Kriterium. Die Distanz zwischen Wortlaut (wörtliche oder grammatikalische Interpretation) und dem ihm entnommenen Sinn ist nur ein Anhaltspunkt für die Zuverlässigkeit einer Auslegung.

Von dieser Frage des eindeutigen Wortlauts ist das Postulat zu unterscheiden, bei besonders empfindlichen Eingriffen in Rechte des Bürgers müsse die Auslegung besonders zuverlässig sein, und diese Verläßlichkeit des Rechts müsse durch eine geringere als die sonst zulässige Distanz zwischen Wortlaut und dem Ergebnis der Auslegung erreicht werden. So gilt im Strafrecht der Bestimmtheitsgrundsatz, § 1 StGB (D); Art. 1 StGB (CH). Darauf ist anschließend im Zusammenhang mit Analogie zurückzukommen.

Wenn wir durch Auslegung zu einem Gesetzessinn kommen, der enger ist als der Wortsinn, sprechen wir von *restriktiver Auslegung*; im umgekehrten Fall von *extensiver* Auslegung. Zum historischen Gesetzessinn und zur Berücksichtigung sich wandelnder Anschauungen vorstehend I 5.

Aus den vielen glänzenden *Beispielen* aus dem Privatrecht, die sich zur restriktiven bzw. extensiven Auslegung bei *Schnyder*[36] finden, sei noch einmal das *eigenhändige Testament* herausgegriffen. Darunter ist mittels extensiver Auslegung des Begriffs »Hand« und mit wenig Reverenz gegenüber dem eindeutigen Wortlaut auch das eigenfüßige Testament zu verstehen. Bedenkt man die Rechtsfolge eines Formverstoßes, liegt im gleichen Beispiel eine restriktive Auslegung vor, denn die Ungültigkeit wird eingeschränkt.

Extensive Auslegung ist im öffentlichen Recht und im Strafrecht zulässig, auch zugunsten staatlicher Eingriffe in Grundrechte. Anders ausgedrückt: Es gilt nicht die Auslegungsmaxime *in dubio pro libertate*[37]. Die Freiheitsvermutung zugunsten des Bürgers besagt nur, daß Eingriffe einer Rechts-

---

36 *Schnyder* (wie Anm. 34).
37 Näher *Arzt*, ZBJV 119 (1983) 1, 11 ff.; *Jäger*, in: Festschrift für Klug, Bd. I, Köln 1983, S. 83 ff.; *Kühl*, in: Gedächtnisschrift für Marcic, Berlin 1983, S. 817 ff. – Vgl. ferner unten bei Anm. 52.

grundlage bedürfen (siehe unten § 5 II 2 b). Sie besagt nicht, daß eine Rechtsgrundlage restriktiv ausgelegt werden muß.

Beispiel, Hausfriedensbruch im Parkhaus: Wenn eine Parkgarage von Personen betreten wird, die dort unerwünscht sind, kommt es für die Subsumtion unter Hausfriedensbruch nicht auf die äußere und/oder sprachliche Ähnlichkeit zwischen Haus und Parkhaus an, sondern auf das geschützte Rechtsgut, also darauf, ob im Parkhaus eine dem Wohn- und Geschäftsraum vergleichbare Friedenssphäre besteht. Die Verurteilung von Demonstranten, die vor der Polizei in eine Parkgarage flüchten, wegen Hausfriedensbruchs billigt *BGE 108 IV 33, 38:* »Freilich hat der Richter bei mehreren möglichen Auslegungen das Gesetz verfassungskonform zu interpretieren *(BGE 99 Ib 189).* Das heißt aber nicht, daß dort, wo die ratio der Strafnorm eine bestimmte Auslegung gebietet, von dieser abzuweichen sei, nur um den Raum einer freien Betätigung auf Kosten eines Rechtsgutes auszuweiten, dem der Gesetzgeber einen besonderen strafrechtlichen Schutz hat angedeihen lassen wollen.« Dem Schrifttum geht das zu weit; wo ist der Unterschied zu Fußgängern, die vor dem Regen ins Parkhaus flüchten?

d) Der Erst-recht-Schluß

Gängige Verfahren zur Ermittlung des Gesetzessinnes, insbesondere bei unklarem oder sinnwidrigem Wortlaut oder beim Fehlen einer direkten Regelung des konkreten Falles, sind der Erst-recht-Schluß (argumentum a fortiori oder a maiori ad minus oder a minori ad maius) sowie Analogie und Umkehrschluß. – Zunächst zum Erst-recht-Schluß: Erinnern wir uns an oben I 3 b (Reglement der Grünanlagen), so schließen wir vom evident verbotenen Betreten des Rasens darauf, daß das Befahren selbstverständlich auch verboten ist. Die Analyse des Evidenzerlebnisses führt zur Überlegung, daß das Befahren als »schlimmere« Beeinträchtigung erst recht verboten ist[38]. – Dem Erst-recht-Schluß liegt eine wertende Ermittlung des Gesetzessinnes zugrunde. So liegt eine schwere Körperverletzung nach Art. 122 StGB (CH) vor, wenn der Täter ein »Glied . . . verstümmelt . . . oder . . . unbrauchbar macht«. Darunter fällt erst recht die Amputation eines Gliedes (man braucht also nicht auf die Verstümmelung z. B. der Hand infolge Amputation eines Fingers auszuweichen), Totalverlust ist schlimmer als Brauchbarkeitsverlust, Schluß a minore ad maiorem. – *Erst-recht-Schlüsse sind das tägliche Brot juristischer Argumentation.* – Dreht man das letzte Beispiel um, nimmt man also ein Gesetz, das die schwere Körperverletzung so definiert, »daß der Verletzte ein wichtiges Glied . . . verliert« (§ 224 Abs. 1 StGB – D –), kann keine Rede davon sein, daß »erst recht« der bloße Verlust der Brauchbarkeit erfaßt ist, entsprechend unsicher ist die Judikatur, vgl. *RGSt 3, 33; BGHSt 28, 100.*

---

38 Daß beim Diebstahl mit »Wegnehmen« auch das Wegtreiben oder Wegfliegen gemeint ist, ermitteln wir aus Wort- und Normsinn *ohne Erst-recht-Schluß,* zur wortwörtlichen Interpretation im case law § 2 I 5 b.

Vorsicht ist mit dem Erst-recht-Schluß dort geboten, wo das Gesetz Abstufungen vorsieht. *Nawiasky*[39] bildet als Beispiel für einen Schluß a maiore ad minorem den Fall, daß eine Behörde einen Antrag nach Ermessen ablehnen darf. *Nawiasky* schließt, dann dürfe sie erst recht unter Bedingungen genehmigen. – Vorsicht ist deshalb am Platze, weil nicht jede Stufe in einer gesetzlichen Regelung und auch nicht jeder Sprung von positiv zu negativ (im Beispiel von der Genehmigung zur Versagung) mit Hilfe von Erst-recht-Schlüssen zu einem gleitenden Übergang gemacht werden darf. Eröffnen wir nämlich der Behörde im Beispielsfall (in dem sonst das Gesuch hätte abgelehnt werden müssen) mittlere Lösungen, steht diese mittlere Lösung nun auch in Fällen zur Verfügung, in denen die Behörde sonst das Gesuch vorbehaltlos genehmigt hätte.

e) Analogie

Der Erst-recht-Schluß beruht auf einem Vergleich des konkreten Sachverhalts mit dem evident unter die Norm fallenden Sachverhalt. Der Vergleich ergibt, daß der konkrete Sachverhalt »erst recht« von der Norm erfaßt sein muß. – Diese Bejahung oder Verneinung der Ähnlichkeit des zu entscheidenden Sachverhalts mit den klar unter das Gesetz fallenden Sachverhalten macht das Wesen jeder Subsumtion von Einzelfällen (und generell der Auslegung) aus. Weil diese Ähnlichkeit mehr oder weniger deutlich sein kann, kann der argumentative juristische Aufwand kleiner oder größer sein, und das Resultat der Subsumtion bzw. Auslegung kann mehr oder weniger überzeugend sein. Wir bezeichnen die Bejahung einer relativ problematischen Ähnlichkeit als *Analogie*. Die Bejahung einer relativ unproblematischen Ähnlichkeit wird dagegen als extensive Auslegung bezeichnet (bzw. als restriktive Auslegung, wenn eine relativ unproblematische Ähnlichkeit mit *nicht* von der Norm erfaßten Sachverhalten bejaht wird)[40].

Nach der wohl herrschenden Auffassung gibt es keine scharfe Grenze zwischen Auslegung und Analogie[41]. Dies ist richtig, denn die Analogie beruht wie die Auslegung auf Ähnlichkeitsbewertungen. Angesichts eines solchen bloß quantitativen Übergangs wird man Erst-recht-Schlüsse, Argumentationen a maiore ad minorem usw. nicht exklusiv dem Bereich der Auslegung *oder* Analogie zuweisen können[42].

Beispiel, Reglement der Grünanlagen (Variante): Variieren wir dieses schon mehrfach benutzte Beispiel dahin, daß der Parkbesucher Theo vom Parkweg aus eine Getränkedose auf den Rasen wirft. Ob dieses Verhalten dem Betreten des Rasens so ähnlich ist, daß es vom Sinn des Verbots her umfaßt ist, ist relativ problematisch. Dafür

---

39 *Nawiasky*, Rechtslehre, S. 148. So wird ein Männerwohnheim zum milderen Mittel im Vergleich zur Untersuchungshaft, *BGE 113 IV 118* (dazu *Arzt*, recht 1994, 150 unter Hinweis auf die Einführung in die Rechtswissenschaft).

40 *Engisch*, Einführung, S. 150; vgl. auch unten Anm. 44.

41 *Krey*, Studien zum Gesetzesvorbehalt im Strafrecht, Berlin 1977; *Sax*, Das strafrechtliche Analogieverbot, Göttingen 1953 – je mit weiteren Nachweisen.

42 Abweichend *Nawiasky*, Rechtslehre, S. 148, der den Erst-recht-Schluß als Spezialfall der Analogie betrachtet.

spricht, daß das Verbot des Betretens (vielleicht) einen ästhetischen Wert schützt. Der ästhetische Eindruck wird durch Abfall nicht weniger gestört als durch Trittspuren. – Gegen die Erfassung dieses Verhaltens spricht die empfindliche Distanz vom Gesetzeswortlaut[43]. Dagegen spricht weiter, daß der Schaden (vielleicht) leichter behebbar ist als der durch Betreten drohende Schaden (Trittspuren). Auch wäre auf die unterschiedliche Nachahmungswahrscheinlichkeit und vor allem auf die unterschiedliche Typizität der Schädigung hinzuweisen.

Das zuletzt genannte Argument, daß die Beeinträchtigung in ihrer Typizität so stark von den vom Gesetzessinn klar erfaßten Beeinträchtigungen abweicht, daß vom Gesetzgeber eine explizite Einbeziehung dieses atypischen Verhaltens zu erwarten ist, läuft auf einen *Umkehrschluß* hinaus, dazu anschließend.

Die Analogie ist ein alltägliches Mittel juristischer Argumentationskunst. Sie ist so gebräuchlich, daß die Gerichte normalerweise den Übergang von der direkten zur analogen Anwendung einer Norm nicht einmal deutlich machen. – Zu erinnern ist jedoch daran, daß wir bei schweren Eingriffen in Rechte des Bürgers vom Gesetzgeber eine besonders klare Regelung erwarten. Deshalb wird das Strafrecht vom *Bestimmtheitsgrundsatz* beherrscht, der auch als *Analogieverbot*[44] bezeichnet wird.

§ 1 StGB (D)

Eine Tat kann nur bestraft werden, wenn die Strafbarkeit gesetzlich bestimmt war, bevor die Tat begangen wurde.

Art. 1 StGB (CH)

Strafbar ist nur, wer eine Tat begeht, die das Gesetz ausdrücklich mit Strafe bedroht.

Der Bestimmtheitsgrundsatz kann es uns verunmöglichen, ein vom Normsinn noch erfaßtes Verhalten per Analogie unter die Norm zu subsumieren, eben weil das fragliche Verhalten nicht »bestimmt«, nicht »ausdrücklich« erfaßt ist. Insofern spricht man zutreffend vom strafrechtlichen *Analogieverbot*. Deshalb würde im *Beispiel* der Grünanlagen das Werfen von Abfall auf den Rasen nicht unter ein strafrechtliches Verbot einbezogen werden können, denn es ist nicht ausdrücklich erfaßt. Dagegen würde das Befahren des Rasens einem Betreten vom Sinn her so stark (erst recht!) ähneln, daß man im verbotenen Betreten auch ein »ausdrückliches« Verbot des Befahrens erblicken kann.

---

43 Der vielbesprochene Fall *BGE 98 Ia 35* kommt zum Ergebnis, daß ein baurechtliches Verbot von »Dachaufbauten« auch »Dacheinschnitte« erfaßt – ein schönes Beispiel dafür, daß die Begründungslast zwar mit der Entfernung vom Wortlaut und Wortsinn zunimmt, aber über die Einbeziehung der Gesetzessinn entscheidet.

44 *Wiederholung:* Da eine klare Grenzziehung zwischen extensiver Auslegung und Analogie nicht möglich ist, kann es im strengen Sinne kein Analogieverbot geben, sondern nur ein Verbot allzu extensiver Auslegung. – Aus der Judikatur ist insbesondere auf *BGE 87 IV 115, 118* und *BGHSt 20, 333, 338* hinzuweisen. – Zur *Wortlautschranke* vorstehend c.

Bisher haben wir Analogie i.S. der sogenannten *Gesetzesanalogie* verstanden. Man betrachtet eine einzelne Norm und findet den konkreten Sachverhalt den von der Norm erfaßten Sachverhalten so ähnlich, daß die in der Norm angeordnete Rechtsfolge auf den konkreten Sachverhalt (analog) anzuwenden ist. Den Unterschied zur sogenannten *Rechtsanalogie* sieht man darin, daß die für den konkreten Sachverhalt richtige Rechtsfolge aus einer systematischen Sicht mehrerer Normen, unter Umständen der gesamten Rechtsordnung, hergeleitet wird. Zwischen Gesetzes- und Rechtsanalogie läßt sich kein scharfer Unterschied machen.

f) Umkehrschluß

Mit Hilfe des Umkehrschlusses (argumentum e contrario) bringen wir zum Ausdruck, daß der konkrete Sachverhalt von der Norm ausgeschlossen wird, d. h. die in der Norm vorgesehene Rechtsfolge soll auf den konkreten Sachverhalt keine Anwendung finden.

Im *Beispiel* des Reglements der Grünanlagen oben I 3 b ist in § 2 das Betreten des Rasens verboten, folglich wird das Werfen von Abfall auf den Rasen von der Norm nicht erfaßt.

Ob schon jede Feststellung der Nichtanwendbarkeit der Norm und damit jede Feststellung der Unähnlichkeit des Sachverhalts mit den unter die Norm fallenden Sachverhalten als Umkehrschluß bezeichnet werden kann, wird im Schrifttum unterschiedlich gesehen. Das hängt davon ab, ob man die Umkehrung schon in der bloßen Nichtanwendung der Norm sieht (nicht verboten i.S. des § X des Reglements) oder ob man sich unter Umkehrung die Anwendung der Norm mit umgekehrter Rechtsfolge (erlaubt) vorstellt. – So wäre das Werfen einer Dose auf die Wiese des Nachbarn zwar nicht strafbar (keine Sachbeschädigung), doch ist dieses Verhalten nicht erlaubt (besitzrechtliche Störung). – Wenn das Gesetz *Hunde* (genauer: Hundehalter) einer Steuerpflicht unterwirft, ist der Umkehrschluß in dem Sinne zu verstehen, daß für *Katzen* die Steuer nicht geschuldet wird (also nicht Umkehrung der Rechtsfolge, daß für Katzen Subventionsansprüche entstehen!).

Abschließend ist noch einmal die logische Gleichwertigkeit zwischen extensiver Auslegung/Analogie einerseits und restriktiver Auslegung/Umkehrschluß andererseits zu betonen. Diese Gleichwertigkeit zwingt uns zur Suche nach Sachargumenten. Haben wir solche Argumente gefunden, können wir sie in Form eines argumentum e fortiori oder umgekehrt in Form eines argumentum e contrario ausdrücken.

II. Rechtsfindung und Rechtsetzung

1. Lückenschließung – von der Rechtsfindung zur Rechtsschöpfung

a) Regelungslücke und stillschweigende negative Regelung

Die vorstehenden Ausführungen zur Auslegung haben die Grenze zwischen Rechtsfindung einerseits und Rechtsetzung durch Richterrecht andererseits bewußt vernachlässigt. Rechtsfindung ist Auslegung des Rechts mit dem Ziel der Auffindung der auf den Sachverhalt passenden Regeln. Enthält das Recht, das i.d.R. geschriebenes Recht ist, keine Regel, sprechen wir von einer *Lücke*.

Ehe wir uns der Frage der Lückenschließung zuwenden, ist der Unterschied zwischen einer Regelungslücke und einer *Regelung im negativen Sinne* hervorzuheben. Keine Lücke liegt vor, wenn aus der fehlenden Regelung des konkreten Sachverhalts zu folgern ist, daß der Gesetzgeber stillschweigend diesen Sachverhalt von der Rechtsfolge ausschließen wollte, die er für andere Sachverhalte vorgeschrieben hat. Der konkrete Sachverhalt ist negativ geregelt, d. h. die in Frage stehende Rechtsfolge ist dann nicht anwendbar (Umkehrschluß, vorstehend I 7 f). Wir sprechen bei einer solchen stillschweigenden negativen Regelung auch vom *qualifizierten Schweigen des Gesetzgebers*.

Beispiel: T schädigt O durch ein nicht schuldhaftes Verhalten. O begehrt Schadenersatz. – Der Fall läßt sich nicht in dem Sinne unter § 823 BGB (D) bzw. Art. 41 OR (CH) subsumieren, daß dessen Rechtsfolge anwendbar wäre. Da sich diesen Bestimmungen jedoch entnehmen läßt, daß ersatzpflichtig nur der absichtlich (vorsätzlich) oder fahrlässig handelnde Schädiger ist, ergibt sich aus ihnen die negative Regelung unseres Falles, also der Ausschluß einer Ersatzpflicht. Es liegt keine Lücke vor, denn § 823 BGB (D) bzw. Art. 41 OR (CH) regelt solche Sachverhalte negativ, indem er sie nicht der Rechtsfolge »Schadenersatzpflicht« unterwirft.

Im Einzelfall kann es schwierig sein, die negative Regelung (also das qualifizierte Schweigen des Gesetzgebers) von einer Lücke (also dem einfachen Schweigen des Gesetzgebers) abzugrenzen; schönes *Beispiel: BGE 110 IV 1* (auch weil für Ausnahmefälle auf die Begnadigung verwiesen wird).

b) Regelungslücke und Rechtsverweigerungsverbot

Endgültige Lücken gibt es in unserer Rechtsordnung nicht. Anders ausgedrückt: Lücken existieren nur für eine logische Sekunde. In dem Moment, in dem Lücken entdeckt werden, werden sie durch Richterrecht geschlossen. Das Lückenschließungsgebot wurzelt im Rechtsgewährungsgebot. Kein Gericht darf sagen, der Streitfall ist rechtlich nicht geregelt, folglich kann er nicht entschieden werden. *Iura novit curia* heißt auch, daß vom Gerichtshof immer ein rechtliches Erkenntnis verlangt werden kann.

Aktuell ist heute nicht die unmittelbare Rechtsverweigerung, sondern die mittelbare Rechtsverweigerung durch unangemessene Verzögerung oder unangemessene Erschwerung der Rechtsgewährung. Daß zur Rechtsgewährung auch die Rechtsdurchsetzung gehört, ist schon oben § 2 III erörtert.

c) Lückenschließendes Richterrecht

Die Regelungslücke muß geschlossen werden. Wer die vorstehenden Ausführungen zur Lücke und Lückenschließung kopfnickend gelesen und einleuchtend gefunden hat, sollte sich fragen, wie die Lückenschließung in Rechtsbereichen funktioniert, die dem Bestimmtheitsgrundsatz (Analogieverbot) unterstehen[45]. – Wie wird eine Lücke geschlossen? Die berühmte Formel des Art. 1 ZGB verweist auf Richterrecht, auf den »Richter als Gesetzgeber«[46] (Wortlaut siehe oben § 2 I 5 b). Die Schließung erfolgt durch Ähnlichkeitsüberlegungen, die methodisch von der Rechtsanwendung (Rechtsauslegung) nicht prinzipiell, sondern nur graduell unterschieden werden können. Vereinfachend kann man sagen, daß extensive Auslegung noch interpretatorische Rechtsanwendung ist, während Analogie schon als Entwicklung einer Regel und damit als Rechtsschöpfung bezeichnet werden kann. Die Praxis geht meist der Diskussion darüber aus dem Wege, ob eine Entscheidung noch als Rechtsanwendung oder schon als rechtsschöpferische Lückenschließung zu verstehen ist. So erklärt es sich auch, daß explizite Inanspruchnahmen »des heiklen Palliativs« des Art. 1 ZGB in der Schweiz selten sind[47]. Auch in Deutschland sind Urteile selten, die ausdrücklich eine Lücke diagnostizieren.

In der Literatur wird immer wieder betont, solange der Richter der Wertung des Gesetzes folge, bewege er sich im Bereich der Gesetzesinterpretation; sobald er selbst werte, schöpfe er Recht[48]. Diese Differenzierung ist richtig, wenn man sie nicht als schroffe Gegenüberstellung, sondern i.S. eines gleitenden Übergangs versteht. Ist das Resultat der Ähnlichkeitsbewertung nicht evident, muß nach der Wertung des Ge-

---

45 *Antwort:* In einem solchen Rechtsbereich (z. B. Strafrecht) gibt es streng genommen keine Lücke, weil der Gesetzgeber überall den Umkehrschluß anordnet. Ein Verhalten, das bei wertender Betrachtung gleich strafwürdig ist, bleibt straflos, weil der Gesetzgeber den Gleichheitssatz als weniger wichtig ansieht als den Bestimmtheitsgrundsatz, vgl. *Arzt*, Dynamisierter Gleichheitssatz und elementare Ungleichheiten im Strafrecht, in: Festschrift für Stree/Wessels, Heidelberg 1993, S. 49 ff.; *Beispiel* BGH St 41, 285 (sexueller Mißbrauch eines Kindes i. S. des § 176 Abs. 5 Nr. 2 via Telefon?).

46 Eingehend *Meier-Hayoz*, Der Richter als Gesetzgeber, Zürich 1951; *Reichel*, Gesetz und Richterspruch, Zürich 1915.

47 *Gutzwiller*, Der juristische »Fall«, in: 100 Jahre Schweizerisches Bundesgericht, Basel 1975, S. 3 ff., 15. – Zur Häufigkeit interpretatorischer Scheinbegründungen (weil in Wahrheit rechtsschöpferische Lückenschließung vorliegt) *Meier-Hayoz* (wie Anm. 46), S. 271 ff. – *Max Weber*, Rechtssoziologie, S. 134 (der »in seiner praktischen Tragweite freilich oft überschätzte Art. 1 . . «).

48 *Reproduktion* der Wertung des Gesetzes als Auslegung, *Produktion* eigener Wertungen als Rechtsschöpfung, zusammenfassend *Locher*, Rechtsfindung, S. 84.

setzes gesucht werden. Diese Suche ist mehr oder minder von Wertungen des Richters beeinflußt. Die »eigene« Wertung ist nicht als Freibrief für ein Judizieren à la Doktor Eisenbarth zu verstehen (»kuriert die Leut' nach eigner Art«). Gefragt ist nicht die private Wertung des Richters, sondern wie nach Meinung dieses Richters ein für diese Rechtsgemeinschaft *repräsentatives* Werturteil aussehen würde[49]. Freilich wirken sich private Überzeugungen auf die Einschätzung aus, wie dieses repräsentative Werturteil auszusehen habe.

Eine Bindung der Gerichte an Präjudizien[50], die das Gesetzesrecht interpretatorisch auslegen, besteht in unserem Rechtssystem theoretisch nicht (zum case law siehe oben § 2 I 5 b). Aus der Bindung der Justiz an die Gesetzgebung folgt die Befugnis, ja die Pflicht, eine heute als irrtümlich erkannte frühere Interpretation des Gesetzes zu korrigieren. Auf die Problematik, wie das Vertrauen der Rechtsgenossen in die frühere unrichtige Interpretation zu schützen ist, kann hier nicht eingegangen werden. – Wenn die Gerichtspraxis auf rechtsschöpferischem Richterrecht beruht, ist die Befugnis der Gerichte, ein aufgrund neuer Einsicht (oder neuer Richter) für falsch gehaltenes älteres Richterrecht zu korrigieren, theoretisch schwieriger zu begründen. Da die Lücke im Gesetz durch ein repräsentatives Werturteil zu schließen ist, kann der erste Richter, der die Lücke entdeckt, sie nur durch eine solche repräsentative Wertung schließen, und nur insoweit kann er spätere Entscheidungen vergleichbarer Sachverhalte präjudizieren. Deshalb ist die rechtstheoretische Bindung an gesetzesauslegende oder lückenschließende Präjudizien letzten Endes gleichermaßen schwach. Erfreulicherweise ändern die Gerichte jedoch eine feste Praxis nur sehr zurückhaltend. Auch bei solchen *Praxisänderungen* wird zumeist nicht unterschieden, ob die zu ändernde Praxis auf interpretatorischer Rechtsanwendung oder auf lückenfüllendem Richterrecht basiert.

Art. 20 GG (D) bzw. Art. 1 ZGB (CH) geht von der Bindung des Richters an das Gesetz aus, eine Bindung, die sich aus der Teilung der Gewalten (Gesetzgebung/Rechtsprechung) ergibt. Diese Bindung beschränkt sich selbstverständlich nicht auf die Fälle, in denen der Richter die Entscheidung des Gesetzgebers vernünftig findet, sondern einer Bindung bedarf es gerade um der kritischen Fälle willen, in denen der Richter – wäre er Gesetzgeber – eine andere Lösung getroffen hätte. Wie schon oben I 5 im Kontext der objektivzeitgemäßen Auslegung dargelegt, nimmt die Bereitschaft der Richter ab, ein Resultat hinzunehmen, das sie rechtspolitisch mißbilligen, das ihnen aber das Gesetzesrecht vorschreibt. Zum Zusammenhang mit der Verfassungsgerichtsbarkeit oben § 2 I 4.

---

49 Auch generalklauselartige Hinweise auf Billigkeit, Angemessenheit usw. erlauben keine Gefühlsjurisprudenz, verweisen nicht auf individuelle Gefühle, sondern fordern ein repräsentatives Werturteil, *Meier-Hayoz* (wie Anm. 46), S. 270 f.; *Reichel* (wie Anm. 46), S. 108.

50 Dazu *Bär* (oben Anm. 25). – Auf die besondere Problematik der Bindung des *BVerfG* an seine eigene Judikatur sei hingewiesen; dazu *E. Benda/E. Klein*, Lehrbuch des Verfassungsprozeßrechts, Heidelberg 1991 N. 1232 ff., 1259.

2. Regelungsdichte und rechtsfreier Raum

Von dem vorstehend 1 diskutierten Lückenproblem ist die vielbeklagte Normenflut zu unterscheiden, also die Regelungsdichte und das Regelungsdickicht des modernen Rechts. Hier geht es vor allem darum, daß der Staat auf die Vernunft der Bürger nicht vertrauen kann oder will, sondern vernünftiges Verhalten durch Vorschriften zu erreichen sucht. Werden Vorschriften auch zur Bekämpfung entlegener Gefahren erlassen, führt dies zu einem Regelungsnetz, in dem die Handlungsfreiheit des Bürgers zu ersticken droht. Die Erfindung und Verwaltung solcher Regeln wird als Bürokratie zum Selbstzweck. Derartige Tendenzen sind vor allem politisch zu bekämpfen. Zu fordern sind u. a. Kosten-Nutzen-Analysen, die den Aufwand einbeziehen müssen, der mit der Durchsetzung und Überwachung von Regelungen verbunden ist.

Während die Regelungsdichte als eine Frage des Maßes ein aktuelles Thema auch der Tagespolitik bildet, ist der *rechtsfreie Raum* ein philosophisches Thema[51], fast ohne Realitätsbezug. Unter rechtsfreiem Raum wird ein Bereich verstanden, der der freien Entscheidung des Individuums überlassen ist und deshalb einer rechtlichen Regelung unzugänglich sein soll. Ein solcher rechtsfreier Raum führt zur Naturrechtsdiskussion zurück. Wo wir in unseren Entscheidungen frei sind, insbesondere in höchstpersönlichen Angelegenheiten, sind wir nicht frei vom Recht, sondern frei durch das Recht. Das Recht gibt uns den Freiraum zur Entfaltung der Persönlichkeit, und es schützt diesen Freiraum. Es mag sein, daß das Recht uns diesen Freiraum vernünftigerweise nicht nehmen darf. Auch dann argumentieren wir jedoch rechtlich, zunächst i.S. eines verfassungsrechtlichen Persönlichkeitsschutzes, und letztlich berufen wir uns auf einen naturrechtlichen Anspruch auf einen Freiraum.

III. Rechtswissenschaft

1. Rechtswissenschaft und andere Wissenschaften

Rechtswissenschaft ist wissenschaftliche Beschäftigung mit dem Recht. Wenn die rechtliche Regelung relativ bestimmt und wissenschaftlich durchgearbeitet ist, werden die auf einer so gefestigten Grundlage verbleibenden Interessengegensätze und Wertungswidersprüche herkömmlicherweise in Theorien gebündelt und als Theorienstreite ausgefochten. Wir sprechen dann von Rechtsdogmatik. Solche wissenschaftlich durchgearbeitete Materien stehen traditionsgemäß im Vordergrund der juristischen Ausbildung (aus dem Privatrecht die allgemeinen Lehren über Rechtsgeschäfte, allge-

---

51 Vgl. (überwiegend am Beispiel des Schwangerschaftsabbruchs) *H. J. Hirsch*, Strafrecht und rechtsfreier Raum, in: Festschrift für Bockelmann, München 1979, S. 89.

meines Schuldrecht, Sachenrecht sowie Familien- und Erbrecht; allgemeines Verwaltungsrecht; Strafrecht, Allgemeiner Teil). Wichtig ist, daß man rechtsdogmatische Theorien als Kurzformeln für unterschiedliche Interessenbewertungen begreift. So gibt es z. B. Dutzende von Fällen, in denen objektive Theorien mit subjektiven Theorien im Streit liegen.

Es gibt z. B. eine subjektive Erfüllungstheorie, nach der »begrifflich« zur Erfüllung einer Schuld gehört, daß der Schuldner in der Absicht der Erfüllung leistet, während die objektive Theorie darauf verzichtet. – Es gibt eine subjektive Teilnahmetheorie, nach der die Abgrenzung zwischen Tätern und Gehilfen primär danach zu treffen ist, wie die Beteiligten ihre Rolle gesehen haben (im Gegensatz zu stärker auf objektive Kriterien abstellenden Theorien).

Zur *Stellung der Rechtswissenschaft im Wissenschaftssystem* und zu den *Beziehungen zu Nachbardisziplinen* vgl. das *Schaubild 1* (im Anhang nach § 5). Angemerkt sei, daß der Jurist ständig die Erkenntnisse anderer Wissenschaften als Hilfen benötigt. Deshalb werden diese anderen Wissenschaften gelegentlich – im Ausdruck unglücklich – als Hilfswissenschaften bezeichnet.

Beispiel: Die Festsetzung von Geschwindigkeitsbegrenzungen zwecks Verringerung des Schadstoffgehalts der Luft ist eine juristische Maßnahme, die sinnvoll nur auf der Grundlage naturwissenschaftlicher Erkenntnisse oder Hypothesen[52] über Schädigungsverläufe getroffen werden kann.

Im vorstehenden Beispiel geht es um die lex ferenda – d. h. die Verbindung zur Naturwissenschaft wird von der Gesetzgebungslehre[53] gesucht. Bei der Interpretation der lex lata ist die Einbeziehung der Erkenntnisse aus anderen Wissenschaften nicht ganz so selbstverständlich wie bei der lex ferenda, doch immer noch häufig genug. So kann es sein, daß wir die Hilfe der Wirtschaftswissenschaften brauchen, um die juristischen Begriffe »Wettbewerb« oder »unlauterer Wettbewerb« oder »Kartell« richtig auslegen zu können. – Ganz selbstverständlich und alltäglich ist der Rückgriff auf andere Wissenschaften im Zusammenhang mit der *Beweisführung.* Hier ziehen wir Juristen routinemäßig Sachverständige aus anderen Disziplinen heran. Man denke nur an einen Straßenverkehrsunfall. Wir brauchen Sachverständige zur Bestimmung des Blutalkoholgehalts, zur Errechnung der Geschwindigkeit aus der Bremsspur und zur Widerlegung der Behauptung, die Verkehrsampel habe in alle Richtungen zugleich grün gezeigt.

Wenn der Jurist sich auf die *Natur der Sache*[54] beruft, erinnert er mit diesem schillernden Ausdruck auch an die Abhängigkeit des Rechts von einer Ord-

---

52 Der Gesetzgeber muß beim Erlaß von Rechtsnormen den Beweis, daß das verbotene Verhalten sozialschädlich ist, nicht mit derselben Sicherheit führen, mit der der Richter im Strafrecht einem konkreten Angeklagten eine konkrete Tat nachweisen muß, siehe oben Anm. 37 zu in dubio pro libertate.

53 Grundlegend *Noll*, Gesetzgebungslehre, dort S. 92 ff. zur Rechtstatsachenforschung.

54 *Fechner*, Rechtsphilosophie, S. 146 ff.

nung, die der zu regelnden Materie vorgegeben sein kann (und die wir unter Umständen nur mit Hilfe anderer Wissenschaften erkennen). So liegt es in der Natur der Sache, daß sich das tierische Verhalten nicht unmittelbar, sondern nur mittelbar über menschliche Aufsichtspflichten usw. beeinflussen läßt, siehe oben § 1 I *(Maikäferprozeß)*. – Der Natur der Sache steht die sogenannte *Sozialadäquanz* nahe. Hier geht es um Unvollkommenheiten, die in der Natur des Menschen und menschlicher Einrichtungen liegen. Solche Unvollkommenheiten, Risikoreste, Restrisiken sind entweder überhaupt nicht oder jedenfalls nicht mit einem vernünftigen(!) Aufwand zu beseitigen.

Beispiele: Die juristischen Anforderungen an die im Straßenverkehr aufzubringende Sorgfalt müssen die menschliche Unvollkommenheit berücksichtigen (nicht jeder Fehler ist vermeidbar); die Fahrzeuge, mit denen wir uns im Straßenverkehr bewegen, müssen nicht dem optimalen technischen Standard entsprechen, sondern sind diesem nur in vernünftigem Maße angenähert (so ist z. B. das ABS-Bremssystem nicht vorgeschrieben, obwohl es Risiken für Leib und Leben stärker reduziert als herkömmliche Bremssysteme); der Kranke ist nicht in medizinisch optimaler Weise zu behandeln, sondern er muß Abstriche von diesem Optimum aus Kostengründen hinnehmen. Vgl. dazu auch im Zusammenhang mit den unerlaubten Handlungen § 4 III.

Risikogesellschaft ist ein beliebt gewordener Ausdruck, der solche Risikoreste meinen kann und der zugleich die alte Erkenntnis ausdrückt, daß rechtliche Regelungen als Balanceakte zwischen unterschiedlichen Risiken begriffen werden müssen.

2. Das juristische Denken

Es ist klar, daß sich aus dieser Einführung in die Rechtswissenschaft *implizit* ergeben soll, was juristisches Denken ist und worin die Besonderheiten der wissenschaftlichen Befassung mit dem Recht bestehen. Zugleich ist es sehr schwierig, explizit zu sagen, was unter juristischem Denken zu verstehen ist. Deshalb habe ich mich bemüht, das für das juristische Denken wesentliche Zusammenspiel von *Rechtsdogmatik und Rechtsgefühl*[55] anhand eines ganz einfachen strafrechtlichen Falles aufzuzeigen.

Beispiel, Rechtsdogmatik und Rechtsgefühl (Bananenschalen-Fall): Theo (T), ein junger Mann, ißt während eines Schaufensterbummels eine Banane. Achtlos läßt er die Schale auf das Trottoir fallen. Der Rentner Richard (R) beobachtet dies und, weil er weiß, wie leicht gerade ältere Leute ausrutschen und sich etwas brechen können, will er die Schale mit einem kräftigen Fußtritt in den Rinnstein befördern. Ihm entgeht, daß die Schale nicht so weit rutscht, sondern auf dem Trottoir nahe am Rinnstein liegenbleibt. Martha (M), eine ältere Mitbürgerin, bemerkt die Schale nicht, tritt

---

55 Vgl. *Arzt*, JA 1978, 557 ff. (zur deutschen Rechtslage). Man kann die Ausführungen mit Blick auf die schweizerische Rechtslage noch dadurch ergänzen, daß zu überlegen ist, ob der Strafantrag rechtsmißbräuchlich ist, eine Möglichkeit, die das Schweizerische Bundesgericht (im Gegensatz zum BGH) prinzipiell anerkannt hat.

darauf, kommt zu Fall und bricht sich den Arm. R, der ihren Sturz bemerkt, eilt hilfsbereit hinzu. Da er M erzählt, daß er die Schale vom Trottoir wegbefördern wollte, stellt M (gedrängt von ihrer Krankenversicherung) gegen den hilfsbereiten R Strafantrag wegen fahrlässiger Körperverletzung. T kann nicht ermittelt werden. Hat sich R wegen fahrlässiger Körperverletzung strafbar gemacht?

Die Schwierigkeiten, die Besonderheiten des juristischen Denkens zu definieren, liegen zunächst darin, daß Aussagen über das juristische Denken eine Auseinandersetzung mit der Erkenntnistheorie bedingen. So wenig wie in den meisten anderen Einführungen in die Rechtswissenschaft oder in Einführungen in andere Wissenschaften können hier beiläufig die Fragen beantwortet werden, wie wir überhaupt zu »richtigen« Aussagen vorstoßen können. Gerade die rechtswissenschaftliche Subsumtionslogik hat zu einer Diskussion geführt, die sich inzwischen so spezialisiert hat, daß sie nicht mehr im Rahmen von juristischer Methodenlehre und Rechtsphilosophie allein ausgetragen wird, sondern sich als *Rechtstheorie* verselbständigt hat.

Man wird wohl von folgenden Grundsätzen ausgehen dürfen: (1) Rechtswissenschaft ist als Geisteswissenschaft der für Naturwissenschaften charakteristischen Richtigkeitskontrolle ihrer Ergebnisse (insbesondere durch ein nachvollziehbares Experiment) entzogen. – (2) Ziel der Rechtswissenschaft muß es (deshalb?) sein, die Richtigkeit ihrer Ergebnisse argumentativ »appellierend« zu entwickeln. Typisch für das juristische Denken sind die Ähnlichkeitsschlüsse. Bei der *Auslegung* wird zwischen konkreten oder hypothetischen Sachverhalten und den evident unter die Norm fallenden Sachverhalten eine Ähnlichkeitsbeziehung hergestellt. Dabei spielt das *Judiz*, d. h. ein rechtswissenschaftlich erzogenes Rechtsgefühl, eine große Rolle. – (3) Je unsicherer dieses Annäherungsverfahren ist, desto gewichtiger wird die Aufhellung aller die Rechtsfindung faktisch beeinflussenden Faktoren, damit die juristische Begründung nicht zur nachgeschobenen Scheinbegründung von auf andere Weise gefundenen Resultaten verkommt *(Brecher)*[56] und ein die Rechtsfindung legitimerweise beeinflussendes »Vorverständnis« *(Esser)*[57] von illegitimen persönlichen Wertungen oder Vorurteilen geschieden werden kann. – (4) Die unvollständige Interessenbewertung und die einseitige Interessengewichtung sind *die* Fehlerquellen beim juristischen Denken. Vor diesen Fehlern werden wir Juristen von alters her gewarnt: *Audiatur et altera pars.* Gegenargumente sind anzuhören, d. h. der Jurist hat sich ein offenes Ohr für die Möglichkeit zu bewahren, daß seine Interpretation des Gesetzeszweckes und damit seine Sicht der Interessenlage unrichtig ist.

---

56 *Brecher*, Scheinbegründungen und Methodenehrlichkeit im Zivilrecht, in: Festschrift für Nikisch, Tübingen 1958, S. 227.
57 *Esser*, Vorverständnis und Methodenwahl in der Rechtsfindung, 2. Aufl., Frankfurt a. M. 1972.

Zusammenfassend muß man einräumen, daß wir Juristen von einer wissenschaftlich einwandfrei richtigen Rechtsauslegung weit entfernt sind. Wir dürfen nicht einmal hoffen, dieses Ziel zu erreichen. Rechtswissenschaft ist keine exakte Wissenschaft. Uns Juristen wird das Bemühen um eine am Sinn orientierte Gesetzes- und Vertragsauslegung von Laien immer wieder prinzipiell übelgenommen. Einer der Gründe dürfte im Streben nach Sicherheit liegen, eine Sicherheit, die der Laie in buchstabengetreuer Interpretation sucht. Wir sehen uns hier einmal mehr mit dem Gegensatz zwischen Rechtssicherheit und Gerechtigkeit konfrontiert. Mit der Überschätzung der in buchstabengetreuer Auslegung liegenden Sicherheit stimmt der traditionelle, ebenfalls übermäßige *Respekt vor der Form* überein. Die Entwicklung des modernen Rechts zielt auf eine »materielle« (statt »formelle«) Betrachtung. Mitunter mag der Laie im Formalismus und in der buchstabengetreuen Auslegung auch eine Belohnung für Intelligenz und Vorsicht sehen, nach dem Motto, wer Rechtsbeziehungen eingeht, muß sich eben exakt ausdrükken und alle Formen wahren. – Richtig ist dies alles nicht, denn redliche Leute halten ihre Vertragspartner nicht am Wortlaut fest, sondern orientieren sich am Sinn. Deshalb wird nur im Märchen Gerechtigkeit durch buchstabengetreue Gesetzes- und Vertragsauslegung erreicht – und nur im Märchen siegt mit dem Buchstaben das auch in der Sache Gute[58].

Wenn die gute Fee im Märchen drei Wünsche freistellt, wird der glücklich-unglückliche Mensch auf nicht ernstgemeinte voreilige »Wünsche« festgenagelt – der Sache nach entzieht sich die Fee ihrem Versprechen (zum Besten des Menschen, versteht sich). Was würde die gute Fee mit ihren wortwörtlichen Auslegungskünsten wohl sagen, wenn der Mensch sich als ersten von drei Wünschen 100 Wünsche ausbedingen würde? – *Jude* und *Teufel* werden oft als böse dargestellt und durch wortwörtliche Auslegung um das betrogen, was sie nach dem Sinn ihrer Vereinbarungen zu beanspruchen hatten. Was den Juden angeht, zieht sich dieses Motiv von *Shakespeare's Shylock* bis zu den Kalendergeschichten von *Johann Peter Hebel* durch die Literatur. – Der Teufel wird als Brückenbauer in Dienst genommen und dann um seinen klar vereinbarten bösen Lohn mit formaljuristischer Auslegung geprellt. Das erste Lebewesen, das die Brücke überquert und ihm gehören soll, ist nach dem klaren Sinn der Vereinbarung ein Mensch – dem Wortlaut nach fällt auch eine Ziege darunter. – Was Wunder, wenn der so oft geprellte Teufel sich zur Überraschung des Faust nicht auf eine mündliche Absprache verlassen will: »Auch was Geschriebnes forderst Du, Pedant?« Als moderner Teufel wird Mephisto dann freilich um den nach dem Wortlaut verdienten Lohn unter Berufung auf den Sinn der Absprache gebracht.

Monographische Beschreibungen der richterlichen Rechtsfindung und rechtsschöpferischen Rechtsfortentwicklung reißen nicht ab. Wer am Anfang des Studiums steht, empfindet diese Fragen als zu theoretisch, mit Recht, denn sie sind ohne detaillierte Rechtskenntnisse schwer anschaulich zu machen. Die dringend wünschenswerte Befassung mit Grundsatzfragen

---

58 Vgl. über die nachstehenden Beispiele hinaus noch die Ballade von *Adelbert von Chamisso*, Die Weiber von Weinsberg (wegen der Verachtung des Juristen, weil er »sinnvoll« gegen den Wortlaut auslegen will, besonders lesenswert, siehe oben Anm. 1). – Zu arglistiger Berufung auf den Wortlaut (Eulenspiegel!) *Reichel* (wie Anm. 46), S. 76 f.

in der zweiten Hälfte des juristischen Studiums fällt meist der (verständlichen) Selbstbeschränkung auf den examenswichtigen Stoff zum Opfer. Kurzschlüssige Einzelfallgerechtigkeit wird auf Kosten der Rechtssicherheit zunehmen, wenn die Juristinnen und Juristen »die Bedeutung der Wörter[59] nicht erfassen können oder sich in ihrer *Deutung* nicht mehr an der *Bedeutung* als Ziel orientieren.

---

59 So der Titel der Festschrift für *Gagnér*, München 1991.

§ 4 Grundfragen des Privatrechts

I. Regelungsaufgaben des Privatrechts

Die Vielgestaltigkeit des Privatrechts läßt sich auf die Bewältigung von fünf elementaren Aufgaben reduzieren:

(1) Die erste Aufgabe besteht in der Regelung des freiwilligen Kontakts des Menschen mit anderen Menschen (Rechtsgenossen), insbesondere zum Austausch von Gütern und Leistungen. Stark vereinfachend kann man dies als die Materie des *Vertragsrechts* bezeichnen.

(2) Die zweite Aufgabe besteht in der Regelung des ungewollten, unerwünschten oder erzwungenen Kontakts des Menschen mit anderen Rechtsgenossen, insbesondere in Form zufälliger Bereicherungen und erlittener Schädigungen. Hierher gehören auch die Probleme, die sich bei der Abwehr solcher Kontakte stellen. Stark vereinfachend kann man dies als die Materie des *Rechts der unerlaubten Handlungen* und des *Bereicherungsrechts* bezeichnen.

(3) Die dritte Aufgabe besteht in der Regelung der Organisation menschlicher Gemeinschaften. Diese Gemeinschaften können auf Freiwilligkeit beruhen und stehen insoweit dem Problemkreis (1) nahe, z. B. Handelsgesellschaft, Konkubinat, Ehe. Die Stellung in einer Gemeinschaft kann sich als *Status* aber auch kraft Gesetzes ergeben, so die Rechte und Pflichten der Kinder im Verhältnis zu den Eltern. Eine Parallelität zum Problemkreis (2) ist hier nur insofern gegeben, als dieser Bereich – wie das Recht der Schädigung durch unerlaubte Handlung – der Privatautonomie relativ wenig Raum läßt. Stark vereinfachend können wir die betreffenden Materien als *Handelsrecht* sowie als *Familien- und Erbrecht* bezeichnen.

(4) Die bisher genannten drei großen Aufgaben basieren auf bestimmten juristischen Zuordnungen von materiellen und immateriellen Gütern. Dabei ist daran zu erinnern, daß ohne Freiheit zum Güteraustausch viele Güter rasch zu Lasten würden, siehe oben § 2 II 1 (Privatautonomie). – Die juristische Konzeption des *Eigentums* an Sachen ist Voraussetzung für eine freiwillige Eigentumsübertragung, vorstehend (1) – *und* für den Ausschluß anderer vom Zugriff auf dieses Eigentum, vorstehend (2). Zugleich ergeben sich Auswirkungen auf das Organisations- und Statusrecht, vorstehend (3) – u. a. durch Konflikte zwischen Eigentümerrechten und Pflichten innerhalb von Gemeinschaften (z. B. Güterrecht der Ehegatten, Erbschaftsrecht). – In vergleichbarer Weise schlägt die Anerkennung immaterieller Rechte (allgemeines Persönlichkeitsrecht, Immaterialgüterrecht) auf alle drei vorgenannten Aufgabenbereiche durch. Deshalb ist es richtig, wenn

traditionellerweise die Beziehung des Menschen zu materiellen oder immateriellen »Gütern« als gesonderte elementare Aufgabe behandelt wird. Besonders deutlich wird das beim Recht der (körperlichen) Sachen, *Sachenrecht* (insbesondere Eigentum und Besitz), doch gilt dies ebenso für Rechte an immateriellen Gütern. So erweitert das *Urheberrecht* den juristischen Eigentumsbegriff, verstanden als Eigentum an körperlichen Sachen, auf »Eigentum« an einem geistigen Gut. Wir haben damit als viertes und letztes Grundproblem die Güterzuordnung kennengelernt, wobei diese Güter als »Rechte« juristisch erfaßt, gestaltet, beschränkt und geregelt werden. Stark vereinfachend können wir die betreffenden Materien als *Sachenrecht* und *Immaterialgüterrecht* bezeichnen.

(5) Als fünfte Aufgabe treten die Feststellung und Durchsetzung des Rechts hinzu, also das *Zivilprozeßrecht*. Es gehört zwar zum öffentlichen Recht (siehe oben § 2 IV), zugleich steht es jedoch in engem Sachzusammenhang mit dem Privatrecht. Rechtsfeststellungs- und Rechtsdurchsetzungsprobleme ergeben sich mit Blick auf alle vorgenannten vier Aufgabenbereiche. Wer hat wem für welchen Preis welche Ware versprochen, vorstehend (1)? – Wer hat wem welchen Schaden zugefügt, vorstehend (2)? – Wer ist wessen Kind und hat Unterhalt zu beanspruchen, oder wer ist Erbe, vorstehend (3)? – Wer ist Eigentümer, oder wer hat welche Erfindung gemacht (Patentrecht), vorstehend (4)? – Diese Rechtsdurchsetzungsprobleme bleiben im folgenden ausgeklammert, weil sie schon oben § 2 III erörtert worden sind.

II. Vertragsrecht

1. Wille und Form

Die erste Aufgabe, die Regelung des freiwilligen Kontakts der Rechtsgenossen, beruht auf dem Vertrag als elementarer zivilrechtlicher Rechtsfigur. Zum Zusammenhang des Vertrags mit der Privatautonomie und damit mit der Rechtsetzung siehe oben § 2 II.

Heute sehen wir den Grundsatz als selbstverständlich an, daß sich eine Privatperson rechtlich binden kann, *weil sie es will*. Ebenso selbstverständlich ist uns, daß diese Bindung durch Rechtszwang garantiert wird. Früher waren der Staat und der staatliche Rechtszwang noch nicht durchorganisiert, und die Selbstbindung kraft Willens war nicht selbstverständlich. Warum soll der heutige Wille in die Zukunft wirken, warum soll also z. B. ein Versprechen auch zur Erfüllung verpflichten?

Die alte Erklärung der Bindung führt auf magische Vorstellungen zurück[1]. Magie wiederum ist zu einem wesentlichen Teil Hokuspokus, *Form*. Weil

---

1 Zu Magie, Form und Bindung vgl. *Max Weber*, Rechtssoziologie (besonders S. 135 f., 218 ff., 291 ff.), sowie *Seagle*, Weltgeschichte, S. 139 ff., 175 ff. (Formalismus wird dort freilich weitgehend in das Prozeßrecht verwiesen).

bestimmte magische Formen eingehalten worden sind, weil Formeln gebraucht worden sind, war man gebunden.

Diese Abhängigkeit des Rechts von Formen, Formeln und Formalitäten ist im Laufe der Jahrhunderte schrittweise gelockert worden. Noch heute sind besonders wichtige Bindungen (z. B. die Eheschließung) oder besonders wichtige Pflichten (z. B. wahrheitsgemäß als Zeuge auszusagen) an die Einhaltung von Formen und Formeln geknüpft, deren archaische Wurzeln leicht zu erkennen sind. Noch heute werden *völkerrechtliche Verträge* meist in besonders förmlich-feierlicher Weise abgeschlossen. Gerade bei Friedensverträgen, den wohl wichtigsten völkerrechtlichen Verträgen überhaupt, kann die Willensbasis besonders suspekt sein, wenn diese Verträge vom übermächtigen Vertragspartner dem schwächeren Vertragsgegner diktiert werden. Zur Unverbindlichkeit der unter Zwang zustande gekommenen privatrechtlichen Verträge siehe unten 2. – Schließlich ist daran zu erinnern, daß auch bei der Auslegung der Rechtsnormen früher die Bereitschaft viel größer als heute war, das Recht wortwörtlich zu interpretieren. Der Form, dem »Ausdruck« eines Rechtssatzes, wurde früher viel mehr Gewicht beigelegt als heute, wo wir uns primär am Sinn orientieren.

So ergibt sich als *Grundmuster des Rechts* ein ständiger Konflikt zwischen Ausdruck und Inhalt, zwischen Form und Wille, zwischen Rechtssicherheit und inhaltlicher (materieller) Gerechtigkeit. Das moderne Vertragsrecht geht vom Grundsatz aus, daß rechtliche Bindung nicht von Formeln und Förmlichkeiten abhängt. So können Verträge grundsätzlich mündlich abgeschlossen werden[2]. Wo das Gesetz *Formerfordernisse* aufstellt, suchen wir dahinter einen *besonderen* Zweck.

Ein solcher Zweck kann im Schutz einer mutmaßlich schwächeren (unter Umständen leichtsinnigen) Partei gesehen werden. Das Formerfordernis funktioniert als Warnung und Garantie einer Überlegungsfrist, *Schutzzweck* (so bei besonders wichtigen Verträgen, Ehe, Grundstücksverkauf). – In seiner Bedeutung abgeschwächt wird das Formerfordernis, wenn sein Sinn im Vorgriff auf einen Prozeß in der Beweissicherung gesehen wird, *Beweiszweck*. In solchen Fällen ist die Bereitschaft besonders groß, die Nichteinhaltung der Form als unwichtig zu erklären, wenn der geäußerte Wille trotz Nichteinhaltung von Förmlichkeiten bewiesen werden kann[3]. In diesem Sinne verweist Art. 11 Abs. 2 OR[4] auf die Auslegung der Norm, mit der die Form vorgeschrieben wird. Diese Auslegung kann ergeben, daß der Vertrag trotz Mißachtung des Formerfordernisses gültig ist.

---

2 Zum deutschen Recht §§ 125 ff., 145 ff., 305 BGB; zum schweizerischen Recht Art. 11 OR, Art. 10 ZGB.

3 Der Beweiszweck einer Form (z. B. Schriftlichkeit) kann auch als Schutz vor manipulierten Beweisen (z. B. bestochenen Zeugen) gedacht sein. Dann ist die Bereitschaft geringer, bei Formmangel die Beweisführung bezüglich des geäußerten Willens mit anderen Mitteln zuzulassen, vgl. *Bucher*, OR AT, S. 163.

4 § 125 BGB ist absoluter formuliert, doch kann auch im deutschen Recht die Auslegung der Norm, die das Formerfordernis vorschreibt, ergeben, daß abweichend von § 125 BGB trotz Formverstoßes keine Nichtigkeit eintritt.

2. Bindungswille und Erklärung

Sich vertragen heißt, sich zu einigen. Auch für das deutsche Recht, das (in § 154 BGB) eine nur andeutungsweise Begriffsbestimmung enthält, läßt sich der Vertrag mit *Art. 1 OR* definieren als »übereinstimmende gegenseitige Willensäußerung«. Die beiden Willenserklärungen bezeichnet man als Antrag (Angebot, Offerte) und Annahme (Akzept). Die Einigung erfolgt im Hinblick auf juristische Konsequenzen, d. h. die Parteien wollen gemeinsam einen rechtlichen »Erfolg«.

Grundlage der Willensäußerung ist ein Bindungswille i.S. eines Willens zur *Selbst*bindung. Zu Verpflichtungen ohne Selbstbindungswillen (Schadenersatzpflicht!) siehe unten III. Der Einwand liegt nahe, normalerweise stehe der Wunsch im Vordergrund, den andern (= Vertragspartner, Gegenpartei, Vertragsgegner) in die Pflicht zu nehmen, *ihn* zu binden. Eine solche Bindung des andern ist jedoch i.d.R. nur erreichbar, wenn man dem Vertragspartner dafür etwas verbindlich verspricht, sich also selbst verpflichtet. Dementsprechend ist Musterfall des Vertrags der wechselbezügliche Austausch von Leistungsversprechen, wie z. B. beim Kauf oder beim Dienstvertrag. Wir sprechen hier von einem *synallagmatischen Vertrag*[5]. Jede Partei verpflichtet sich, um eine entsprechende Verpflichtung der Gegenseite zu erreichen.

Beispiel: V verspricht verbindlich die Lieferung eines Autos an K (in der Erwartung, daß sich K zur Bezahlung des Kaufpreises verpflichtet; Offerte des V). – K verspricht verbindlich, dem V den Kaufpreis zu bezahlen (in der Erwartung, daß V »dafür« zur Lieferung eines Autos verpflichtet ist; K akzeptiert eine entsprechende Offerte des V).

Der Bindungswille muß geäußert werden. Der vorstehend 1 als Grundmuster des Rechts bezeichncte Konflikt zwischen Form und Inhalt konkretisiert sich beim Vertrag als Spannung zwischen geäußertem und wirklichem Willen. Damit öffnet sich zwangsläufig die Türe für eine Differenz zwischen wirklichem Willen und Erklärung, also dem geäußerten Willen. So kann eine Vertragspartei ihrer Erklärung einen anderen Sinn beilegen als die Gegenpartei, oder sie kann versehentlich etwas anderes erklären, als sie erklären wollte, oder sie merkt gar nicht, daß sie etwas erklärt (berühmtes

---

5 *Ausnahmsweise* gibt es einseitige (also juristisch-formal betrachtet altruistische) Bindungen, z. B. Auslobung oder Schenkungsversprechen. Soweit solche Bindungen nur zustande kommen, wenn der Begünstigte dies akzeptiert, liegt juristisch-technisch ein zweiseitiges Rechtsgeschäft vor, das nur eine Seite verpflichtet (!), so bei der Schenkung; dagegen ist die Auslobung ein einseitiges Rechtsgeschäft. Eine wirtschaftlich-materielle Analyse zeigt, daß solche einseitigen Verpflichtungen oft nicht wirklich altruistisch motiviert sind (überlegen, warum man auslobt oder schenkt!). – Neben einseitig verpflichtenden Verträgen gibt es Verträge, wo zwar beide Seiten Pflichten übernehmen (gegenseitiger = zweiseitig verpflichtender Vertrag), aber keine synallagmatische Verknüpfung besteht. Wichtigstes *Beispiel* ist der *Auftrag*: Der Beauftragte übernimmt die Hauptpflicht (sorgfältige Ausführung) nicht im Hinblick auf die Hauptpflicht des Auftraggebers (Auslagenersatz).

Beispiel: Jemand hebt in einer Auktion seine Hand, um einem Freund zuzuwinken).

Die hier auftretenden Probleme werden in der zivilrechtlichen Willenserklärungs- und Irrtumslehre (Lehre von den Willensmängeln) behandelt. Sinn einer Einführung ist es nicht, die sorgfältig ausgewogene Regelung des *Erklärungsrisikos*, insbesondere des *Irrtumsrisikos*, im einzelnen abzuhandeln. Das geschieht in den Darstellungen des Schuldrechts. Die Lehre von der Willenserklärung und die Irrtumslehre sind jedoch schon für die Einführung interessante Beispiele dafür, daß das Recht Interessenkollisionen lösen muß. Die dogmatischen Unterscheidungen und Theorienstreite führen auf Interessenbewertungen zurück. Die Teilnahme am Rechtsverkehr ist für *alle* Beteiligten riskant. Das Recht verteilt diese Risiken.

Beispiel (in Anlehnung an *BGE 64 II 9*): Architekt A macht dem an Bauprojekten interessierten (möglichen) Bauherrn B das Angebot, Pläne »sans engagement du maître quant à l'éxécution des projets« anzufertigen. B akzeptiert. Die Projekte werden nicht verwirklicht. – B ist erstaunt, als A für die Pläne Honorar fordert. Es stellt sich heraus, daß A meinte, er habe mit der Formel »sans engagement« seine Planungsarbeit gegen Entlohnung offeriert, aber ohne die Verpflichtung des B, die Projekte zu realisieren und ihm (A) weitere Aufgaben (z. B. Bauleitung) zu übertragen. – B meinte, er habe sich nicht zur Honorierung der Skizzen verpflichtet, »sans engagement« sei zu verstehen als »ohne Verpflichtung« zu bezahlen, d. h. A kann nur hoffen, daß ihm (B) die Pläne gefallen und er (B) dann etwas freiwillig bezahlt oder er den A mit der Ausführung beauftragt (und *dann* bezahlt).

Im vorstehenden Beispiel können wir uns in die gegensätzlichen Standpunkte der beiden Parteien durchaus einfühlen. In solchen Fällen wird besonders deutlich, daß es um eine – schmerzhafte! – Risikoverteilung geht. Es liegt auf der Hand, daß es zunächst gilt, einen Ausgleich zwischen den Interessen der Vertragsparteien herbeizuführen. Meist wird zusätzlich noch auf das allgemeine Interesse an einem funktionierenden Rechtsverkehr hingewiesen, das ebenfalls berücksichtigt werden müsse. Die gesetzliche, durch Praxis und Wissenschaft verfeinerte Regelung des Vertragsschlusses und der Loslösung vom Vertrag unter Berufung auf Willensmängel wird herkömmlicherweise[6] als Vektor zweier fundamentaler Kräfte beschrieben, nämlich des Willensprinzips einerseits und des Erklärungsprinzips andererseits.

Das reine Willensprinzip läßt eine Bindung nicht entstehen oder wieder entfallen, die der Erklärende nicht gewollt hat. Das reine Erklärungsprinzip läßt eine Bindung entsprechend der Erklärung eintreten, ohne auf den Willen des Erklärenden Rücksicht zu nehmen. Die Erklärung ist so auszulegen, wie sie die Gegenpartei nach Treu und Glauben verstehen mußte. – Die gesetzliche Lösung basiert auf einem mehrfach gestuften Kompromiß. Ob ein Vertrag zustande gekommen ist (und mit welchem Inhalt), bestimmt sich

---

6 Vgl. das Bild vom Einpendeln zwischen Willens- und Erklärungsprinzip bei *Guhl/Koller/ Druey*, OR, S. 147.

grundsätzlich nach dem Erklärungsprinzip, Art. 1 Abs. 1 OR, § 119 BGB. Danach ist im vorstehenden Beispiel der Bauherr eine Honorierungspflicht eingegangen, weil die entsprechende Klausel nach Treu und Glauben und mit Rücksicht auf die Usanzen nur besagt, daß der Bauherr nicht zur Durchführung des Projekts verpflichtet sein soll (oder bei Durchführung dem planenden Architekten nicht die weiteren Aufgaben, insbesondere die Bauleitung, übertragen muß). – Der Partei, deren Willen von der Erklärung abweicht, wird jedoch die Möglichkeit eröffnet, sich unter bestimmten weiteren Voraussetzungen wieder vom Vertrag zu lösen, *Anfechtung*. Dabei ist eindringlich an die Ausführungen zur *Beweislast* zu erinnern, siehe oben § 2 III 2 d. Wer eine Divergenz zwischen seinem Willen und seiner Erklärung behauptet, ist dafür beweispflichtig. – Eine weitere Abstufung wird dadurch erreicht, daß die Loslösung vom Vertrag unter bestimmten Voraussetzungen die Pflicht zur Entschädigung des Vertragspartners nach sich zieht, der auf das Zustandekommen des Vertrags vertraut hatte. Der Vektor zwischen reinem Willens- und reinem Erklärungsprinzip wird deshalb auch als *Vertrauensprinzip*[7] bezeichnet.

Das theoretische Jonglieren mit einem reinen Willens- und einem reinen Erklärungsprinzip ist per saldo wenig hilfreich. Gewiß, rechtliche Bindung wurzelt im entsprechenden Bindungswillen. Wer jedoch das Risiko, daß seine Erklärung nicht seinem Willen entspricht (Irrtumsrisiko) unter Berufung auf ein reines Willensprinzip dem Vertragspartner überbürden will, sieht sich seinerseits dem Risiko ausgesetzt, daß sich sein Vertragspartner unter Berufung auf Irrtum der vertraglichen Bindung entzieht (siehe oben § 1 II 2 zum Kantschen Imperativ). Es entspricht deshalb dem (vernünftigen) Willen der Vertragsschließenden, lieber ihr eigenes Risiko zu tragen, als sich mit dem entsprechenden Risiko des Gegners belastet zu sehen. Das Vertrauensprinzip markiert die Grenze, bis zu der eine beschränkte – und wechselweise – Überwälzung des Erklärungsrisikos auf den Gegner dem vernünftigen Willen der Vertragsschließenden besser entspricht als die Belastung des Erklärenden mit dem Erklärungsrisiko.

Beispiel: K kauft von V einen bestimmten Posten Teppiche. – *Entgegen den Erwartungen des K* besteht der »Posten« nicht aus 150, sondern aus 115 Teppichen (V hatte auf entsprechende Frage korrekt »115« gesagt, K aber »150« gehört). – *Variante: Entgegen den Erwartungen des V* hat er mit den Worten, »mit dieser Offerte bin ich einverstanden«, die Teppiche zu 115 000,– DM verkauft (statt zu 150 000,– DM), weil sich V bezüglich des von K gebotenen Betrags verhört hatte.

Die Variante des vorstehenden Beispiels zeigt, daß die völlige Überwälzung des Irrtumsrisikos auf die Gegenpartei indiskutabel ist. V kann schon deswegen nicht die erwartete Kaufsumme (150 000,– DM) fordern, weil eine solche Lösung die Interessen des K völlig außer acht lassen würde. K hat nicht erklärt, zu diesem Betrag

---

7 Die Terminologie ist uneinheitlich, zum Teil wird als Vertrauensprinzip nicht das Auspendeln zwischen Willens- und Erklärungsprinzip mit Hilfe der Lehre von den Willensmängeln und der Verpflichtung zum Ersatz des Vertrauensschadens bezeichnet, sondern das Erklärungsprinzip wird mit dem Vertrauensprinzip gleichgesetzt. – Eingehend *A. Simonius*, Über Bedeutung, Herkunft und Wandlung der Grundsätze des Privatrechts, ZSR (NF) 71 (1952) 237.

kaufen zu wollen. – Diskutabel ist allein eine teilweise Überwälzung derart, daß V den Vertrag[8] wegen Irrtums anfechten kann, weil er zu diesem niedrigen Preis »in Wahrheit« nicht verkaufen wollte. – Mit diesem Anfechtungsrecht kann im Beispiel und in seiner Variante den Interessen der jeweils irrenden Vertragspartei deshalb so weit Rechnung getragen werden, weil zugleich die Interessen des von der Anfechtung betroffenen Vertragspartners berücksichtigt werden. Der Anfechtungsgegner kann nämlich unter bestimmten Voraussetzungen Ersatz seines *Vertrauensschadens*[9] fordern.

Das Privatrecht erreicht also eine differenzierte Aufteilung des Erklärungsrisikos durch eine Lösung in vier Takten: (1) Vertragsschluß; (2) Anfechtungsrecht; (3) grundsätzliche Schadenersatzpflicht des Anfechtenden; (4) umfangmäßige Beschränkung dieser Schadenersatzpflicht. – Dabei zeigt das Hin und Her um wesentlichen (d. h. zur Anfechtung berechtigenden) und unwesentlichen Irrtum die Grenzen der Leistungsfähigkeit der Rechtsordnung. Wie das Recht das Irrtumsrisiko auch immer verteilen mag – es kann der einen Partei nur geben, was es zugleich der anderen Partei nimmt und mehr: Jedes den Irrenden im konkreten Fall begünstigende Entgegenkommen (durch Annahme eines Anfechtungsrechts) belastet ihn zugleich abstrakt mit den entsprechenden Risiken seiner Vertragspartner in künftigen Fällen.

Führt ein Vertragspartner den Irrtum des Vertragsgegners durch *Täuschung* herbei, oder erreicht er durch *Drohung*, daß der andere eine Erklärung abgibt, die seinem wirklichen Willen nicht entspricht, ist weithin unproblematisch, daß *solche* Willensmängel beachtlich sind.

3. Gerechtigkeitskontrolle des Vertragsinhalts

Oben § 2 II 2, 3 ist als großes Problem der Privatautonomie die Gewährleistung des Gerechtigkeitsgehalts der privaten Rechtsetzung hervorgehoben worden. Ungerechten Vereinbarungen sucht das Privatrecht schon dadurch entgegenzuwirken, daß Verträge wo immer möglich so ausgelegt werden, daß ungerechte Resultate vermieden und gerechte Resultate begünstigt werden, nämlich nach Treu und Glauben. Zu dieser großen Generalklausel des Privatrechts oben § 3 I 4 b. Mit anderen Worten: Willenserklärungen sind allgemein so auszulegen, wie sie ein redlicher Adressat verstehen darf, und Vertragsbestimmungen speziell sind so auszulegen, als ob die Vertragspart-

---

8 *Wiederholung:* Prämisse ist die Bejahung einer Einigung, gestützt auf die Erklärungstheorie. – Selbstverständlich könnte man das Willensprinzip schon auf der früheren Stufe heranziehen, also keine Einigung, sondern *Dissens* (mit dem Problem, ob die Partei, die auf Konsens vertrauen durfte, ihren Vertrauensschaden ersetzt erhält); näher *Bucher*, OR AT, S. 123 mit Anm. 46.

9 Der Vertrauensschaden erstreckt sich vor allem auf die Unkosten im Zusammenhang mit dem Vertragsschluß. Der Anfechtungsgegner ist so zu stellen, wie er stünde, hätte er mit dem Anfechtenden nicht kontrahiert (negatives Interesse). – Dagegen kann der Nichterfüllungsschaden (positives Interesse) grundsätzlich nicht gefordert werden, denn dies würde das Anfechtungsrecht illusorisch machen, vgl. § 122 BGB, Art. 26 OR.

ner redliche Leute wären. Auf diese Weise läßt sich Unredlichkeiten entgegenwirken, immer vorausgesetzt, es besteht ein Auslegungsspielraum.

BGE 104 II 124 (Rossignol) befaßt sich mit Inseraten, in denen Markenskier anhand von Erfolgen in Weltcup-Rennen verglichen werden. Obwohl es nicht um Vertragsauslegung geht, ist der Fall lesenswert, weil er im Detail zeigt, wie schwierig die wettbewerbsrechtliche Beurteilung der Inserate nach dem Sinn sein kann, »den ihnen das sportinteressierte Publikum in guten Treuen beilegen durfte« (S. 128). Auf diese Weise durchkreuzt das Recht die (geschickt hinter an sich wahren Angaben versteckten) unlauteren Absichten des Werbenden.

Ein weiterer Weg, in einem System der Privatautonomie ein Minimum an inhaltlicher Gerechtigkeit sicherzustellen, führt über zwingendes Privatrecht und öffentlich-rechtliche Vorschriften. Solche zwingenden Regeln verhindern, daß Schwache übermäßig ausgebeutet werden, indem z. B. bei Arbeitsbedingungen oder Lebensmitteln Mindeststandards vorgeschrieben werden. Arme Leute, die sich vielleicht mit einem gegen Unfälle weniger gesicherten Arbeitsplatz abfinden würden oder die schlechtere (dafür aber billigere) Lebensmittel kaufen würden, darf kein entsprechendes Angebot gemacht werden. Hinzu kommt eine Pflicht zum Abschluß von Verträgen zum Schutz erst gegen gängige und dann auch gegen entlegene Risiken: Zwang zu Kranken-, Unfall-, Altersrenten-, Arbeitslosigkeitsversicherung. Sieht man die Schwäche nicht nur als Armut, sondern auch als Unvernunft, wird konsequenterweise Hauseigentümern keine freie Wahl gelassen, ob sie ihr Eigentum gegen Elementarschäden versichern wollen oder nicht.

Wenn die Bereitschaft zunimmt, Verträge durch Auslegung oder gestützt auf die in § 2 II 3 erörterten Schranken auf ihre inhaltliche Gerechtigkeit hin zu kontrollieren, dann dürfte dies jedenfalls zum Teil auch auf sich wandelnde Gerechtigkeitsvorstellungen zurückzuführen sein. Wir empfinden den *Zufall*[10] zunehmend als ungerecht, d. h. wir sehen es als gerecht an, wenn seltene Risiken sozialisiert werden. Neuerdings erreichen wir eine solche »Versicherung« mit Hilfe der Vertragsinhaltskontrolle. Dabei zeigt sich, daß es gar nicht um das Verhältnis des mächtigen Anbieters zum einzelnen schwachen Vertragspartner geht, sondern um die Beziehung des Anbieters zur *Gesamtheit* seiner Vertragspartner.

Beispiele: Wer einen *Kleinkredit*[11] aufnimmt, kann im Krankheitsfall bezüglich der Rückzahlung in ernste Schwierigkeiten kommen. Selbstverständlich können wir es als ungerecht empfinden, daß der mächtige Kreditgeber den schwachen einzelnen Kreditnehmer diesem Risiko aussetzt. Selbstverständlich können wir dem Kreditgeber durch zwingendes Privatrecht oder durch öffentlich-rechtliche Vorschriften

---

10 Zufall hat man früher als »höhere Gewalt« und damit als göttliche Gerechtigkeit hingenommen. Zu Zufallselementen im Strafrechtssystem *Arzt*, in: Festschrift für Stree/Wessels, Heidelberg 1993, S. 49.
11 Deutschland und die Schweiz haben spezialgesetzliche Regelungen der Kleinkredite erlassen; vgl. VerbraucherkreditG vom 17. 12. 1990 (D) bzw. KonsumkreditG vom 8. 10. 1993 (CH).

auferlegen, den Kleinkreditnehmer (gegebenenfalls dessen Erben) gegen das Risiko zu versichern, daß er wegen Krankheit oder Tod den Kredit nicht zurückzahlen kann. – Man darf nur nicht glauben, man habe hier inhaltliche Vertragsgerechtigkeit zugunsten des einzelnen Kreditnehmers und zu Lasten des mächtigen Kreditgebers herbeigeführt. Der Schutz führt zur Verteuerung der Kredite, wird also von der Gemeinschaft der schwachen Kreditnehmer bezahlt. Statt die wenigen Kreditnehmer, bei denen sich die Risiken verwirklichen, stark zu belasten, belasten wir alle Kreditnehmer leicht, d. h. wir sozialisieren das Risiko.

Die kundenfreundlicheren *Reisevermittlungsverträge*[12] oder eine käuferfreundlichere *Produkthaftung*[13] folgt demselben Schema: Kommt es gelegentlich z. B. zu mehrstündigen Verspätungen eines Charterfluges, so ist eine ius-cogens-Klausel im Reisevermittlungsvertragsrecht, die den Reisevermittler in solchen und anderen Fällen zum pekuniären Ersatz für beeinträchtigte Urlaubsfreude verpflichtet, oberflächlich ein Eingriff des Rechts zugunsten des schwachen Kunden und zum Nachteil des starken Reisevermittlers. In Wirklichkeit wird allen Kunden der Abschluß eines Versicherungsvertrags gegen solche Beeinträchtigungen der Urlaubsfreude aufgezwungen. Im Gegensatz zum Fall des Kleinkredits bleiben der Versicherungsvertrag und die Versicherungsprämie juristisch unsichtbar, wirtschaftlich stecken sie im höheren Reisepreis. Der Reisepreis steigt, weil der Reisevermittler sein verschärftes Haftungsrisiko einkalkulieren wird.

Unter *Produkthaftung* versteht man (vereinfachend gesagt) den Zugriff (Durchgriff) des Käufers einer mangelhaften Ware auf den Produzenten, mit dem der Käufer nicht in Vertragsbeziehung steht, weil (wenn) er die Ware im Zwischenhandel erworben hat. Auch hier läßt sich de lege ferenda die Haftung des Produzenten ziehharmonikaartig beliebig ausdehnen, bis hin zu einer verschuldensunabhängigen Haftung (Kausalhaftung, siehe unten III). – Auch dabei geht es um die Verlagerung des geringen Risikos eines unter Umständen sehr hohen Schadens vom betroffenen einzelnen schwachen Verbraucher auf den starken Produzenten. Letztlich wird jedoch auch hier die Schädigung der wenigen Kunden auf die vielen Abnehmer des Produkts insgesamt umgelegt.

Was die *AGB (Allgemeinen Geschäftsbedingungen)* angeht, regeln mächtige Anbieter von Waren oder Dienstleistungen den Massenverkehr mit kleinen Kunden auf diese Weise einseitig, weil sie Bedingungen mit ihren Kunden nicht individuell aushandeln. Dadurch wird zwar besonders deutlich, daß es sich bei den AGB um einen privaten Rechtsetzungsakt handelt, zugleich fehlt jedoch die Basis für die private Rechtsetzung, nämlich ein in Ausübung privater Autonomie aus Verhandlungen und gegebenenfalls Konkurrenz[14] hervorgegangener Ausgleich der Interessen beider Vertragsparteien. Der sachliche Kontext mit den Beispielen Kleinkredit, Reisevertragsrecht und Produkthaftung liegt darin, daß der zentrale Mißbrauch der AGB in der Überwälzung aller möglichen Risiken auf den kleinen Kunden zu sehen ist. Das

---

12 Zu *Deutschland* vgl. die Spezialregelung seit 1979 durch §§ 651 a ff. BGB. – Für die Schweiz vgl. das BG über Pauschalreisen vom 18. 6. 1993 (in Kraft seit 1. 7. 1994).

13 Terminologie: D = Produkthaftung, CH = Produktehaftung (statt Produzentenhaftung!). Vgl. die Spezialregelung seit 1.1.1990 durch das Produkthaftungsgesetz (D) bzw. seit 1. 1. 1994 durch das Produktehaftpflichtgesetz (CH).

14 Die Materie ist so kompliziert, daß ein Wettbewerb nach dem Motto, »ich bin teurer, aber meine AGB sind kulanter«, sich nicht entfalten kann.

deutsche Gesetz zur Regelung des Rechts der AGB (AGBG)[15] vom 9. 12. 1976 hat folgerichtig viele solche Klauseln verboten oder beschränkt. Auch hier ist zu vermuten, daß ein derartiger erfreulicher Verbraucherschutz nicht von den mächtigen Anbietern, sondern von der Gesamtheit der Verbraucher bezahlt werden muß.

Auch der Gesetzgeber geniert sich nicht, gelegentlich mit wirtschaftlichen Illusionen zu operieren. So ist die Aufteilung der Kosten für Alters- und Invalidenrenten (Sozialversicherung) auf Arbeitgeber- und Arbeitnehmeranteile illusionär. Einerseits fallen 100% der Kosten beim Arbeitgeber an (als mittelbare und unmittelbare Lohnkosten). Andererseits ist ebenso selbstverständlich, daß der Arbeitnehmer 100% bezahlt. Wirtschaftlich betrachtet stellt nicht nur der Abzug der Arbeitnehmeranteile, sondern auch der Arbeitgeberanteile einen Lohnabzug dar.

Juristinnen und Juristen müssen wirtschaftlich denken können. Nur so können sie auch die Fernwirkungen ihrer vom Gerechtigkeitsgefühl getragenen Interessenbewertungen abschätzen, z. B. bei Eingriffen in die Vertragsfreiheit. Die *Einführung in die Volkswirtschaftslehre* und die *ökonomischen Analysen des Rechts* befassen sich mit so komplizierten Zusammenhängen, daß sie einfacherem, alltäglicherem wirtschaftlichem Unverständnis nicht abhelfen können[16].

Beispiele: Jedermann sollte ohne langes Nachdenken die wirtschaftliche Illusion durchschauen, die in folgender Werbung steckt:»Gratishauslieferung; hoher Abholrabatt«. – Angenommen, *Sie* sehen in einem Elektronikgeschäft folgende Werbung: »Falls gleiche Ware binnen 20 Tagen nach Kauf anderswo günstiger, Differenz in bar zurück«. Ob das wettbewerbsrechtlich zulässig ist, hängt vom Sinn dieser Verkaufsstrategie ab. Sind *Sie* der Ansicht, diese Strategie sei »eine Aufforderung an den Kunden, nach einem günstigeren Angebot zu suchen und dieses zur Erwirkung eines Preisnachlasses auszuspielen«?[17]

4. Der AT und BT des Schuldrechts

Zur rechtswissenschaftlichen Durchdringung einer Materie gehört das Bemühen, solche Fragen, die verschiedenen Problembereichen gemeinsam sind,»vor die Klammer« zu ziehen. So haben im Strafrecht Diebstahl, Mord und Landesverrat u. a. gemeinsam, daß die Straftaten im Versuch stecken-

---

15 Die *Schweiz* hat sich noch nicht (Stand 1996) zu einer Sonderregelung entschlossen: neben der Bestimmung in Art. 8 UWG, die praktisch nur wenig zum Tragen kommt, wird der schwächeren Vertragspartei mit einschränkender Auslegung solcher AGB unter Berufung auf Treu und Glauben geholfen, vgl. *Huguenin Jacobs*, recht 1995, 85.
16 Zu den wirtschaftlichen Konsequenzen des Verbraucherschutzes auf Kosten der Vertragsfreiheit *Kramer*, Zur Konzeption des Konsumentenschutzrechts, in: Kritische Vierteljahresschrift für Gesetzgebung und Rechtswissenschaft 1986, S. 270. – Vgl. auch *Behrens*, Die ökonomischen Grundlagen des Rechts. Politische Ökonomie als rationale Jurisprudenz, Tübingen 1986 ferner *Schäfer/Ott*, Lehrbuch der ökonomischen Analyse des Zivilrechts, 2. Aufl., Berlin 1995.
17 So *Richli*, recht 1987, 141, 143 (m. E. soll der Kunde von Preisvergleichen *abgehalten* werden).

bleiben können oder daß sich mehrere an ihnen beteiligen können. Versuch und Teilnahme gehören in den AT des Strafrechts, während die Besonderheiten des Diebstahls, Mordes und Landesverrats im BT erörtert werden. – Zum AT des Vertragsrechts gehören die Probleme, die bei den verschiedenen Vertragstypen gemeinsam auftreten (können). Die Zerlegung des Vertrags in seine Elemente führt zum *Rechtsgeschäft* als juristischem Elementarbegriff (Willenserklärung, die auf Rechtswirkung zielt; Vertrag als zweiseitiges Rechtsgeschäft).

So kommt es zu einer am Studienbeginn schwierig zu begreifenden Verdoppelung des AT. Aus dem BT des Vertragsrechts wird der AT des Schuldrechts destilliert, in dem beispielsweise die Forderungsabtretung geregelt ist, §§ 305 ff., 398 ff. BGB. Durch weitere Reduktion auf das Elementarteilchen »Rechtsgeschäft« entwickelt sich die Rechtsgeschäftslehre als Teil des noch allgemeineren AT des BGB, §§ 104 ff. BGB. Dort ist beispielsweise die Geschäftsfähigkeit geregelt. – Da auch im Sachen-, Familien- und Erbrecht Rechtsgeschäfte (z. B. Testament) und Verträge (z. B. Ehe) vorkommen, beansprucht nicht nur der AT des BGB, sondern auch der AT des Schuldrechts auch in diesen Bereichen Geltung.

III. Recht der unerlaubten Handlungen

1. Schadensverhütung und Schaden(s)ersatz[18]

Es gehört zu den evident der Gerechtigkeit entsprechenden Geboten, daß der Schädiger dem Geschädigten Ersatz zu leisten hat. Deshalb tritt neben die freiwillig übernommene Leistungspflicht (Musterfall Vertrag) die vom Gesetz auferlegte Leistungspflicht mit dem Musterfall der unerlaubten Handlung. Eine juristische Regelung ist nötig, denn evident ist die Schadensersatzpflicht nur bei vorsätzlicher, rechtswidriger und direkter Zufügung eines ganz konkreten Schadens. Vielleicht(!) ist evident auch der umgekehrte Grundsatz, daß der Bürger für von ihm zufällig angerichtete Schäden nicht verantwortlich gemacht werden kann[19].

Beispiel für evidente Schadensersatzpflicht: Der Täter zertrümmert ein Autofenster und stiehlt die auf dem Beifahrersitz liegende Aktentasche.

Modifizieren wir diesen Grundfall, gibt uns das Rechtsgefühl bald keine eindeutigen Antworten mehr. Soll der Täter auch für den Schaden haften, den das Opfer durch

---

18 *Schreibweise:* Alltag (D/CH) und juristische Fachsprache (nur CH) = Schadenersatz; juristische Fachsprache (nur D) = Schadensersatz. Deshalb ist es nicht korrekt, wenn hier (außerhalb des Abschnittes § 4 III) von »Schadenersatz« gesprochen wird – die einzige Ungenauigkeit, die ich im Interesse einer möglichst weitgehenden Parallelität zwischen deutscher und schweizerischer Version hingenommen habe (vgl. Vorwort).

19 Andernfalls würde seine Autonomie verletzt, *Max Rümelin,* Gründe der Schadenszurechnung, 1896, S. 26. Vgl. auch die folgende Anm.

den Zeitverlust »mittelbar« erleidet? Soll auch der Täter haften, der die Scheibe auf Bitten des vermeintlichen Eigentümers eingeschlagen hat (in der Annahme, der vermeintliche Eigentümer habe den Schlüssel verlegt und brauche dringend »seine« Aktentasche; in Wirklichkeit hilft der Täter, ohne es zu wissen, bei einem Diebstahl zugunsten des angeblichen Eigentümers)? Soll es für den Umfang des Schadensersatzes eine Rolle spielen, daß das Opfer den Täter zur Tat gewissermaßen verführt hat (z. B. die wertvolle Tasche gut sichtbar auf dem Beifahrersitz liegengelassen hatte)?

Ehe wir auf die Prinzipien eingehen, mit deren Hilfe die Schadensersatzpflicht konkretisiert wird, so daß sich die aufgeworfenen Detailfragen beantworten lassen, wollen wir klären, warum uns die Schadensersatzpflicht *prinzipiell* als gerecht erscheint. Auf diese Frage werden wenigstens drei Antworten angeboten: (1) Man kann die Schädigung als Störung des Gleichgewichts eines Systems sehen, das automatisch nach Wiederherstellung der Balance strebt, »Auge um Auge«. Wenn wir von Vergeltung *(Talion)* sprechen, haben wir dieses Bild vom gestörten und wiederhergestellten Gleichgewicht »im Auge«. – (2) Moderner ist die instrumentale Sicht einer Schadensersatzpflicht. Die Pflicht wird zu einer sich gegen potentielle Schädiger richtenden Drohung. Potentielle Schädiger sollen von der schädigenden Handlung abgeschreckt werden, *Prävention*. – (3) Die modernste Betrachtung sieht den Schaden als Unterfall eines Verlustes, so daß sich die Schadensersatzpflicht als Sonderfall einer *Verlustzuweisung* oder Verlustverteilung darstellt.

Obwohl zwischen den drei Antworten vielfältige Querverbindungen bestehen, ist die unterschiedliche Akzentsetzung von großer praktischer Bedeutung. Wer mit der *Antwort (2)* die »erzieherische Wirkung der Schadensverantwortung« *(Esser)*[20] betont, wird nicht nur erlaubte und verbotene, schuldhafte und unverschuldete Schädigung grundsätzlich unterschiedlich behandeln, sondern er wird auch versucht sein, den Geschädigten zum Selbstschutz zu erziehen. Dies läßt sich dadurch erreichen, daß man bei »Mitverschulden« des Geschädigten diesem gar keinen oder nur teilweisen Ersatz zuspricht. – Wer mit der *Antwort (3)* die Ausgleichsfunktion betont, wird den Verlust vielfach dem Schädiger zuweisen wollen, selbst wenn diesen kein Verschulden trifft oder wenn der Schaden auf ein erlaubtes Risiko zurückzuführen ist (*Kausalhaftung*, versicherungsrechtliche Betrachtung des Schadensersatzes). – Was schließlich die *Antwort (1)* betrifft, stellt sich die Frage, ob Gerechtigkeit nützlich ist oder als ein von Nützlichkeitserwägungen gelöster Selbstzweck zu verstehen ist. Hat man die Zwecke der

---

20 Nachweise bei *Arzt*, Der strafrechtliche Schutz der Intimsphäre – vom zivilrechtlichen Persönlichkeitsschutz aus betrachtet, Tübingen 1970, S. 10. – Zum Übergang von der Antwort (2) zur Antwort (3) heißt es bei *Wiethölter*, Recht, 1968 (zitiert nach dem unveränderten Nachdruck unter dem Titel »Rechtswissenschaft«, Basel/Frankfurt a. M. 1986), S. 198: »Die Schuldhaftung gehörte zum Liberalismus wie das subjektive Recht und die Privatautonomie. Im heutigen Privatrecht, das gesellschaftliche Solidarität neben und anstelle individueller Freiheit setzt, geht die Tendenz dagegen weithin auf möglichen Ersatz bei Schädigungen, die dem einzelnen als Schicksal hinzunehmen nicht zumutbar erscheinen.«

Prävention oder des Ausgleichs dem Talionsprinzip erst nachträglich untergeschoben (wie man die Ziege »zweckfrei« gezähmt – und dann gemolken – hat)[21], oder ist das Talionsprinzip Kurzformel für eine vielleicht mehr geahnte als artikulierte Nützlichkeit[22] (d. h. hat man die Ziege gezähmt, um sie zu melken)? Diese Fragen werden traditionsgemäß nicht im Schadensersatzrecht, sondern im Strafrecht vertieft. Dort stehen relative Theorien (Strafe ist nützlich, Prävention) der absoluten Theorie gegenüber, nach der Strafe um der Gerechtigkeit willen sein muß (gelöst von weiteren Zwecken, in diesem Sinne »absolut«).

Für das Privatrecht wie das Strafrecht gleichermaßen kritisch ist die *Grenze zwischen List und Arglist*, also erlaubter Geschäftstüchtigkeit einerseits und verbotener Täuschung andererseits. Das führt zur eingangs § 1 II 5 aufgeworfenen Frage nach dem *Sinn des Rechtsbrechers* zurück. Verdankt der Normalverbraucher seine Intelligenz den schmerzhaften Erfahrungen mit listigen Anbietern (»durch Schaden wird man klug«) wie die Gazelle die Schnelligkeit und Schönheit ihrer Bewegungen der Löwin? Nicht nur die listigen Anbieter, auch die fürsorglichen Konsumentenschützer ernähren sich von den Konsumentinnen und Konsumenten!

2. Kausalität zwischen schädigender Handlung und Schaden

a) Äquivalenztheorie

Schon im Wort »schädigen« steckt implizit eine Verknüpfung des Schadens des Opfers mit einem Verhalten des Täters. Erste Voraussetzung einer rechtsgenüglichen Verknüpfung ist der Kausalzusammenhang. Ob Kausalzusammenhang im natürlichen (naturwissenschaftlichen) Sinne vorliegt, prüfen wir mit Hilfe der Conditio-sine-qua-non-Formel (*Schreibweise:* conditio = condicio). Wir denken uns die Handlung des Täters hinweg. Wäre dann die Schädigung des Opfers *nicht* eingetreten, ist die Handlung conditio sine qua non, Ursächlichkeit also zu bejahen.

Beispiel (in Anlehnung an BGE 33 II 564): Autofahrer T fährt unachtsam und streift den Fußgänger O. O stürzt, bricht sich das linke Bein. Einige Tage hüpft O mit seinem Gipsverband herum, dann stürzt er und bricht sich das rechte Bein. – Das Verhalten des T ist Ursache (auch) für den Bruch des rechten Beins. (Im von *BGE 33 II 564* entschiedenen Sachverhalt hat der Geschädigte dasselbe Bein ein zweites Mal gebrochen).

---

21 Vgl. *Max Scheler*, Über Gesinnungs- und Zweckmilitarismus (Schriften zur Soziologie und Weltanschauungslehre), 2. Aufl., Bern/München 1963, S. 187 ff., 195: »Es hat sich tieferer Nachforschung ja überhaupt allenthalben als psychologischer wie historischer Irrtum herausgestellt, den Ursprung menschlicher Tätigkeitsformen, Einrichtungen, Sitten aus der Idee des *Zweckes* heraus zu verstehen. Alle ›Zwecke‹ sind vielmehr diesen Tätigkeitsformen immer nur nachträglich vorgespannt worden« (wird weiter ausgeführt am Beispiel des gezähmten Tieres und der Strafe).

22 In diesem Sinne heißt es bei *Schwander*, Das schweizerische StGB, 2. Aufl., Zürich 1964, Nr. 31: Der Vergeltungstrieb »verhindert die Versklavung des Menschengeschlechts«.

Die Kausalität ist eine elementare Voraussetzung für menschliche Verant-wortung. Deshalb bedienen wir uns der Conditio-sine-qua-non-Formel im gesamten Bereich des Rechts, um negative oder positive Erfolge (also Scha-den oder Verdienst) auf menschliches Verhalten als Ursachen zurückzufüh-ren und damit Menschen zuzurechnen. Die Conditio-Formel ist nicht produktiv, d. h. sie drückt zwar ein Resultat aus, setzt aber das maßgebende Wissen um die naturwissenschaftlichen Zusammenhänge voraus[23]. Insoweit bestehen Parallelen zu den Auslegungshilfsmitteln Erst-recht-Schluß und Umkehrschluß, die auch das entsprechende Wissen (um die richtige Inter-essenbewertung) voraussetzen.

Da wir aus der Flut der am Eintritt eines Schadens mitwirkenden Faktoren grundsätzlich jeden »gleich« herausgreifen können, liegt der natürlichen Kausalität die *Äquivalenztheorie* zugrunde, also die Lehre von der Gleich-wertigkeit aller Bedingungen. Die Äquivalenztheorie führt in einigen Son-derfällen zu Schwierigkeiten. Darauf braucht hier nicht eingegangen zu werden. Dagegen ist auf zwei Problembereiche von grundsätzlicher Bedeu-tung hinzuweisen:

(1) Der Mensch kann anderen auch durch *Unterlassungen* Schaden zufü-gen. Die Conditio-Formel ist dahin abzuwandeln, daß man fragt, ob das vom Täter (Schädiger) erwartete Handeln den Schaden des Opfers (Geschä-digten) *verhindert* hätte. Da man sich fast immer irgendeinen Rettungsein-griff vorstellen kann, steht bei der Unterlassungsverantwortung nicht diese hypothetische Kausalität im Vordergrund, sondern die Frage, ob der Täter rettend hätte eingreifen müssen. Die Voraussetzungen, unter denen eine solche Rettungs- oder *Garantenpflicht* angenommen werden kann, sind noch weitgehend ungeklärt, zumal sich dazu weder im Privatrecht noch im StGB (vgl. § 13 StGB) nähere Anhaltspunkte finden lassen.

(2) Die Conditio-Formel erfordert ein »Hinwegdenken«, d. h. wir vergle-ichen eine Hypothese mit der Realität. Wir gewinnen dadurch eine gewisse Freiheit, welche Hypothese wir wählen – und wir nutzen diese Freiheit mehr oder weniger konsequent dazu, nach dem Zusammenhang zwischen *verbo-tenem* Verhalten und Schaden zu fragen.

Beispiel: Beim vorstehend erörterten Beinbruch ist das Fahren des Autofahrers selbstverständlich Bedingung im natürlichen Sinne für den Sturz des Fußgängers. Mit der Conditio-Formel denken wir uns das Fahren hinweg – und schaffen für eine logische Sekunde eine Welt ohne das Handeln des Schädigers, gewissermaßen eine Welt ohne dessen Auto. Diese natürliche Kausalität ist jedoch nur eine Vorfrage für das, was uns wirklich interessiert, nämlich ob der *Fahrfehler* den Schaden des Fuß-gängers herbeigeführt hat. Hier bewegen wir uns nicht mehr im Bereich der natür-lichen Kausalität, denn wir operieren mit dem juristischen Fehlerbegriff. Trotzdem können wir die Conditio-Formel einsetzen, schaffen jedoch mit dem Hinwegdenken des Fehlers nicht eine Welt ohne Handeln des Schädigers, sondern eine Welt, in der

---

23 *Puppe*, ZStW 92 (1980) 863; *Walder*, ZStrR 93 (1977) 113, 137 f.

sich der Schädiger richtig verhält. Wäre er vorsichtig gefahren, dann hätte er im Beispiel den Fußgänger nicht gestreift, und dieser wäre nicht gestürzt.

Mir erscheint es sinnvoll, auf diese Problematik schon in der Einführung hinzuweisen, weil die im Privatrecht und Strafrecht angebotenen, zum Teil raffinierten Lösungen untereinander nicht synchronisiert sind. Gemeinsam ist diesen Lösungen nur die Tendenz, bei feststehendem Schaden, feststehender natürlicher Kausalität zwischen Handeln des Schädigers und Schaden sowie feststehendem Fehler es mit der Vermeidbarkeit der Schädigung bei richtigem Verhalten nicht zu genau zu nehmen.

Beispiele[24]: Vor dem Autofahrer T rennt das Kind O so jäh auf die Fahrbahn, daß T durch Bremsen oder Ausweichen den Zusammenprall nicht vermeiden kann. Je nach Sachlage hätte O bei *Hupen* des T sehr wahrscheinlich, wahrscheinlich, vielleicht noch reagieren können (sicher nicht, wenn O taub ist). Ob und wie solche Unsicherheiten beim Zusammenhang zwischen Fehler (Fahren ohne zu hupen) und Schaden (Verletzung des O) auf der materiellrechtlichen Ebene[25] zu berücksichtigen sind, ist umstritten. – Betrachten wir dazu noch folgenden Fall: T ist nachts außerhalb der Ortschaft auf der rechten Straßenseite vom Dorf X zum Dorf Y zu Fuß unterwegs. Der Motorradfahrer O fährt von hinten auf T auf, O stürzt und verletzt sich tödlich. – T ist mit seinem Gehen »natürlich«(!) ursächlich. Angesichts der Vorschrift des Straßenverkehrsrechts, auf der linken Seite zu gehen, ist das Gehen auf der rechten Seite verbotswidrig. Wenn wir uns dieses verbotene Gehen hinwegdenken, dann schaffen wir nicht einfach als Hypothese eine Welt ohne T und ohne sein »Gehen«. Wir schaffen vielmehr eine hypothetische Welt, in der T korrekt auf der linken Straßenseite von X nach Y unterwegs ist. In diesem Beispiel hat der Anwalt des T – vergebens! – eine andere Hypothese gebildet (T geht hypothetisch von Y nach X, möchte nach X zurückblicken und dreht sich kurz vor dem Unfall um – er steht dann hypothetisch genauso auf der rechten Straßenseite wie in der Realität).

b) Adäquanztheorie

Mit der Äquivalenztheorie fischen wir mit einem zu engmaschigen Netz, in dem auch ganz entlegene Ursachen hängenbleiben und sogar »gleichwertig« erscheinen.

Beispiel: Wenn der erste Beinbruch im obigen Beispiel dadurch zustande kommt, daß T das Auto des O gestreift und beschädigt hat und O beim Abholen seines Autos von der Reparatur stürzt und sich das Bein bricht, so kann T für diesen Beinbruch vernünftigerweise nicht verantwortlich sein.

Ein Weg zur Einschränkung der Verantwortung führt zur *adäquaten Kausalität*. Wir fragen, ob es angemessen (adäquat) ist, den Schaden auf die causa i.S. der Conditio-Formel zurückzuführen. Diese Frage verführt freilich dazu, andere Kriterien, die ebenfalls die Verantwortung des Täters

---

24 Zum ersten Fall vgl. *Walder* (wie Anm. 23), S. 159 ff.; zum zweiten Fall vgl. *BGHSt 10,* 369.

25 Im Zivilrecht ist dem Geschädigten unter Umständen mit der Beweislast zu helfen, während im Strafrecht alles von der materiellrechtlichen Konstruktion abhängt (in dubio pro reo, siehe oben § 2 III 2 d).

einschränken, schon in die Adäquanzprüfung zu integrieren. So verfließen die Unterschiede zwischen Adäquanz und Sorgfaltswidrigkeit (als Fahrlässigkeitselement) oder zwischen Inadäquanz und besonderen Rechtfertigungsgründen (erlaubtes Risiko). Deshalb ist es die schwierige Aufgabe der *Adäquanztheorie*, einen allgemeinen Maßstab zu entwickeln, um die *Unangemessenheit unter Kausalitätsgesichtspunkten* zu bestimmen. Dies erreichen wir durch die Formel, daß das Handeln des Täters geeignet(!) sein muß, nach dem gewöhnlichen Lauf der Dinge und nach der allgemeinen Lebenserfahrung den eingetretenen Schaden herbeizuführen[26].

Studierende sind immer wieder erstaunt, wie weit der Rahmen der Lebenserfahrung gezogen wird und welche ungewöhnlichen Folgen er umfassen soll. Dies liegt daran, daß wir die Haftung nicht auf gewöhnliche Schadenszusammenhänge beschränken wollen, sondern daß wir nur ganz außergewöhnliche Zusammenhänge ausschließen wollen. Zusätzlich ist zu beachten, daß auch nach Bejahung der Adäquanz die Ersatzpflicht noch nicht feststeht (siehe anschließend zu Rechtswidrigkeit, Verschulden und Billigkeitsüberlegungen). Im Sinne einer *Faustregel* sollte man nicht nach Adäquanz i.S. des gewöhnlichen Laufs der Dinge fragen, sondern nach Inadäquanz, also ob der Zusammenhang ganz außergewöhnlich war[27].

3. Rechtswidrigkeit der Schädigung

a) Erlaubte Handlungen und Entschädigungspflicht

Wir diskutieren anschließend die dem Täter vom Gesetz auferlegte Verpflichtung, seinem Opfer den Schaden zu ersetzen, den er ihm durch eine unerlaubte(!) Handlung zugefügt hat. Damit sind nicht zu verwechseln die Fälle, in denen das Gesetz ein bestimmtes Verhalten nur unter der Voraussetzung gestattet, daß der Handelnde für etwa eintretende Schädigungen aufkommt. Bei den *Willensmängeln* (oben II 2) haben wir gesehen, daß der Irrende unter bestimmten Voraussetzungen dem Vertragspartner den Vertrauensschaden ersetzen muß, wenn er von seinem Recht(!) Gebrauch macht, sich wegen seines Irrtums der vertraglichen Bindung zu entziehen. In vergleichbarer Weise können einer Person Rechte zum Eingriff in Rechtsgüter Dritter unter der Voraussetzung gewährt werden, daß sie denjenigen entschädigt, in dessen Rechtsgüter sie eingreift. Musterfall ist im öffentlichen Recht die *Enteignung* gegen Entschädigung; im Zivilrecht vgl. z. B.

---

26 Als Beispiel für diese Formulierung vgl. *BGE 98 II 288, 291*; für Unterlassungen *BGHZ 7, 198* und zur Auslösung einer Rentenneurose *BGHZ 20, 137*.

27 *BGE 87 II 117:* Zu scharfes Bremsen beim Rangieren führt zu leichter Verletzung eines Pferdes im Güterwagen und (weil das Pferd nicht gegen Tetanus geimpft war) zu Tetanus und Notschlachtung. Dieser Zusammenhang ist nicht ganz außergewöhnlich.

die Notstandsklausel §§ 228, 904 BGB; Art. 52 OR, 701 ZGB. – Auch der
sogenannten *Betriebsgefahr* liegt die Vorstellung zugrunde, daß die Rechtsordnung riskante Handlungen (gefährliche Betriebe) nur unter der Voraussetzung zuläßt, daß der Betreiber auch für *die* Schäden einsteht, die sich
ergeben, wenn sich das *erlaubte(!)* Risiko verwirklicht. Eine solche Gefähr-
dungshaftung als Haftung für erlaubtes Verhalten trifft beispielsweise den
Halter eines Motorfahrzeuges (detailliert geregelt im Straßenverkehrsrecht).

b) Unerlaubte Handlung und unerlaubte Schädigung

Wenn das Gesetz[28] von einer zum Schadensersatz verpflichtenden »unerlaubten« Handlung spricht, heißt das, daß der Schaden »widerrechtlich«
zugefügt worden ist. Die Rechtswidrigkeit ist eine elementare Voraussetzung auch für die Strafbarkeit eines Verhaltens. Rechtswidrigkeit ist ein
negatives Werturteil. Die Rechtsordnung mißbilligt ein bestimmtes *Verhalten.* Die Schwierigkeiten beginnen schon mit der Unterscheidung zwischen
Voraussetzungen und Folge, nämlich zwischen der rechtswidrigen schädigenden Handlung als Voraussetzung für die Belastung mit Schadensersatz-
pflichten und der Folge dieser Handlung (Schaden). Es besteht nämlich die
Versuchung, die Rechtswidrigkeit der Handlung mit der Schädigung als
Folge zu begründen und mit ihr gleichzusetzen.

Beispiel: Wenn T das Autofenster des O zertrümmert und eine Aktentasche aus dem
Auto stiehlt, dann ist die Rechtswidrigkeit evident. Die Rechtswidrigkeit fällt mit der
Schädigung zusammen. – Wenn T von Plänen des O erfährt, das Grundstück des X zu
kaufen und zu überbauen, und T dem X ein besseres Angebot macht, ist die Rechtswidrigkeit der dem O zugefügten Schädigung (Planungskosten, entgangener Gewinn
usw.) jedenfalls nicht evident.

Die Bemühungen um die Klärung des Rechtswidrigkeitselementes haben zur
Unterscheidung der Rechtswidrigkeit der Handlung *(Handlungsunwert)*
und der Rechtswidrigkeit des Schädigungs-»Erfolgs« *(Erfolgsunwert)* ge-
führt. Das Verhalten des Täters bewerten wir dann negativ, wenn es die
Gefahr eines Rechtsgutsverlustes schafft. Ob sich die Gefahr verwirklicht,
also ob der Schaden dann effektiv eintritt, ist mehr oder weniger eine Frage
des Zufalls[29]. Ob z. B. der Fahrfehler eines Autofahrers (Überholen vor einer
Kuppe) zum Unfall und zur Schädigung anderer führt, hängt von vielen
Faktoren ab (u. a., ob ein anderer entgegenkommt und wie dieser reagiert).
Da wir die Handlung als unerlaubt (rechtlich mißbilligt) ansehen, weil ein
Schaden droht, ist klar, daß der infolge dieser Handlung eintretende Schaden
widerrechtlich ist. Freilich setzt dieses Denkschema voraus, daß die Rechts-
ordnung Positionen als »Rechte« so beschreibt, daß ein unerwünschter
Eingriff in aller Regel rechtswidrig ist. Im Beispiel des Diebstahls der Akten-

---

28 § 823 Abs. 1 BGB (D); Art. 41 Abs. 1 OR (CH).
29 Dazu schon oben II 3 mit Anm. 10.

tasche genießt die Rechtsposition an der Aktentasche als »Eigentum« fast absoluten Schutz. Dagegen ist das Vermögen (Gewinnaussicht, vgl. das Beispiel der Überbauungsplanung) keine (fast) absolut geschützte Position.

Wir kommen so zu einem praktisch einigermaßen funktionierenden Regel-Ausnahme-Denken: Wo die Rechtsordnung bestimmte Positionen gegen jedermann und fast ausnahmslos schützt (absolutes Recht), ist der schädigende Eingriff i.d.R. auch rechtswidrig. Die *Rechtfertigung* muß als Ausnahme konkret begründet werden. Wo die Position des Opfers nicht die Stärke eines (fast) absolut geschützten Rechts erreicht, ist der schädigende Eingriff i.d.R. nicht rechtswidrig. Die *Rechtswidrigkeit* muß als Ausnahme konkret begründet werden.

Das Privatrecht operiert so mit zwei Kategorien von unerlaubten Handlungen. Eine *erste Kategorie*[30] setzt den Eingriff in ein absolutes Recht voraus. Im Strafrecht werden in vergleichbarer Weise Rechtsgüter beschrieben, deren Verletzung in aller Regel auch rechtswidrig ist (sogenannte geschlossene Tatbestände, z. B. Tötung, Körperverletzung, Sachbeschädigung).

Die *zweite Kategorie* unerlaubter Handlungen[31] hat die Fälle im Auge, in denen mit der Schädigung eben nicht in aller Regel auch deren Rechtswidrigkeit feststeht. Hier muß die Rechtswidrigkeit besonders begründet werden. Im Strafrecht werden in vergleichbarer Weise Rechtsgüter beschrieben, deren Verletzung nicht i.d.R. rechtswidrig ist, sondern wo die Rechtswidrigkeit nur aus dem Zusammenhang mit bestimmten Angriffsweisen erschlossen werden kann (z. B. Betrug; das Rechtsgut Vermögen ist zwar nicht umfassend geschützt, wohl aber gegen vorsätzlich-arglistige Täuschung) oder wo die Rechtswidrigkeit in anderer Weise konkretisiert werden muß, sogenannte offene Tatbestände, z. B. Nötigung, § 240 StGB (D); Art. 181 StGB (CH), Rechtsgut Willensfreiheit[32].

---

30 Explizit § 823 Abs. 1 BGB; implizit liegt diese Zweiteilung auch Art. 41 OR zugrunde, wo diese erste Kategorie die Widerrechtlichkeit nach Art. 41 Abs. 1 OR in einem Teil der Fälle begründet, näher *Oftinger/Stark*, Schweizerisches Haftpflichtrecht AT, Bd. 1, 5. Aufl., Zürich 1995, S. 176 (mit Anm. 34).

31 §§ 823 Abs. 2, 826 BGB; Art. 41 Abs. 2 OR (bei Verletzung von Schutznormen begründet diese zweite Kategorie die Widerrechtlichkeit nach Art. 41 *Abs. 1* OR in einem Teil der Fälle).

32 Nach § 826 BGB bzw. Art. 41 Abs. 2 OR kann an sich erlaubtes Verhalten wegen besonderer Umstände zur sittenwidrigen, verwerflichen und damit unerlaubten Handlung werden. Die Konkretisierung dieser Umstände ist schwierig, man denke als Beispiel an die *Chantage*, d. h. die Drohung, etwas anzuzeigen oder publik zu machen, es sei denn, der Betroffene zahle Schweigegeld. Weil sich in vielen Rechtsgebieten (Strafrecht, UWG usw.) solche Konkretisierungen ausgebildet haben, die als Rechtswidrigkeitsfälle auf § 823 Abs. 2 BGB (D) bzw. auf Art. 41 Abs. 1(!) OR (CH) zurückwirken, ist die praktische Bedeutung dieser zweiten Kategorie unerlaubter Handlungen gering geworden. § 826 BGB bzw. Art. 41 Abs. 2 OR sind jedoch als Modell für die Konkretisierung der Rechtswidrigkeit von großer theoretischer Tragweite.

Zu Positionen, die nur gegen bestimmte Angriffsweisen geschützt werden (wie das Vermögen gegen arglistige Täuschung, Betrug), gehören auch die sogenannten *relativen Rechte*. So begründet ein Vertrag Ansprüche nur »in Relation« zum Vertragspartner. Eingriffe durch Dritte in dieses relative Recht berechtigen nur unter den besonderen Voraussetzungen der zweiten Kategorie unterlaubter Handlungen zum Schadensersatz.

Die Unterscheidung zwischen Schädigungen, mit denen i.d.R. die Rechtswidrigkeit feststeht, und Schädigungen, deren Rechtswidrigkeit aus den konkreten Umständen des Einzelfalles heraus zu begründen ist, ist schwierig einzusehen. Ein theoretisch befriedigendes Fundament für diese Unterscheidung hat sich bisher nicht finden lassen. Deshalb gibt es zahlreiche Übergänge zwischen fast absolut geschützten absoluten Rechten (Leben), schwächer geschützten absoluten Rechten (Eigentum, Persönlichkeitsrecht) und Positionen, die nur ausnahmsweise geschützt werden (Vermögen, Willensfreiheit).

Frucht unseres pragmatischen Rechtswidrigkeitsverständnisses ist die Kategorie der sogenannten *Rechtfertigungsgründe*. Ist die Schädigung i.d.R. rechtswidrig (Rechtsgüter Leben, körperliche Unversehrtheit, Eigentum), können die Ausnahmen systematisch als Rechtfertigungsgründe erfaßt werden. *Musterfall* eines Rechtfertigungsgrundes ist die Notwehr, § 32 StGB (D); Art. 33 StGB (CH). Auf den gesetzlich nicht näher geregelten Rechtfertigungsgrund der *Einwilligung* des Verletzten (Geschädigten) sei hingewiesen. Diesem problembeladenen Rechtfertigungsgrund sollte beim Studium im Privatrecht und Strafrecht besondere Aufmerksamkeit geschenkt werden.

c) Unerlaubte Schädigung trotz erlaubter Handlung (Opferperspektive)

Wir haben vorstehend b die Rechtswidrigkeit der Handlung mit dem Risiko des Rechtsgutsverlustes begründet, also mit der Gefahr der Schädigung Dritter. Konsequenterweise folgt daraus, daß Handlungen von der Rechtsordnung nicht mißbilligt werden, wenn solche Risiken nicht vorhersehbar sind, näher anschließend 4 b.

Beispiel, Querschläger: Ein Polizeibeamter darf die Festnahme eines gefährlichen Straftäters selbstverständlich nicht mit einem Schuß auf die Beine des Flüchtenden erzwingen, wenn für Passanten Lebensgefahr besteht (Querschläger usw.). Besteht aus der Sicht eines sorgfältigen Polizeibeamten anhand der konkreten Umstände diese Gefahr nicht, darf, ja muß die Festnahme notfalls mit Waffengebrauch erzwungen werden. Kommt es in solchen Fällen unglücklicherweise zu einer nicht voraussehbaren Schädigung eines Dritten, kann dieses Unglück ex post nicht ein Verhalten des Beamten rechtswidrig machen, zu dem er ex ante berechtigt, ja verpflichtet war. Zugleich ist mindestens zweifelhaft, ob aus der Opferperspektive die Schädigung als rechtmäßig hinzunehmen ist. Die Rechtsordnung *kann* zu einer schizophrenen Betrachtung gelangen: Vom Täter (im Beispiel vom Polizeibeamten) her gesehen ist die Handlung nicht zu mißbilligen, unter Umständen wird die Handlung sogar vom Recht gefordert. Vom Opfer (im Beispiel vom Passanten, den der Querschläger trifft) her gesehen ist die Schädigung rechtlich zu mißbilligen. Ein solches aus der Opferperspektive abgeleitetes Rechtswidrigkeitsurteil wird insbesondere bei der *Staatshaftung*, zum

Teil auch bei der Notwehr herangezogen. Im Grunde geht es jedoch um *Haftung für erlaubte Risiken*[33], d. h. diese Fälle stehen den eingangs a behandelten Sachverhalten nahe.

4. Verschulden des Schädigers

a) Zum Sinn des Schulderfordernisses

Schuld ist ein gegen den Täter wegen seiner Tat (Straftat, unerlaubte Handlung, Vertragsverletzung) gerichteter Vorwurf. Ein solcher Vorwurf kann unproblematisch erhoben werden, wenn der Täter die Tat wissentlich und willentlich begangen hat (Vorsatz, anschließend b). Wollte der Täter das Opfer nicht schädigen, setzt Schuld als Minimum den Vorwurf voraus, daß der Täter angesichts seiner persönlichen Fähigkeiten und angesichts der konkreten Umstände die Schädigung (das Schadensrisiko) hätte erkennen und vermeiden können (Fahrlässigkeit, anschließend c).

Voraussetzung für einen Vorsatz- oder Fahrlässigkeitsvorwurf ist die *Schuldfähigkeit* des Täters. Sie wird im deutschen Zivilrecht auch als *Deliktsfähigkeit* bezeichnet und als »die zur Erkenntnis der Verantwortlichkeit erforderliche Einsicht« definiert (so in § 828 Abs. 2 BGB mit Blick auf Minderjährige; zum Ausschluß wegen »krankhafter Störung der Geistestätigkeit« vgl. § 827 Satz 1 BGB). Auch die Haftung für Vertragsverletzungen setzt diese Schuldfähigkeit voraus, § 276 Abs. 1 S. 3 BGB. Das deutsche Strafrecht definiert in § 20 StGB die Schuldunfähigkeit wegen seelischer Störungen als Unfähigkeit, »das Unrecht der Tat einzusehen oder nach dieser Einsicht zu handeln«; zur altersbedingten Schuldunfähigkeit vgl. § 19 StGB. Beim Schuldunfähigen ist die Frage nach Vorsatz oder Fahrlässigkeit müßig, weil der sonst selbstverständliche Rückschluß auf einen Vorwurf nicht möglich ist. Der Betrunkene mag dem Opfer vorsätzlich die Flasche auf den Kopf schlagen – daraus folgt nicht (wie im Fall eines nüchternen Täters), daß wir ihm daraus einen Vorwurf machen können[34].

Strafe ist Reaktion auf ein dem Täter vorwerfbares Verhalten und setzt Schuld voraus. Im Zivilrecht verfolgt zwar die Schadensersatzpflicht als Sanktion bei Vertragsverletzung oder unerlaubter Handlung auch das Ziel

---

33 Ein staatliches Einschreiten bei Gefahr setzt Beurteilung *ex ante* voraus. Stellt sich *ex post* heraus, daß die Gefahr unbegründet war (der Untersuchungshäftling ist unschuldig), ist eine Schadensersatzpflicht des Staates sinnvoll, sollte aber nicht als Haftung für *rechtswidriges* staatliches Handeln verstanden werden (und ist gerade kein Fall des Art. 5 Abs. 5 EMRK). Zur Vertiefung zum *schweizerischen* Recht *Keller*, Haftpflicht im Privatrecht, Bd. 1, 5. Aufl., Bern 1993, S. 89 f.; zum Staatshaftungsrecht näher *Gygi*, Verwaltungsrecht, S. 248 ff. Zum *deutschen* Recht vgl. die Kommentare zu § 839 BGB. – Zur Opferperspektive bei der Notwehr vgl. *Stratenwerth*, (Deutsches) Strafrecht AT, 3. Aufl., Köln etc. 1981, N. 425.

34 Ob wir ihm die Trunkenheit vorwerfen können, ist eine andere Frage, vgl. zum Übernahmeverschulden unten c.

der Prävention, d. h. der Täter soll von Schädigungen abgehalten werden. Prävention würde an sich Beeinflußbarkeit des Täters und damit individuelle Vorwerfbarkeit der Schädigung und damit Schuld voraussetzen. Trotzdem verzichtet die im Zivilrecht herrschende Meinung[35] auf diese individuelle Vorwerfbarkeit als Haftungsvoraussetzung. Dies ist damit zu erklären, daß im Privatrechtsverkehr jedermann ein Durchschnittsmaß an Einsicht in Risiken und an Fähigkeiten zur Risikovermeidung zu garantieren hat (Ausnahme: die nicht urteilsfähigen Personen). Vorbehalten bleibt auch die Möglichkeit der Haftungsbeschränkung im rechtsgeschäftlichen Verkehr im Einverständnis mit dem Vertragspartner, »Freizeichnung«.

Trotzdem sind Schuldfragen auch im Privatrecht wichtig. Einmal kann der *Umfang der Haftung* vom Verschuldensmaß beeinflußt werden, wobei es unter Umständen auch zur Abwägung zwischen Schuld des Täters und Mitverschulden des Verletzten kommt. Zum andern wird herkömmlicherweise die Bestimmung des Durchschnittsmaßes an Sorgfalt als Fahrlässigkeitsproblem der Schuld zugewiesen. Sachlich zutreffend ist hier die neuere Ansicht, nach der ein sorgfaltsgemäßes Handeln schon nicht rechtswidrig sein kann. Im Privatrecht wird diese Auffassung als Theorie des Handlungsunrechts bezeichnet (Minderheitsansicht; h. M. bejaht Rechtswidrigkeit, gestützt auf Erfolgsunrecht); im übrigen siehe unten c am Ende.

b) Vorsatz

Vorsatz wird sowohl im Zivilrecht (vgl. § 276 Abs. 1 S. 1, § 276 Abs. 2 BGB) als auch im Strafrecht vom Gesetz gebraucht, ohne näher definiert zu werden (vgl. aber immerhin die Definition des *Vorsatzausschlusses* in § 16 Abs. 1 S. 1 StGB). Man ist sich einig, daß Vorsatz eine Wissens- und eine Willenskomponente aufweist. Vorsätzliches Handeln ist Handeln mit Wissen und Wollen. Dabei ist zu unterscheiden, ob der Täter die riskante Handlung vorsätzlich vornimmt oder ob er die Verwirklichung des Risikos (also den Schaden) vorsätzlich herbeiführt. Durch Auslegung ist festzustellen, welche dieser beiden Bedeutungen im Kontext eines Gesetzes oder eines Vertrages gemeint ist.

c) Fahrlässigkeit

Das deutsche StGB enthält keine Definition. Nach Art. 18 Abs. 3 StGB (CH) handelt pflichtwidrig unvorsichtig und damit fahrlässig, wer »die Vorsicht nicht beobachtet, zu der er nach den Umständen und nach seinen persönlichen Verhältnissen verpflichtet ist«. Gängig ist auch die Definition

---

35 Zum *deutschen* Recht *Palandt*, BGB, § 276 N. 5 einerseits: »Verschulden ist objektiv rechtswidriges (pflichtwidriges) und subjektiv vorwerfbares Verhalten«, andererseits gibt es so gut wie keinen Entschuldigungsgrund für »das nach objektiven Maßstäben zu beurteilende zivilrechtliche Verschulden« (a.a.O. N. 7). – Zum *schweizerischen* Recht zur Minderheitsansicht von *Tuhr/Peter*, OR I, S. 427, 430, auch mit Nachweisen zur h.M.

des § 276 Abs. 1 S. 2 BGB: »Fahrlässig handelt, wer die im Verkehr erforderliche Sorgfalt außer acht läßt«.

Die Fahrlässigkeit ist eine der großen Generalklauseln des Zivil- und Strafrechts. Die Rechtsordnung konkretisiert die Sorgfalt nämlich nur in einigen Teilgebieten (Musterfall Straßenverkehr). In vielen anderen Bereichen gibt es keine oder fast keine Präzisierung des Sorgfaltsmaßstabs.

Wie ein Arzt mit seinem Patienten oder wie eine Mutter mit ihrem Kind richtig umzugehen hat, um Schädigung (oder im Schadensfall den Fahrlässigkeitsvorwurf) zu vermeiden, ist nirgends geregelt. Sprichwörtlich ist, daß man Brunnen abdecken muß, damit das Kind nicht hineinfällt. Zweifelhaft ist schon, unter welchen Umständen eine Mutter ihr Kind, ohne für Begleitung zu sorgen, in den Kindergarten schicken (und damit den Risiken des Straßenverkehrs aussetzen) darf.

Ziel des Aufwandes an Sorgfalt ist die Vermeidung der Schädigung anderer. »Gänzliche Verhütung von Unfällen ist ein unerreichbares Ideal«[36] – und mehr: Ein gewisses Maß an Risiko für uns selbst und für Dritte ist mit unseren Handlungen notwendig verbunden, *sozialadäquates Risiko*.

Das total behütete Kind kann nicht das erzieherische Ideal sein. Die optimale Krankenversorgung würde die Ressourcen der Gesellschaft einseitig beanspruchen (und anderswo Risiken schaffen). Alles Kapital muß erarbeitet werden, deshalb klebt Blut am Geld (Arbeitsunfälle!). Wo periphere Sicherheitsfortschritte für Leib und Leben finanziell teuer erkauft werden, kann die Bilanz der Risiken für Leib und Leben negativ ausfallen. Wie eine Welt ohne Kriminalität (vielleicht) nicht Ideal des Strafrechts sein kann, ist eine Welt ohne Unfälle unerreichbar und (vielleicht) kein Ideal des Schadensersatzrechts.

Die Bemühungen, die Fahrlässigkeit als Generalklausel zu konkretisieren, haben zum *Durchschnittsbürger* als homunculus geführt. Vom Täter wird die Sorgfalt erwartet, die dieser homunculus angesichts der konkreten Umstände aufgewandt hätte. Die Umstände führen zugleich zu einer mehr oder weniger weitgehenden Spezialisierung des homunculus. Die bei einer Blinddarmoperation aufzuwendende Sorgfalt bestimmt sich nicht nach den Fähigkeiten des durchschnittlichen Bürgers, auch nicht nach denen des durchschnittlichen Arztes. Maßgebend ist der durchschnittliche Spezialist (kein Widerspruch!). Nur so läßt sich die Kenntnis des Normadressaten vom Normbefehl konstruieren. Nicht im Privatrecht oder StGB finden die Mütter oder Ärzte nähere Vorschriften, wie sie mit Kindern oder Patienten richtig (= sorgfältig) umzugehen haben; Vorbild sind andere Bürger in vergleichbarer Lage, dazu oben § 2 I 5 b.

Nicht verschwiegen werden sollen die großen juristischen Schwierigkeiten, die bei allgemeiner Schlamperei entstehen. Einerseits ist mit Durchschnitt kein empirischer Maßstab gemeint, sonst würde sich das Sollen nach dem Sein richten, siehe oben § 1 II 4 zur normativen Kraft des Faktischen. Andererseits entstehen empfindliche Rechtsgleichheits- und Rechtserkenntnis-

---

36 *Von Tuhr/Peter*, OR I, S. 430, Anm. 21.

probleme, wenn der Rechtsverkehr den theoretischen Sorgfaltsanforderungen praktisch nicht nachlebt (Straßenverkehr!).

In der Verletzung der verkehrserforderlichen Sorgfalt liegt das *objektive Fahrlässigkeitselement*. Es ist ganz oder (nach anderer Ansicht) weitgehend identisch mit der Adäquanz, denn die zur Schadensvermeidung aufzuwendende Sorgfalt bestimmt sich nach der generellen Voraussehbarkeit von Schädigungen. Im Strafrecht ist unbestritten, daß Strafe einen persönlichen Vorwurf an den Täter voraussetzt. Er liegt beim Vorsatz in der bewußten Auflehnung gegen das Recht[37]. Die Fahrlässigkeitsschuld, d. h. das subjektive Fahrlässigkeitselement, liegt im Vorwurf, der Täter hätte angesichts seiner persönlichen Fähigkeiten erkennen können, daß er bei seinem Handeln hinter den Sorgfaltsanforderungen zurückbleibt, *unbewußte Fahrlässigkeit* (oder er hat diese Sorgfaltswidrigkeit sogar gekannt, aber auf einen guten Ausgang vertraut, *bewußte Fahrlässigkeit*). – Schon einleitend a ist dargelegt, daß die im Privatrecht herrschende Meinung im Gegensatz zum Strafrecht auf dieses subjektive Fahrlässigkeitselement verzichtet. Der Unterschied ist in der Theorie fundamental. In der Praxis weichen jedoch die Resultate weniger weit voneinander ab. Dies liegt daran, daß nach allgemeiner Ansicht der persönliche Vorwurf nicht erst auf die eigentliche sorgfaltswidrige Handlung bezogen werden muß, sondern sich schon darauf richten kann, daß der Täter sich in die kritische Situation hineinbegeben hat, *Übernahmeverschulden*.

Wer als Chirurg altersbedingt »abbaut«, mag seine noch vorhandenen Fähigkeiten voll ausschöpfen – vorzuwerfen ist ihm, daß er überhaupt noch schwierige Operationen übernimmt (und zu dieser Einsicht wäre er trotz der einsetzenden Arteriosklerose noch fähig). Nach demselben Schema gehen wir bei Schuldunfähigkeit vor[38]. Dem betrunkenen Autofahrer kann aus seinem Fahrfehler angesichts seiner durch den Alkohol beschränkten Fähigkeiten entweder kein persönlicher Fahrlässigkeitsvorwurf gemacht werden, oder es fehlt sogar die Schuldfähigkeit. Vielfach können wir dem Betrunkenen jedoch vorwerfen, daß er sich überhaupt ans Steuer gesetzt hat. Freilich setzt dies voraus, daß er nicht zu betrunken war, um seine Trunkenheit zu bemerken.

Wenn das Privatrecht auf ein individuelles Fahrlässigkeitselement verzichtet, dehnt es das Übernahmeverschulden dahin aus, daß sich nur derjenige in den Rechtsverkehr begeben und damit Pflichten übernehmen darf, der imstande ist, durchschnittlichen Sorgfaltsanforderungen zu genügen. Wo die ungerechte Härte gegenüber Minoritäten wie Behinderten, Kranken, Dummen, Jungen, Alten usw. beginnt und wie sie gegebenenfalls zu lindern ist, ist ein Thema für sich. Man denke nur an den Ausschluß der Jungen und der Alten vom motorisierten Straßenverkehr.

---

37 Daß der Vorsatz keine Verbotskenntnis voraussetzt, hat vor allem Beweisgründe. Es ist unbestritten, daß das Wissen, das zum Vorsatz gehört, dem Täter die Erkenntnis mindestens nahelegen sollte, daß sein Verhalten auch verboten ist. Näheres dazu in der strafrechtlichen Lehre vom Sachverhalts- bzw. Verbotsirrtum, §§ 16, 17 StGB (D), Art. 19, 20 StGB (CH).

38 Worauf das Gesetz z. T. ausdrücklich hinweist, vgl. § 827 S. 2 BGB (D); Art. 54 Abs. 2 OR (CH).

5. Begrenzungen der Schadensersatzpflicht

Mit adäquater Kausalität, Rechtswidrigkeit und objektiver Sorgfaltsverletzung (Fahrlässigkeit) ist die schädigende *Handlung* so beschrieben, daß die Pflicht zum Ersatz des Schadens grundsätzlich feststeht. Das Privatrecht hat enorme Anstrengungen unternommen, die vom Rechtsgefühl mehr oder minder deutlich diktierten Ausnahmen von dieser grundsätzlichen Ersatzpflicht dogmatisch verläßlich zu begründen.

Beispiel: Überquert der Fußgänger T unvorsichtig die Straße, so sind generell voraussehbar Schäden an Kleidung und Gesundheit eines Radfahrers O, der bei einem Ausweichmanöver zu Fall kommt. Selbst ein besonders unglücklicher, tödlich verlaufender Sturz des O auf den Hinterkopf liegt noch im Rahmen der Adäquanz und ist T zuzurechnen. – Kommt es zu entlegenen Folgeschäden, so wenn O den beim Unfall verschmutzten Mantel zur Reinigung bringt und auf dem Weg von Räubern überfallen und verletzt wird, werden wir Inadäquanz annehmen. Bei anderen Folgeschäden (Zeitverlust führt dazu, daß O ein profitables Geschäft entgeht) hilft uns die Adäquanz nicht weiter, obwohl wir auch da mit der Angemessenheit einer Ersatzpflicht des T Mühe haben[39].

Im Rahmen *vertraglicher Haftung* ist die Problematik deshalb entschärft, weil Begrenzungen der Schadensersatzpflicht vereinbart werden können. Bei den unerlaubten Handlungen hat sich jedoch – abgesehen von Adäquanz, Rechtswidrigkeit, objektiver Sorgfaltsverletzung (und gegebenenfalls Schuld) – kein anderes, die Schadensersatzpflicht in verallgemeinerungsfähiger Form begrenzendes Kriterium finden lassen. Bei der Suche nach solchen Begrenzungen ist man auf Begriffspaare gestoßen wie vorhersehbarer bzw. unvorhersehbarer, unmittelbarer bzw. mittelbarer, vom Schutzzweck der Norm umfaßter bzw. nicht umfaßter Schaden. Diese Begriffspaare enthalten relevante Gesichtspunkte, die neben der billigen Berücksichtigung aller Umstände des Einzelfalls im Rahmen des § 254 BGB (D) bzw. der Art. 43, 44 OR (CH) fruchtbar gemacht werden können. Näheres dazu im Schadensersatzrecht.

IV. Organisations- und Statusrecht

1. Familien- und Erbengemeinschaften

Zur Vertragsautonomie gehört die Freiheit des einzelnen, sich mit anderen zusammenzuschließen, also Gemeinschaften zu bilden. Das *Familienrecht* (Viertes Buch des BGB) regelt insbesondere die familienrechtlichen Gemeinschaften. Die wichtigsten beiden Gemeinschaften sind Ehe und die

---

39 Wenn als Schädiger im Beispiel ein Fußgänger (und nicht ein Autofahrer) genommen wird, dann deshalb, weil der Autohalter einer grundsätzlich verschuldensunabhängigen Schadenshaftung unterstellt ist, oben III 3 a zur Betriebsgefahr nachlesen!

Kind-Eltern-Beziehung; hierher gehören nach moderner Sicht[40] auch eheähnliche Lebensgemeinschaften (Konkubinat). Die gänzliche oder teilweise *Auflösung dieser Gemeinschaften* führt zu schwierigen Problemen: Scheidung (§§ 1564 ff. BGB); Entziehung der elterlichen Sorge (§§ 1626, 1666 BGB). Die Verwandten sind auch gesetzliche Erben, d. h. sie erben, es sei denn, der Erblasser nutzt seine Testierfreiheit und trifft eine abweichende Verfügung, §§ 1922 ff. i.V.m. §§ 2064 ff., 2303 BGB. Typischerweise wird mit dem Todesfall aus der Familiengemeinschaft (auch) eine *Erbengemeinschaft.* Das *Erbrecht* ist im Fünften Buch des BGB geregelt.

Die familienrechtlichen Gemeinschaften können auf Vertrag beruhen – mit hohem Anteil des ius cogens (Ehe, Adoption). Zum Teil entstehen die Gemeinschaftsbeziehungen kraft Gesetzes, also ohne Rücksicht auf den Willen der Betroffenen. So wird man z. B. in die Familiengemeinschaft hineingeboren und mit weitreichenden Pflichten belastet. Dabei zeigt gerade das Kindesverhältnis, daß das Recht den natürlichen Gegebenheiten folgt[41]. Auch in die Erbengemeinschaft gerät man wider Willen. Man kann sich aus *dieser* Gemeinschaft jedoch relativ leicht lösen, nämlich durch Ausschlagung der Erbschaft oder durch Teilung.

2. Gesellschaften, insbesondere Handelsgesellschaften und Vereine

a) Organisation

Neben den familien- und erbrechtlichen Gemeinschaften mit ihren Besonderheiten kennen wir freiwillige Zusammenschlüsse mehrerer Personen zur Erreichung gemeinsamer ideeller oder wirtschaftlicher Ziele.

§ 705 BGB (D)

Durch den Gesellschaftsvertrag verpflichten sich die Gesellschafter gegenseitig, die Erreichung eines gemeinsamen Zweckes in der durch den Vertrag bestimmten Weise zu fördern, insbesondere die vereinbarten Beiträge zu leisten.

Art. 530 OR (CH)

Gesellschaft ist die vertragsmäßige Verbindung von zwei oder mehreren Personen zur Erreichung eines gemeinsamen Zweckes mit gemeinsamen Kräften oder Mitteln.
Sie ist eine einfache Gesellschaft im Sinne dieses Titels, sofern dabei nicht die Voraussetzungen einer andern durch das Gesetz geordneten Gesellschaft zutreffen.

---

40 Schon im Titel faßbar bei *Weyrauch/Katz/Olsen,* Family Law – Legal Concepts and Changing Human Relationships, St. Paul, Minn. 1994.
41 Kindesverhältnis als »vom Recht anerkannte grundlegende Beziehung« zwischen Kind und Eltern, *Tuor/Schnyder/Schmid,* ZGB, S. 276. Zum Naturrecht oben § 1 III.

Die für die Gesellschaft charakteristische Verfolgung gemeinsamer Ziele (mit einem gewissen Dauerelement, Organisation) läßt sich nicht scharf gegenüber dem einfachen Vertragsrecht abgrenzen[42]. Für den einfachen Vertrag ist charakteristisch, daß die Partner jeweils eigene Ziele verwirklichen möchten (»Gegenpartei«). Freilich können insbesondere bei auf Dauer angelegten Vertragsbeziehungen die egoistischen, ja konträren Zielsetzungen durch die Erkenntnis wechselseitiger Abhängigkeit so modifiziert werden, daß zum Teil gemeinsame Interessen vorliegen. Man lese noch einmal die vorstehend wiedergegebenen Definitionen der Gesellschaft und beantworte die Frage, warum Vermieter und Mieter, Großhändler und Einzelhändler, Arbeitgeber und Arbeitnehmer, Arzt und Patient *nicht* als Gesellschaft betrachtet werden können[43].

Das Gesellschaftsrecht hat sich die Unterscheidung zwischen Zweck und Mittel in mehrfacher, nicht immer leicht zu durchschauender Hinsicht nutzbar gemacht[44]. Der Gesetzgeber hat bestimmte Gesellschaftstypen auf die Verfolgung bestimmter Zwecke beschränkt. Freilich sind die Grenzen mehr und mehr verwischt worden. Zu dieser Verwischung hat der Umstand beigetragen, daß der Gesellschaftszweck aus der Sicht der Gesellschafter ein Mittel für entferntere Ziele (Zwecke) der Gesellschafter sein kann. So können die Gesellschafter ideelle Fernziele vielfach nur über Gelderwerb als wirtschaftliches Zwischenziel erreichen, so daß die Gesellschaft schillert: Sie verfolgt wirtschaftliche Zwischenziele oder Nebenziele um nicht wirtschaftlicher (oder jedenfalls nicht gewinnorientierter) Fernziele willen.

Beispiel: Ein Verein, der nach deutschem und schweizerischem Recht (§ 21 BGB; Art. 60 ZGB) grundsätzlich keinen wirtschaftlichen Zweck verfolgen darf, kann sich das »ideale« Ziel eines Ausbaus von Wanderwegen setzen. Damit ist noch nicht gesagt, daß dieser Verein sich nicht einen Teil seiner Mittel durch einen nach Gewinn strebenden Hüttenbetrieb verschaffen darf (wirtschaftlicher Nebenzweck oder wirtschaftliches Zwischenziel).

Damit nicht genug: Wirtschaftliche Gesellschaftszwecke können ihrerseits mit verschiedenen Mitteln verfolgt werden. Wird der wirtschaftliche Gesellschaftszweck mittels Führung eines kaufmännischen Unternehmens verfolgt, so werden mit Blick auf die Haftung der Gesellschafter und die Publizität vom Gesetzgeber bestimmte Gesellschaftsformen vorgeschrieben, *Handelsgesellschaften*[45].

---

42 *Hüffer*, Gesellschaftsrecht S. 51 ff. *Meier-Hayoz/Forstmoser*, Gesellschaftsrecht, S. 13 ff.
43 Man sollte sich die Antwort nicht zu einfach machen, z. B. den Fall überlegen, daß der Vermieter von Geschäftsräumen einen vom Umsatz des Mieters abhängigen Mietzins vereinbart.
44 Vgl. das Schaubild bei *Meier-Hayoz/Forstmoser* (wie Anm. 42), S. 78.
45 Das *deutsche* Recht regelt die Handelsgesellschaften vor allem im HGB, AktG, GmbHG und GenG; das *schweizerische* Recht in Art. 552 ff. OR.

b) Juristische Personen

Zum *zwingenden* Recht gehört die Frage, unter welchen Voraussetzungen die Organisation rechtlich mehr (oder etwas anderes) sein kann als die Summe ihrer Mitglieder. Es geht insbesondere darum, unter welchen Voraussetzungen die Organisation selbständig als *juristische Person* auftreten kann. Die allgemeinen Bestimmungen über die juristische Person[46] regeln die Voraussetzungen, unter denen die juristische Person Rechte und Pflichten erwerben kann und damit wie eine natürliche Person *Rechtsfähigkeit* erlangt. In diesem Zusammenhang findet sich auch die Regelung der *Organe*, also wer für die juristische Person handelt (Vertretungsmacht, Handlungsfähigkeit). Der Wille der juristischen Person kommt durch ihre *Organe* zum Ausdruck.

Der wohl wichtigste *Vorteil* der juristischen Person liegt in der Haftung (Außenverhältnis, siehe unten 4): Dritten haftet das Vermögen der juristischen Person. Die Mitglieder haften (grundsätzlich) nicht mit ihrem Vermögen. Dies erklärt auch, daß juristische Personen nicht beliebig geschaffen werden können, sondern die vom Gesetz entwickelten Modelle zu benutzen sind, *Typenzwang*.

Vorteilhaft ist weiter die relative Unabhängigkeit der juristischen Person von ihren fluktuierenden Mitgliedern (*Innenverhältnis*, siehe unten 3). Diese Verselbständigung der juristischen Person gegenüber ihren Mitgliedern zeigt sich besonders deutlich daran, daß »juristische« Personen keines »natürlichen« Todes sterben können. Die juristischen Personen haben nur den künstlichen, juristischen Tod durch *Auflösung* (Liquidation) zu fürchten; auch *Verschmelzung* mit anderen juristischen Personen (Übernahme) ist möglich. Solange die juristische Person zahlungsfähig ist, ist sie gegen ihren Tod hervorragend geschützt, teils aus rechtlichen Gründen (weil die Auflösung nach Satzung oder Gesetz meist nur von einer qualifizierten Mehrheit der Mitglieder beschlossen werden kann), teils aus faktischen Gründen (weil die Organe am Überleben der juristischen Person interessiert sind).

Die wichtigsten Beispiele für juristische Personen sind der *Verein*, die AG und die GmbH. Für den Verein ist typisch die nicht wirtschaftliche Aufgabe, während für die AG und GmbH wirtschaftliche Betätigung charakteristisch ist.

Von ganz besonders großer Bedeutung sind die *juristischen Personen des öffentlichen Rechts*. So ist der Staat eine derartige juristische Person des öffentlichen Rechts. Die Organisation dieser juristischen Personen ist öffentlich-rechtlich geregelt, vgl. den Hinweis in Art. 59 Abs. 1 ZGB (CH) und unten § 5 I 4 a.

---

46 §§ 21, 26 BGB (D); Art. 53, 54, 55 ZGB (CH).

3. Innenverhältnis

Das Organisationsrecht ist ein wichtiger Anwendungsfall der Unterscheidung zwischen Innen- und Außenverhältnis. Das *Innenverhältnis* betrifft die Rechtsbeziehungen (1) zwischen den Gesellschaftsmitgliedern und (2) zwischen Gesellschaft und Gesellschaftsmitgliedern. – Als *Außenverhältnis* bezeichnet man die Beziehungen (1) zwischen Gesellschaft und Dritten sowie (2) zwischen Gesellschaftsmitgliedern und Dritten. – In vergleichbarer Weise lassen sich Innen- und Außenverhältnisse auch bei einfachen Vertragsbeziehungen unterscheiden. So regelt das Verhältnis zwischen Auftraggeber und Beauftragtem das Innenverhältnis, während die Beziehungen des Beauftragten (gegebenenfalls auch des Auftraggebers)[47] zu Dritten als Außenverhältnis bezeichnet werden.

Ist die Organisation als juristische Person verselbständigt, geht es im Innenverhältnis jedenfalls primär um die Beziehung der juristischen Person zu ihren Mitgliedern. Ist die Organisation nicht als juristische Person verselbständigt, geht es im Innenverhältnis (jedenfalls primär) um die Beziehungen der Mitglieder zueinander. Ziel der gesetzlichen Regelung ist es, für diese Innenbeziehungen Modelle zu entwickeln. Diese Modelle sind zwar im Rahmen der Vertragsfreiheit abänderbar, doch wird zugleich mit zwingenden Vorschriften ein Minimum an inhaltlicher Gerechtigkeit sichergestellt. Es geht um ein Minimum an Gleichbehandlung im Verhältnis der Gesellschafter zueinander oder um ein Minimum an Gleichbehandlung der Mitglieder durch die juristische Person. Bei der Familiengemeinschaft als einer nicht als juristische Person verselbständigten Gemeinschaft garantiert das Gesetz den Kindern Unterhaltsansprüche, die durch vertragliche Vereinbarungen nur in engen Grenzen beeinflußt werden können.

4. Außenverhältnis

Im Außenverhältnis geht es bei juristischen Personen (jedenfalls primär) um die Beziehungen der juristischen Person zu Dritten. Ist die Organisation nicht als juristische Person verselbständigt, geht es (jedenfalls primär) um die Beziehungen zwischen Mitgliedern und Dritten. In beiden Fällen stehen Haftungsfragen im Vordergrund des Interesses.

Beispiel: Kauft K einen Brillantring, so haftet *er* gegenüber dem Juwelier V für Bezahlung. V fehlt die juristische Basis dafür, Zahlung von der wohlhabenden Braut B des K zu beanspruchen. – Ist K mit B verheiratet, stellt sich bei sonst gleichem Sachverhalt die Frage, ob die eheliche Lebensgemeinschaft auch als eine Schuldengemeinschaft anzusehen ist. Dies wird im Familienrecht als Problem des *Güterstandes* ausführlich und differenziert geregelt.

---

47 Zur Trennung von Auftrag und Vollmacht (des Beauftragten, den Auftraggeber gegenüber Dritten zu verpflichten) *Palandt/Thomas*, BGB, N. 6 vor § 662.

Die rechtliche Regelung der Handelsgesellschaften stellt die Gesellschaftsform an die Spitze, bei der jeder Gesellschafter den Gesellschaftsgläubigern gegenüber unbeschränkt haftet[48]. – In scharfem Gegensatz[49] dazu liegt die Attraktivität *der* Handelsgesellschaften, die juristische Personen sind (AG, GmbH) für die Gesellschafter darin, daß sie gemeinschaftlich ein Gewerbe betreiben oder sich an einem Gewerbebetrieb beteiligen können, ohne das Erfolgsrisiko mit ihrem *ganzen* Vermögen tragen zu müssen. Für die Schulden der Gesellschaft haftet nur die Gesellschaft als juristische Person.

Die Frage nach der inneren *Rechtfertigung* für ein sich aus dem Wesen der juristischen Person ergebendes *beschränktes Risiko* der Mitglieder führt zu komplexen volkswirtschaftlichen Überlegungen. Großprojekte (z. B. Suezkanalbau) überfordern Finanzkraft und/oder Risikobereitschaft eines einzelnen. Auch bei einfacheren und überschaubareren Projekten und kleinen Gewerbebetrieben kann sich der Grundsatz der unbeschränkten persönlichen Haftung als untragbares Risiko erweisen und auf die Gesamtwirtschaft lähmend auswirken. Insofern kann die Risikobeschränkung auf ein vom Gesellschafter eingesetztes Kapital im wirtschaftlichen Gesamtinteresse liegen.

Im *Handelsrecht* sind die einzelnen Gesellschaftstypen in ihren komplexen Zusammenhängen wie Einfluß der Mitglieder auf die Geschäfte der Gesellschaft, Haftungsbeschränkung der Mitglieder, Haftung der Gesellschaft und ihrer Organe nach außen und Schutz der Gläubiger der Gesellschaft, u. a. durch Transparenz der Vermögensverhältnisse (*Publizität*, Handelsregister), zu erörtern. Der Einfluß der aktiven Gesellschafter auf die Geschäftsführung der Gesellschaft und die Auswirkung von Todesfällen auf die Balance unter den Gesellschaftern müssen ebenso bedacht werden wie die Beziehungen zwischen aktiven und passiven Gesellschaftern (die nur als Kapitalgeber an der Gesellschaft beteiligt sind, aber auf die Geschäftsführung keinen Einfluß haben). Dabei sind die steuerlichen Auswirkungen der Gesellschaftsformen auf die einzelnen an der Gesellschaft beteiligten Personen in die Überlegungen miteinzubeziehen. Deshalb gilt das Recht der *Handelsgesellschaften* zutreffend als *Krönung der Kautelarjurisprudenz*. Es geht um den präventiven Einsatz juristischer Mittel, also um vorausschauende Regelung und damit auch Verhütung von Konflikten.

---

48 In *Deutschland* die Offene Handelsgesellschaft (OHG), §§ 105 ff. HGB; in der *Schweiz* die *Kollektivgesellschaft*, Art. 552 OR.

49 Der Gegensatz wird insofern gemildert, als es Gesellschaftsformen gibt, die Haftungsbegrenzung der Gesellschafter ermöglichen, ohne daß eine juristische Person als Gesellschaftsform entsteht: Kommanditgesellschaft, vgl. §§ 161 ff. HGB (D) und Art. 594 ff. OR (CH).

V. Rechte und Rechtsgüter

1. Güter als Rechte

Eine der Leistungen der Rechtswissenschaft ist die Erfassung der Güter als »Rechtsobjekte«. Diese Rechtsobjekte können Personen (= Rechtssubjekten) zugeordnet werden[50]. Damit ist eine elementare Voraussetzung dafür geschaffen, daß die Rechtsordnung ihre Friedensfunktion erfüllen kann.

Die beiden Güter, die die privatrechtlichen Rechtsbeziehungen prägen, sind das *Eigentum* als subjektives Recht des Eigentümers an einer Sache und die *Arbeitskraft* als Ausfluß der Persönlichkeit (des Persönlichkeitsrechts). Beide Güter sind als Konkretisierungen der Freiheit konzipiert: Eigentum verleiht die Freiheit, mit einer Sache nach Belieben umzugehen. Das Persönlichkeitsrecht verleiht die Freiheit, über den Einsatz der Arbeitskraft nach Belieben zu entscheiden (entgeltlich, unentgeltlich; mit oder ohne Garantie eines Resultats). Geld und Freiheit sind Kürzel für die wechselseitige Austauschbarkeit von Eigentum und Arbeitskraft; Geld (Eigentum) ist gewissermaßen geronnene Freiheit[51].

Eigentum und Persönlichkeitsrecht sind zugleich die wichtigsten Beispiele für *absolute Rechte*. Das Rechtsgut wird dem Berechtigten exklusiv zugeordnet, alle anderen werden vom Zugriff auf dieses Gut grundsätzlich ausgeschlossen. Die *relativen Rechte* betreffen Befugnisse eines Rechtssubjekts (nicht gegenüber allen anderen Rechtsgenossen, sondern) gegenüber einem bestimmten anderen Rechtssubjekt. Als die beiden wichtigsten Quellen für relative Rechte haben wir die durch Vertrag freiwillig eingegangenen Pflichten und die durch Gesetz bei unerlaubter Handlung auferlegte Schadenersatzpflicht kennengelernt.

---

50 Man betont allgemein, daß es normlogisch keine Rechtsbeziehung zwischen Rechtssubjekt und Rechtsobjekt geben könne, sondern subjektive Rechte stets als Beziehungen zwischen Rechtssubjekten aufzufassen seien. So ist z. B. Eigentum an beweglichen Sachen die (im wesentlichen negative) Beziehung des Eigentümers zu allen Dritten, die diese Dritten vom Zugriff auf das Eigentum ausschließt. Es ist jedoch unschädlich, sich subjektive absolute Rechte als Beziehungen zwischen Rechtsgutinhaber und Rechtsgut vorzustellen, also z. B. Eigentum als Beziehung des Rechtssubjekts (Eigentümer) zum Rechtsobjekt (Sache). »Aktuell« wird dieses subjektive Recht nur in Relation zu anderen Rechtssubjekten, insbesondere wenn diese anderen als Störer auftreten, d. h. das Recht verletzen.

51 Zu dieser Wechselwirkung schon *von Ihering* (wie oben § 1 Anm. 28): Es »ist ein Stück der eigenen oder fremden Arbeitsvergangenheit, das ich in ihr (sc. der Sache) besitze und behaupte . . . Das Eigentum ist nur die sachlich erweiterte Peripherie meiner Person«. Zum Eigentum aus anthroposophischer und ethnologischer Sicht vgl. die Zusammenstellung bei *Werder*, Eigentum und Verfassungswandel, Diessenhofen 1978, S. 283 ff. und zum Zusammenhang mit dem Erbrecht oben § 1 Anm. 31.

Beispiel: T zertrümmert vorsätzlich eine dem O gehörende Glasscheibe. – Da die Scheibe dem O als Eigentümer exklusiv zugeordnet war, kann O alle anderen von Rechts wegen vom Zugriff und Eingriff (hier Zerstörung) ausschließen. Wird dieses absolute Recht des O nicht respektiert, entsteht eine Verpflichtung des *Störers T* zum Schadenersatz. Diese Pflicht gibt O einen Anspruch gegen T – und nur gegen T! – auf Wiederherstellung oder[52] Kostenersatz in Geld. O darf nicht unmittelbar in Güter des T eingreifen, z. B. diesem den entsprechenden Geldbetrag wegnehmen. Erfüllt T den Anspruch des O nicht, muß O seinen Anspruch mit Hilfe staatlichen Zwanges durchsetzen. Dagegen könnte sich O gegen den Eingriff in sein absolutes Recht »Eigentum« unmittelbar zur Wehr setzen, Notwehr, § 32 StGB (D); Art. 33 StGB (CH)[53].

Teilaspekte der Persönlichkeit (z. B. Ehre oder körperliche Unversehrtheit) werden als selbständige absolute Persönlichkeitsrechte betrachtet. Teilaspekte des Eigentums an Sachen (z. B. bei Grundstücken das Wegerecht) werden als selbständige absolute Sachenrechte (dingliche Rechte) betrachtet. Außerdem wird die Rechtsfigur des Eigentums an Sachen auf nicht körperliche Arbeitsprodukte übertragen. Erfindungen, Kompositionen usw. genießen einen dem Sacheigentum ähnlichen, außerhalb des Sachenrechts speziell geregelten Schutz *(Immaterialgüterrecht)*.

2. Die Relativierung der absoluten Rechte

Da absolute Rechte andere grundsätzlich ausschließen und dem Rechtsgutinhaber eine Verfügung nach seinem Belieben erlauben, stellt sich das grundsätzliche Problem, wie solche Freiheitsrechte so gewährleistet werden können, daß sie nicht zur *Störungsfreiheit* mißbraucht werden können. Dieses Problem löst das Privatrecht weitgehend schon durch die Trennung der Persönlichkeitsrechte und der Sachenrechte.

Ich kann von meiner persönlichen Freiheit zwar Gebrauch machen, wie ich will, stoße aber schnell auf absolute Sachenrechte anderer. Ich darf auf der schönen Aussichtsterrasse keine Wurst braten, wenn mir die Terrasse (oder die Wurst) nicht gehört. Ich darf zwar den schönen Berg beliebig besteigen, aber nicht beliebig hinauffahren (weil mich die Bergbahngesellschaft nur gegen Entrichtung des Fahrpreises und zu den ihr genehmen Zeiten befördert). Art. 4 der (französischen) Erklärung der Menschen- und Bürgerrechte von 1789 (oben § 1 II 2) nachlesen!

Das Problem der Störungsfreiheit wird weiter entschärft durch die relativen Bindungen, die ich mir als Sacheigentümer und Inhaber meiner Persönlichkeitsrechte freiwillig auferlegt habe, also durch mir gegenüber bestehende relative Rechte Dritter. Das absolute Recht ermöglicht theoretisch den Ausschluß aller andern. Der Rundumschutz, den das absolute Recht gewährt,

---

52 Das Verhältnis zwischen Naturalersatz und Geldersatz ist im deutschen und schweizerischen Recht nicht ganz gleich geregelt, vgl. § 249 BGB (D) und Art. 43 OR (CH). Praktisch kommt dem Geldersatz Priorität zu, während gedanklich von der Naturalrestitution auszugehen ist, denn der Umfang des Geldersatzes ist (jedenfalls primär) nach den Kosten der Wiederherstellung zu bestimmen.

53 Zum speziellen Abwehrrecht des Besitzers gegen Besitzstörungen siehe unten 3.

führt zu seiner didaktischen Darstellung als eine Art Stachelschwein. Das Bild läßt sich mindestens bis *Schopenhauer*[54] verfolgen. So liegt beim absoluten Recht der Akzent praktisch auf einer selektiven Zulassung Dritter durch Vertrag zwischen diesen Dritten und dem Inhaber des absoluten Rechts.

Ich kann blaumachen und den Berg während der Arbeitszeit besteigen, doch mache ich mich durch diesen Gebrauch meiner persönlichen Freiheit wegen Verletzung des relativen Rechts eines Dritten schadenersatzpflichtig (ganz abgesehen davon, daß der Dritte nicht die mir im Austausch versprochene Leistung erbringen wird, im Beispiel die Lohnzahlung).

Es bleiben *drei Spannungszonen:* (1) Die Ausübung des Persönlichkeitsrechts des einen kollidiert mit dem Persönlichkeitsrecht des andern (der Lärmende kollidiert mit dem Ruhebedürftigen; der Schwimmer am Rande des Schilfes stört den Vogelliebhaber beim Beobachten). – (2) Die Ausübung der Sachenrechte (als geronnene persönliche Freiheit) kollidiert mit den Persönlichkeitsrechten Dritter (der Gebrauch meiner Trommel beeinträchtigt das Persönlichkeitsrecht eines andern, in Ruhe gelassen zu werden; der Reiter kollidiert mit dem Wanderer). – (3) Die Ausübung von Sachen- oder Persönlichkeitsrechten beeinträchtigt die Interessen der Allgemeinheit (ich fahre mein Auto weiter, obwohl es nicht verkehrssicher ist oder die Luft verpestet).

Das Privatrecht löst einen Teil der Fallgruppen (1) und (2) nach den nachbarrechtlichen Vorschriften über das Grundeigentum. Danach ist z. B. die Frage zu beurteilen, ob E in seinem Garten in einer lauen Sommernacht grillieren darf, obwohl der Nachbar N lieber den Duft der Linden als den der Holzkohle und des Lammbratens genießen würde.

§ 906 BGB (D)

(1) [1]*Der Eigentümer eines Grundstücks kann die Zuführung von Gasen, Dämpfen, Gerüchen, Rauch, Ruß, Wärme, Geräusch, Erschütterungen und ähnliche von einem anderen Grundstück ausgehende Einwirkungen insoweit nicht verbieten, als die Einwirkung die Benutzung seines Grundstücks nicht oder nur unwesentlich beeinträchtigt.* [2]*Eine unwesentliche Beeinträchtigung liegt in der Regel vor, wenn die in Gesetzen oder Rechtsverordnungen festgelegten Grenz- oder Richtwerte von den nach diesen Vorschriften ermittelten und bewerteten Einwirkungen nicht überschritten werden.* [3]*Gleiches gilt für Werte in allgemeinen Verwaltungsvorschriften, die nach § 48 des Bundes-Immissionsschutzgesetzes erlassen worden sind und den Stand der Technik wiedergeben.*

---

54 *Schopenhauer*, Parerga und Paralipomena (1850), zitiert nach *Schopenhauer*, Sämtliche Werke, Parerga und Paralipomena, Bd. 6, (Hrsg.: *A. Hübscher*), 3. Aufl., Wiesbaden 1972, S. 690, § 396; ich verdanke diesen Hinweis dem Beitrag von *Robert Nef*, NZZ v. 15. 11. 1993, B 17 (dort auch interessante Hinweise zur Wurzel des Vertragsrechts).

(2) ¹Das gleiche gilt insoweit, als eine wesentliche Beeinträchtigung durch eine ortsübliche Benutzung des anderen Grundstücks herbeigeführt wird und nicht durch Maßnahmen verhindert werden kann, die Benutzern dieser Art wirtschaftlich zumutbar sind. . . .

Art. 684 ZGB (CH)

Jedermann ist verpflichtet, bei der Ausübung seines Eigentums, wie namentlich bei dem Betrieb eines Gewerbes auf seinem Grundstück, sich aller übermäßigen Einwirkung auf das Eigentum der Nachbarn zu enthalten.

Verboten sind insbesondere alle schädlichen und nach Lage und Beschaffenheit der Grundstücke oder nach Ortsgebrauch nicht gerechtfertigten Einwirkungen durch Rauch oder Ruß, lästige Dünste, Lärm oder Erschütterung.

Soweit es sich jedoch nicht um Nachbarn handelt, ist die Rücksichtnahme beim Freiheitsgebrauch zivilrechtlich nur insoweit geregelt, als es zur Verletzung konkreter Teilrechte der Persönlichkeit kommt.

Rammt der Surfer den Schwimmer, greift er in dessen körperliche Integrität ein. Diese Freiheit gehört nicht zum Persönlichkeitsrecht des Surfers. Die Beunruhigung des Schwimmers durch die gefährliche Nähe des Surfers ist dagegen privatrechtlich so wenig erfaßbar wie die Beeinträchtigung des Ruhebedürfnisses Dritter durch den Schwimmbadbesucher, der sein Radio laut stellt. Die Personen, die am gefährlichen Surfen, an der lauten Musik usw. Anstoß nehmen, sind Zufallsopfer. Die vorstehend wiedergegebenen Vorschriften (§ 906 BGB, Art. 684 ZGB) setzen eine nachbarrechtliche Dauerbeziehung voraus.

Rücksichtnahme bei der Ausübung der Persönlichkeits- und Sachenrechte läßt sich nur durch *öffentlich-rechtliche Vorschriften* erreichen, die der freien Persönlichkeitsentfaltung und dem Einsatz des Privateigentums so Grenzen setzen, daß sich die Freiheit des einen mit der Freiheit des andern verträgt. Surfer und Schwimmer; Vogelliebhaber und Ruderer im Schilf; Ruhesuchender und Rockmusikfan im Schwimmbad; Reiter und Wanderer – eine fast unendliche Zahl von Interessenkollisionen und eine fast unendliche Fülle öffentlich-rechtlicher Vorschriften.

Das *Eigentum* ist zwar grundrechtlich gewährleistet. Zugleich sind »Schranken« (Art. 14 GG), d. h. Einschränkungen »im öffentlichen Interesse« (Art. 22ter BV) zulässig. – Die *persönliche Freiheit* ist in der *Schweiz* als ungeschriebenes Grundrecht von der BV gewährleistet, siehe oben § 3 I 4 c (auch zum Gegenpol des öffentlichen Interesses). In *Deutschland* ist jedem »das Recht auf die freie Entfaltung seiner Persönlichkeit« in Art. 2 Abs. 1 GG verbürgt, »soweit er nicht die Rechte anderer verletzt«. Am *Lärmschutz* läßt sich zeigen, daß auch beim Eingriff ins Eigentum Konflikte zwischen Persönlichkeitsrechten im Vordergrund stehen. Die Regulierung der Phonzahl der Automotoren, des Radiobetriebs im Schwimmbad oder des Hundegebells können als im öffentlichen Interesse vorgenommene Eigentumsbeschränkungen (Auto, Radio, Hund) konstruiert werden. Die Regulierung des von Menschen ohne Hilfsmittel produzierten Lärms läßt sich dagegen nicht als Eigentumsbeschränkung erfassen. Trotzdem geht es natürlich in beiden Fallgruppen primär um ein persönlichkeitsrechtliches Interesse an Ruhe.

Die Relativierung der absoluten Rechte wird also vom Privatrecht und öffentlichen Recht arbeitsteilig erreicht. Gelegentlich ist ein Unterton eines an das Privatrecht gerichteten Vorwurfs spürbar, es untergrabe mit der harten Kategorie des absoluten Rechts »Eigentum« die soziale Verantwortung des Eigentümers und ignoriere die Sozialpflichtigkeit des Eigentums. Dieser Vorwurf ist nicht berechtigt. Es wäre mit der Rechtssicherheit und Rechtsgleichheit unvereinbar, wenn ein Bürger den andern *unmittelbar* unter Berufung auf die Sozialbindung des Eigentums in Anspruch nehmen könnte. Die *Fürsorge* sehen wir heute als staatliche Aufgabe an, die detailliert öffentlich-rechtlich geregelt ist. Die Mittel beschafft sich der *Sozialstaat* via Besteuerung (auch) des Eigentums. Auf diese Weise wird eine transparente und rechtsgleiche Inanspruchnahme der Eigentümer erreicht. *Früher* hat man den Ausschluß anderer vom Zugriff auf fremdes Eigentum nicht so absolut gesehen, weil die staatliche Fürsorge (und Besteuerung) noch nicht so ausgebaut war.

5. Buch Mose, 23, 25, 26: »Wenn Du in Deines Nächsten Weinberg gehst, so magst Du Trauben essen nach Deinem Willen, bis Du satt hast; aber Du sollst nichts in Dein Gefäß tun ... Wenn Du in die Saat Deines Nächsten gehst, so magst Du mit der Hand Ähren abrupfen; aber mit der Sichel sollst Du nicht darin hin und her fahren.«

Ob unsere Gesellschaft grundsätzlich oder in bestimmten Fällen die Freiheit als Störungsfreiheit zu hoch und die Freiheit als Stille, als Freiheit von Störungen zu niedrig einschätzt, wird unterschiedlich gesehen. Theoretisch sind Berge ohne Bergbahnen, ohne Skilifte, ohne Straßen und ohne Helikopterlärm vorstellbar. Die entsprechenden Konflikte werden primär im öffentlichen Recht ausgetragen. Auf das privatrechtliche Nachbarrecht wirken die in einer Rechtsgemeinschaft prävalenten Wertungen selbstverständlich zurück, wenn es Freiheit von Störungsfreiheit abzugrenzen gilt, z. B. Holzkohle gegen Lindenduft[55].

3. Eigentum und Besitz

Eigentum umschließt sowohl das Recht auf tatsächliche Sachherrschaft, d. h. das Recht auf »unmittelbaren« Besitz. Zur Definition des unmittelbaren Besitzes als tatsächliche Gewalt vgl. § 854 Abs. 1 BGB. Der Eigentümer und unmittelbare Besitzer hat auch das Recht, einem anderen den Besitz zu überlassen. Dann wird der Eigentümer entfernter »mittelbarer« Besitzer, der andere erlangt den unmittelbaren Besitz.

Je nachdem, ob und wie der Besitzer die Sache nutzen darf, stützt sich das Eigentümer-Besitzer-Verhältnis insbesondere auf Miete, Pacht oder Leihe. Die Überlassung des Besitzes spielt auch in Rechtsbeziehungen wie dem Arbeitsvertrag und bei atypischen Verträgen (Bewirtung) eine mehr oder minder große Rolle. – Nicht jeder

---

55 Dazu *Herbert Marcuse*, Der eindimensionale Mensch, Studien zur Ideologie der fortgeschrittenen Industriegesellschaft, Köln/Neuwied 1970, besonders S. 255 f.

Besitzberechtigte ist auch Besitzer. So kann dem Mieter das schönste Besitzrecht kraft Mietvertrags ab 1. April nicht den Besitz der Sache verschaffen, wenn die Neubauwohnung nicht termingerecht fertiggestellt wird. Umgekehrt ist nicht jeder Besitzer auch Besitzberechtigter. Wer ein Buch stiehlt, besitzt es, ohne ein Recht auf Besitz zu haben.

Eigentum ist als Recht unsichtbar. Da das *Grundeigentum, d. h. das Eigentum an unbeweglichen Sachen, durch* den *Grundbucheintrag sichtbar* wird, besteht ein besonderes Bedürfnis, die Eigentumsverhältnisse bei beweglichen Sachen zu erkennen. Das Sachenrecht benutzt hier den *Besitz* als *Indiz für* das *Eigentum,* vgl. die Rechtsvermutung in § 1006 BGB (D) bzw. Art. 930, 931 ZGB (CH). Diese Publizitätswirkung des Besitzes hat Konsequenzen für die Eigentumsübertragung. Eigentum an beweglichen Sachen wird grundsätzlich dadurch übertragen, daß dem Erwerber vom Veräußerer der unmittelbare Besitz eingeräumt wird[56]. Die vielfältigen Modifikationen dieses Grundsatzes gehören zu den im Sachenrecht zu behandelnden Themen.

Neben der Publizitätswirkung (Rechtsvermutung) bedient sich das Sachenrecht des Besitzes, um eine *vorläufige Friedensordnung* zu gewährleisten, nach dem Motto, »wer hat, der hat«, sogenannter *Besitzschutz*[57]. Wer als Eigentümer früherer Besitzer war, darf die Sache dem gegenwärtigen Inhaber, der Besitzer ohne Recht ist, nur abnehmen, wenn er ihn auf frischer Tat (d. h. bei der Besitzesentziehung) ertappt und verfolgt. In dieser Situation wehrt der Eigentümer und Besitzer eine zu seinem Nachteil in Gang befindliche Besitzstörung ab. Von diesem Ausnahmefall abgesehen, muß der Eigentümer seinen Herausgabeanspruch gegen den, der ohne Recht besitzt, vor Gericht geltend machen.

Beispiel: Dem früheren Besitzer und Eigentümer E wird eine Sache (z. B. ein Hund[58]) gestohlen. Einige Zeit danach erkennt E seine freudig mit dem Schwanz wedelnde Sache im Besitz des B wieder. Darf E sie B trotz dessen Protestes abnehmen? Falls nein, E dies aber trotzdem macht, kann B die Sache gestützt auf Besitzrechtsverletzung herausverlangen? Falls ja, kann sie dann E wieder von B gestützt auf sein Eigentum zurückverlangen?[59]

---

56 Art. 714 ZGB (CH); mit Übergabe nach § 929 S. 1 BGB (D) ist Verschaffung des unmittelbaren Besitzes gemeint.
57 §§ 858 ff. BGB (D); Art. 926 ff. ZGB (CH).
58 Tiere fallen entweder direkt unter den Sachbegriff (CH), oder es finden die für Sachen geltenden Regeln entsprechende Anwendung, § 90 a BGB.
59 *Frage 1:* Nein, solche Eigenmacht gegen einen Besitzer ist verboten, § 858 BGB (D); Art. 926 Abs. 1 ZGB (CH). *Frage 2:* Im Prinzip ja, weil die mit dem Besitzschutz bezweckte vorläufige Ordnung gestört (und vorläufig wiederherzustellen) ist. Die Details sind schwierig, im deutschen Recht und schweizerischen Recht nicht gleich und hängen überdies davon ab, ob B den Hund gestohlen (oder gutgläubig vom Dieb erlangt) hat. *Frage 3:* Falls Frage 2 zu bejahen ist, ja. Die Pointe ist, daß Frage 2 nur bejaht werden kann, indem man nicht schon in diesem Prozeß auf das Argument des E eingeht, er könne (und werde) in einem zweiten Prozeß im Ergebnis zu seinem Hund kommen.

4. Rechtserwerb

Eigentum an beweglichen Sachen[60] kann in dem Sinne *originär* erworben werden, daß an der Sache bisher kein Eigentum bestanden hat (unter Umständen die Sache noch nicht existiert hat), z. B. durch Aneignung herrenloser, d. h. in niemandes Eigentum stehender Sachen. Praktisch wichtigster Fall ist die Ausübung des Jagdrechts. – Bei natürlichen Früchten entsteht die Frucht als selbständige Sache mit der Trennung. Im selben Augenblick entsteht Eigentum an der Frucht zugunsten des Eigentümers der Sache, die die Frucht hervorgebracht hat, also zugunsten des Eigentümers des Apfelbaumes, Maisfeldes, Schweines usw., das die Äpfel, den Mais, die Ferkel produziert[61]. – Bei der Schaffung einer Sache ist es denkbar, dem Eigentümer des Rohstoffes oder dem Verarbeiter[62] das Eigentum zuzusprechen.

Bestand an der Sache schon ein Eigentumsrecht, ist originärer Eigentumserwerb in dem Sinne möglich, daß der Rechtserwerb nicht auf dem Recht des Rechtsvorgängers beruht, d. h. daß mit dem originären Erwerb das Recht des Rechtsvorgängers untergeht, z. B. durch *Ersitzung*: §§ 937 ff. BGB (D); Art. 728, 729 ZGB (CH).

Praktisch wichtiger als der originäre Erwerb sind die Fälle der Rechtsübertragung, also der *derivative* Erwerb. Der andere, von dem der Erwerber seinen Erwerb ableitet, ist Rechtsvorgänger, also früherer Inhaber des Eigentums. Wie immer bei Kategorienbildungen, ist bei der Unterscheidung zwischen originärem und derivativem Erwerb zu beachten, daß Zuordnungsschwierigkeiten letztlich offenbleiben können, wenn man sich in der Sache einig ist. Deshalb tut man gut daran, der Frage auszuweichen, ob der anschließend zu besprechende gutgläubige Erwerb zur Kategorie des derivativen oder des originären Erwerbs zu zählen ist.

Die Rechtsübertragung kann kraft Gesetzes erfolgen, gewissermaßen automatisch. So geht mit dem Erbfall das Eigentum auf den Erben oder die Erbengemeinschaft über, vgl. § 1922 BGB (D); Art. 560 Abs. 2 ZGB (CH). Normalerweise erfolgt jedoch der Übergang des Eigentums und der anderen Sachenrechte durch *Einigung*. Weil sich diese Einigung auf das dingliche Recht bezieht, spricht man von dinglicher Einigung oder vom dinglichen

---

60 Im folgenden wird nur Eigentum an beweglichen Sachen (*Fahrnis* in der Terminologie des ZGB) behandelt. *Grundeigentum* kann in seltenen Fällen originär entstehen, z. B. bei Veränderungen eines Ufergrundstücks; zur Ersitzung vgl. § 900 BGB (D); Art. 661, 662 ZGB (CH). Schon bei der Ersitzung und noch mehr beim derivativen Erwerb unterscheidet sich die Rechtslage gegenüber dem Eigentum bei beweglichen Sachen wegen der Publizitätswirkung des Grundbuchs, vgl. zum Schutz des guten Glaubens in die Richtigkeit des Grundbucheintrags § 892 BGB (D); Art. 973, 974 ZGB (CH).
61 § 953 BGB (zu Tieren oben Anm. 58); Art. 643 ZGB.
62 Verarbeiter ist nach ganz h.M. nicht der Arbeitnehmer, sondern der Arbeitgeber (oder der Unternehmer, der *selbständig*, wenn auch im Auftrag und gegebenenfalls mit vom Kunden geliefertem Material produziert), vgl. § 950 BGB (D); Art. 726 ZGB (CH).

Vertrag. Diese dingliche Einigung geht auf einen Rechtsgrund zurück. Diese causa für die dingliche Einigung ist ihrerseits ein Vertrag, und zwar ein schuldrechtlicher Vertrag. Wir unterscheiden also zwischen *Verpflichtungs-* und *Verfügungsgeschäft*[63], d. h. zwischen der vertraglichen Verpflichtung zur Eigentumsübertragung und der in Erfüllung dieser Verpflichtung vorgenommenen dinglichen Einigung = Rechtsübertragung. Die Konsequenzen dieser Unterscheidung kann das Recht unterschiedlich lösen, wobei jede Lösung empfindliche Komplikationen nach sich zieht. Darauf ist hier nicht einzugehen. Das folgende Beispiel soll nur den prinzipiellen Unterschied zwischen Verpflichtungs- und Verfügungsgeschäft verdeutlichen.

Beispiel: Im Kaufvertrag vom 1. Februar verpflichten sich V und K, am 20. Februar Eigentum zu übertragen – V sein Eigentum an der Ware auf K, K sein Eigentum an Geld auf V. Wenn dieser Vertrag am 20. Februar erfüllt wird, überträgt V Eigentum an der Ware auf K, d. h. zur Einigung über den Kaufvertrag am 1. Februar tritt am 20. Februar die dingliche Einigung über den Eigentumsübergang »in Erfüllung« des Kaufvertrags (und die Besitzübertragung, vorstehend 3). Kommt es nicht zu dieser dinglichen Einigung am 20. Februar (etwa weil V die Sache am 10. Februar im Hinblick auf ein besseres Angebot des X einem verkauft und ihm gleichzeitig das Eigentum übertragen hat), wird K nicht Eigentümer. K hat nur Schadenersatzansprüche gegen V, weil V seine Verpflichtungen aus dem Kaufvertrag nicht erfüllt. K hat keine Ansprüche gegen X, weil das Recht des K aus Kaufvertrag nur gegenüber V besteht (relatives Recht). Soweit X dem K einen *Vermögensschaden* zufügt, bedarf die Rechtswidrigkeit dieser Schädigung besonderer Begründung, an der es hier fehlt, vgl. oben III 3 b.

Bisher sind wir vom Erwerb vom Berechtigten ausgegangen, denn es ist klar, daß normalerweise ein Recht nur vom Rechtsinhaber übertragen werden kann. Der *Rechtserwerb vom Nichtberechtigten* gehört zu den *Urrätseln der Rechtswissenschaft.* Klar ist, daß der Rechtserwerb dann nicht möglich ist, wenn der Erwerber weiß, daß ihm ein Nichtberechtigter das Recht übertragen will.

Beispiel: Wenn K eine von V dem Eigentümer E gestohlene oder von V veruntreute oder gefundene Sache in Kenntnis des Diebstahls oder der Veruntreuung oder der Fundunterschlagung kauft, erwirbt K kein Eigentum. K verletzt das fortbestehende Eigentum des Opfers der Vortat (also des Diebstahls bzw. der Fundunterschlagung etc.) und ist deshalb wegen Hehlerei zu bestrafen.

Wenn jedoch im vorstehenden Beispiel der Veräußerer dem Erwerber erfolgreich vorspiegelt, er (der Veräußerer) sei Rechtsinhaber, besitze die Sache also als Eigentümer, läßt uns unser Rechtsgefühl im Stich. Soll der wahre Eigentümer geschützt sein (Eigentümer bleiben), obwohl er vielleicht mehr oder weniger leichtfertig dem Veräußerer die Transaktion ermöglicht hat, z. B. weil er naheliegende Schutzmaßnahmen gegen den Diebstahl nicht getroffen oder weil er den Besitz der Sache dem Veräußerer überlassen hat,

---

63 Das Verfügungsgeschäft bringt Pflichten zum Erlöschen (durch Erfüllung, vgl. § 362 Abs. 1 BGB, Art. 114 Abs. 1 OR).

ohne dessen Vertrauenswürdigkeit zu prüfen? Soll der Erwerber trotz seines *guten Glaubens* (§ 932 Abs. 2 BGB, Art. 3 Abs. 2 ZGB) kein Eigentum erwerben? Der gutgläubige Erwerb des Eigentums aufgrund eines Vertrages mit dem angeblich zur Eigentumsübertragung Berechtigten[64] ist nur ein Unterfall der noch allgemeineren *Rechtsscheinproblematik*.

Beispiel, Rechtsschein: Hat H den V beauftragt, ihn zu vertreten, und hat er V die entsprechende Vollmacht erteilt, so kann H den Auftrag und die Vollmacht jederzeit widerrufen. Der Dritte D, der in Unkenntnis des Widerrufs im Vertrauen auf die Vollmacht mit H (vertreten durch V) zu kontrahieren glaubt, ist in diesem guten Glauben, im Vertrauen auf den Rechtsschein unter bestimmten Voraussetzungen zu schützen[65]. – Auch das *Fehlurteil* führt zu einem Rechtsscheinproblem: Das Gefängnispersonal ist im Vertrauen darauf zu schützen, daß die Insassen zu Recht verurteilt worden sind (und festgehalten werden dürfen). Deshalb besteht kein Notwehrrecht des Insassen, der Opfer eines Justizirrtums geworden ist, gegenüber dem Personal. – Der *Verdacht* berechtigt vielfach zu Eingriffen kraft Rechtsscheins, man denke z. B. an die Untersuchungshaft.

Was den gutgläubigen Eigentumserwerb angeht, wäre es gegenüber den Vorlesungen und Darstellungen des Sachenrechts geradezu unfair, die dem geltenden Recht entsprechende Lösung dieses rechtswissenschaftlichen Urrätsels hier zu verraten. Natürlich ist es der Rechtswissenschaft in jahrhundertelangen Bemühungen gelungen, statt der in der Fragestellung angedeuteten Schwarzweißlösung fein abgestufte Grautöne zu entwickeln, also weder den gutgläubigen Erwerber noch den wahren Eigentümer immer und/oder voll zu schützen. Solche Zwischenlösungen klingen in der Differenzierung des Sachverhaltes im vorstehenden Beispiel an: Ist E die Sache gestohlen worden, ist – vielleicht – der gute Glaube des K weniger schutzwürdig, als wenn E die Sache dem V gegeben – und dieser sie veruntreut hat. Solche (und andere) Zwischenlösungen werden durch eine ausgeklügelte Beweislastverteilung gefördert. Zugleich zeigen sich auch an diesem Urrätsel die dem Recht immanenten Schranken. Beide Betroffenen verdienen Schutz, also der wahre Eigentümer *und* der gutgläubige Erwerber. Das Recht kann und muß die Kollision berechtigter(!) Interessen lösen, indem es feine Unterscheidungen entwickelt, die dann die Hintansetzung des einen Interesses zugunsten des anderen Interesses begründen. Wie immer das Recht das Aufteilungsproblem zwischen den Interessen des wahren Eigentümers und den Interessen des gutgläubigen Erwerbers löst, die Summe der rechtlich geschützten Interessen bleibt immer konstant. Mit diesem Satz haben wir zugleich den Übergang zum nächsten Abschnitt, dem öffentlichen Recht, gewonnen. Dort geht es vielfach um die schmerzliche Abgrenzung

---

64 *Wiederholung:* Primär geht es um *sofortigen* Eigentumserwerb kraft guten Glaubens an eine (derivative) Übertragung. Wo nach den Regeln über den gutgläubigen Erwerb vom Nichtberechtigten ein solcher sofortiger Eigentumserwerb nicht möglich ist, bleibt ein Eigentumserwerb kraft Ersitzung möglich, der ebenfalls (anhaltenden!) guten Glauben voraussetzt.

65 Vgl. §§ 168–173 BGB (D); Art. 34–37 OR (CH).

von berechtigten Interessen (Freiheit) des einen gegenüber berechtigten Interessen *konkreter* anderer oder gegenüber den Interessen *abstrakter* anderer, die zur Allgemeinheit verblassen.

§ 5 Grundfragen des öffentlichen Rechts

I. Regelungsaufgaben des öffentlichen Rechts

1. Eingriffs- und Leistungsverwaltung

Den Umfang des öffentlichen Rechts kann man sich durch einen Vergleich mit dem Privatrecht klarmachen. Der Multiplikator liegt in der Größenordnung zwischen 100 und 1000. Kodifikationsvolumen des Privatrechts x ca. 400 = Kodifikationsvolumen des öffentlichen Rechts[1]. Wenn es eine durch Gesetzesflut herbeigeführte oder sichtbar werdende Krise des Rechts gibt, dann ist es eine *Krise des öffentlichen Rechts.* Der Versuch, einen Überblick über die Aufgaben des öffentlichen Rechts zu gewinnen, hat zur traditionellen, bis heute nachwirkenden *Zweiteilung zwischen Eingriffs- und Leistungsverwaltung*[2] *geführt. Via Eingriffsverwaltung*[3] nimmt der Staat dem Bürger Freiheit (und Geld), bzw. begrenzt er die Freiheit des Bürgers; Beispiele: Besteuerung, Bestrafung. Dabei ist die Gewaltenteilung zu beachten, d.h. die für die Eingriffsverwaltung charakteristische »Einschränkung von verfassungsmäßig gewährleisteten Rechten und die Auferlegung von Pflichten« (*BGE 103 Ia 369, 376*) muß auf gesetzlicher Grundlage beruhen (Steuerrecht, Polizei- und Strafrecht usw.), *Gesetzesvorbehalt* bzw. Gesetzmäßigkeitsprinzip der Verwaltung. – Via *Leistungsverwaltung* gibt der Staat dem Bürger Geld (und Freiheit); Beispiele: Schulen, Fürsorgeleistungen und Subventionen. Auf die Frage, wieweit auch die Leistungsverwaltung der gesetzlichen Grundlage bedarf (Schulrecht, Fürsorgerecht, Subventionsrecht usw.), ist unten III 2 d zurückzukommen.

Für den klassischen Liberalismus ist die Leistungsverwaltung fast ganz suspekt. Die Eingriffsverwaltung ist aus der Sicht des klassischen Liberalismus auf die Abwehr relativ konkreter Gefahren für Rechtsgüter des

---

1 *Gygi*, Verwaltungsrecht, S. 5, weist darauf hin, daß in der *Schweiz* allein die Lebensmittel- und Fleischschauverordnung den Umfang des ZGB übersteige und zudem stärkeren Veränderungen unterworfen sei als das ZGB; in *Deutschland* hat sich die Sammlung lebensmittelrechtlicher Vorschriften zu einem Sonderband (Loseblatt) entwickelt à la *Schönfelder*, Deutsche Gesetze oder *Sartorius*, (Deutsche) Verfassungs- und Verwaltungsgesetze.

2 *Fleiner-Gerster*, Verwaltungsrecht, 6/6–10; *Maurer*, Allg. Verwaltungsrecht, § 6 N. 12 ff.; differenzierter *Wolff/Bachof/Stober*, Verwaltungsrecht I, § 3 N. 5 f.

3 »Eingriffsverwaltung (insbes. Polizei-, Sicherheits- und Ordnungsrecht), deren Merkmal es ist, sich mit belastenden Verfügungen an den einzelnen zu wenden«, *Schmitt Glaeser*, Verwaltungsprozeßrecht, N. 136.

einzelnen zu beschränken, die sogenannten *Polizeigüter* (vor allem Leben, Gesundheit, Eigentum). Nach einem von *Lassalle* (1862)[4] geprägten Ausdruck hat der Staat die Aufgabe eine *Nachtwächters*. – Eine dermaßen eng konzipierte Eingriffsverwaltung läßt sich juristisch einigermaßen im Griff rechtsstaatlicher Kontrollen halten, *liberal-rechtsstaatliche Eingriffsverwaltung* (mit wenigen Anhängseln im Bereich der Leistungsverwaltung wie Post, Bahn, Straßen, Schulen).

Schon früher war eine solche Beschränkung der staatlichen Aufgaben auf die Eingriffsverwaltung nicht realistisch[5]. Heute ist das Bedürfnis nach einer Leistungsverwaltung im Grundsatz unbestritten, trotz vieler Meinungsverschiedenheiten im Detail[6]. Der *Sozialstaat* ist zur Fürsorge für den Bürger verpflichtet, und zwar nicht erst beim Absinken auf das Existenzminimum. Die klassischen Polizeigüter sind schon gegen entfernte Gefahren zu schützen (Lebensmittelrecht). Auch Rechtsgüter jenseits der klassischen Polizeigüter verdienen Schutz (ästhetische Gemeinschaftswerte, z. B. im Baurecht).

Rechtstatsächlich und rechtsdogmatisch wäre es falsch, einen scharfen Gegensatz zwischer einer staatlichen Leistungsverwaltung und einer klassischen rechtsstaatlichen Eingriffsverwaltung zu konstruieren. Leistungs- und Eingriffsverwaltung sind aus zwei Gründen siamesische Zwillinge: (1) Im Gleichschritt mit der Zunahme der Leistungen müssen auch die Eingriffe wachsen. Am sichtbarsten wird dies an den Eingriffen ins Eigentum. Mehr Leistungen führen zu mehr Steuern. (2) Die Begünstigung eines Bürgers oder einer Gruppe wirkt sich (nicht immer, aber immer öfter) als Benachteiligung anderer Bürger oder anderer Gruppen aus. Wird eine bestimmte Gruppe von Bauern subventioniert (Bergbauern, Ökobauern), verschlechtert sich die Wettbewerbssituation für die anderen.

---

4 *Lassalle* hat den Nachtwächterstaat bekämpft, näher *Franz Neumann*, Handbuch politischer Theorien und Ideologien, Reinbek 1977, S. 420 f.
5 Man hat die Spannungen zum Teil dadurch aufgefangen, daß man die Polizeigüter auf mehr oder weniger unbestimmte Gefährdungen der Allgemeinheit ausgeweitet hat (siehe unten 2 b) oder daß man öffentliche Interessen durch staatliche Monopole sichergestellt hat (Luft, Wasser, Straßen, Seen und Berge – siehe unten 3 c zum öffentlichen Sachenrecht). – Historisch ist noch zu beachten, daß *vor* der liberalen engen Sicht der Polizei als Gefahrenabwehr der absolutistisch-paternalistische Staat das allgemeine Wohl dirigistisch verfolgt hat. Zu dieser älteren »Wohlfahrtspolizei« *Stolleis*, Geschichte des öffentlichen Rechts in Deutschland, Bd. 2 (1800–1914), München 1992, S. 243 f.
6 Als Minimum an Lektüre vgl. *Häberle*, Grundrechte im Leistungsstaat, in: Veröffentlichungen der Vereinigung der Deutschen Staatsrechtslehrer 30 (1972) 43 ff. und *Eichenberger*, Leistungsstaat und Demokratie, Basel 1969. – Wenn es stimmt, daß »sich die Intervention der öffentlichen Gewalt in allen Gebieten des täglichen Lebens aufdrängt« *(BGE 103 Ia 369, 381)*, bleibt zu fragen, ob dieser aufdringlichen Gewalt nachzugeben oder ihr zu widerstehen ist.

Die Leistungsverwaltung zieht Eingriffe zwingend nach sich. Das Landwirtschaftsrecht ist ein Beispiel dafür, wie der Sozialstaat, weil er Leistungen erbringt, die Legitimation zu Eingriffen erlangt. So wird dem subventionierten Bauern vorgeschrieben, was wieviel wie produziert werden darf. Neben der Zunahme der Steuerlast gehören zu den Charakteristika des Sozialstaates die Bevormundung des Bürgers in seinem eigenen wohlverstandenen Interesse und die vielen Eingriffe in die Freiheit des Bürgers, um ihn zu behüten, womöglich schon im Vorfeld naher Gefahren für konkrete Rechtsgüter. Als *Beispiel* sei noch einmal an das Lebensmittelrecht erinnert.

Das öffentliche Recht, insbesondere das Verfassungsrecht, hat lange über neuartige soziale Grundrechte nachgedacht. Dabei hat man aus den Augen verloren, daß das in der Eingriffsverwaltung steckende Vorgehen gegen Rechtsbrecher vielleicht für den Bürger die wichtigste sozialstaatliche Dienstleistung überhaupt ist. Der Bürger, der unter die Räuber gefallen ist, ist sicher dem Sozialstaat dankbar für Beistand wie Krankenbehandlung, Lohnfortzahlung oder sonstige Opferhilfe, bis hin zur Versorgung seiner Leiche in einer staatlichen Anstalt (Friedhof). Diesem Bürger wäre jedoch noch mehr an einer besseren staatlichen Dienstleistung in Form der Bekämpfung der Räuber gelegen gewesen.

Dieser Zusammenhang zwischen Eingriffs- und Leistungsverwaltung dringt erst in jüngster Zeit (zögernd) in unser Bewußtsein ein: Das Nachtwächteramt, also die klassische Eingriffsverwaltung, stellt *auch* eine staatliche Dienstleistung dar. Von der modernen Leistungsverwaltung ausgehende Kosten-Nutzen-Analysen greifen allmählich auf die Eingriffsverwaltung über. Während früher der Bürger in eigener Initiative für Alter und Krankheit vorzusorgen hatte, während dem Staat als Nachtwächter der Schutz vor (und gegebenenfalls die Verfolgung von) Dieben aufgetragen war, sehen wir heute die Dinge schon fast umgekehrt[7]. Der Bürger wird ermahnt, sich vor Dieben selbst zu schützen. Zum Teil wird vom Opfer sogar schon erwartet, daß es die Ermittlung des Täters selbst betreibe (Warenhausdetektiv). Dafür nimmt der moderne Staat dem Bürger die Vorsorge für Alter und Krankheit weitgehend ab.

Bei der folgenden Übersicht über die Aufgaben kann aus diesen hier nur angedeuteten Gründen der Unterteilung in Eingriffs- und Leistungsverwaltung nicht gefolgt werden. Das Sachproblem bleibt freilich bestehen, nämlich ein juristisches Instrumentarium zu entwickeln, das nicht nur die Zähmung der klassischen Eingriffsverwaltung, sondern auch der modernen Leistungsverwaltung erlaubt.

---

7 Näher *Arzt*, Der Ruf nach Recht und Ordnung, Tübingen 1976, besonders das 2. Kap. und in GA 1988, 573 (Besprechung von *Robbers*, Sicherheit als Menschenrecht, Tübingen 1987).

2. Freiheitsschutz und Abgrenzung kollidierender Freiheitsräume

a) Schutz der Rechtsgüter des Bürgers

Zu den elementaren Gemeinschaftsaufgaben gehört der Schutz der Rechtsgüter des Bürgers durch die Gemeinschaft. Die Ansichten, die die Entstehung des Staates durch Vertragstheorien erklären, rücken als Zweck des Zusammenschlusses der vielen Schwachen die Abwehr einzelner starker »Störer« in den Vordergrund, vgl. zum Rechtsfrieden § 1 I am Anfang.

Die Gemeinschaft kann diese Aufgabe nur erfüllen, indem sie dem Bürger Opfer an Geld und Freiheiten abverlangt. Insofern folgt aus dem Bedürfnis des Bürgers nach Schutz *durch* die Gemeinschaft auch ein Bedürfnis nach Schutz *gegen* die Gemeinschaft, Grundrechtsproblematik, siehe unten 4 b.

Den Schutz der Rechtsgüter des Bürgers durch die Gemeinschaft, kurz die *Störungsabwehr*, verwirklicht das öffentliche Recht insbesondere durch (1) organisierte Durchsetzung privatrechtlicher Ansprüche, also durch das (Zivil-)Prozeßrecht; (2) direkten Schutz der Rechtsgüter *(Polizeigüter)* des einzelnen mit Hilfe staatlichen Zwanges, *Polizeirecht, Strafrecht*; (3) Schutz der Rechtsgüter des einzelnen schon gegen mehr oder weniger große Gefährdungen mit Hilfe von *Sicherheitsvorschriften* des Besonderen Verwaltungsrechts (Brandschutz; Baustatik; Sicherheit im Straßenverkehr). – Die zuletzt genannte Abwehr mehr oder weniger abstrakter Gefahren im Vorfeld konkreter Gefährdungen der Polizeigüter markiert zugleich den Übergang vom Schutz der Rechtsgüter des einzelnen zum Schutz der Rechtsgüter der Allgemeinheit, anschließend b.

b) Schutz der Rechtsgüter der Allgemeinheit

Neben der Verteidigung des Staates (und damit der Staatsbürger) gegen Angriffe von außen *(Landesverteidigung)* geht es um *Risiken für die Allgemeinheit,* die sich (noch) nicht einem konkret betroffenen Individuum zuordnen lassen. In diesem Sinne sprechen wir von der öffentlichen Gesundheit, ja sogar von der öffentlichen Sittlichkeit.

Die öffentliche Gesundheit schützen wir mit einigen alten Vorschriften (z. B. Brunnenvergiftung[8]) und vielen modernen Vorschriften (z. B. Lebensmittelrecht). Soweit wir die Welt als Nutzwelt schützen, gehören die entsprechenden Vorschriften hierher: Die Reinhaltung von Boden, Luft und Wasser verhindert Risiken für die menschliche Gesundheit. – Daneben gibt es Rechtsgüter der Allgemeinheit, die (anders als die öffentliche Gesundheit) nicht als verflüchtigte konkrete Rechtsgüter eines Individuums zu erfassen sind, z. B. die ästhetische Komponente des Umweltschutzes (Landschaftsschutz, baurechtlicher Schutz des Ortsbildes usw.). Was diesbezüglich überhaupt als Rechtsgut anzuerkennen ist und wie weit der Schutz reichen soll, gehört zu den Standardthemen der politischen Auseinandersetzung.

---

8 § 319 StGB (D); Art. 234 StGB (CH).

c) Schutz des Bürgers vor eigener Unvernunft und Schutz vor den Gefahren der Privatautonomie

Das klassische Polizeirecht (oben a) hat den Schutz des Bürgers vor sich selbst anhand des Eingriffsrechts der Polizei bei Selbstmordversuchen erörtert. Heute spielt die Bevormundung durch den Staat unter Berufung auf das wohlverstandene Interesse dieses Bürgers eine praktisch außerordentlich große Rolle[9].

Beispiele: Betäubungsmittelgesetz; Impfzwang; Pflicht, Sicherheitsgurte anzulegen; Kletterverbot (Eigernordwand). – In einem Teil der Fälle führt die unvernünftige Selbstgefährdung zugleich zu Risiken für Rechtsgüter der Allgemeinheit: Soweit Impfzwang besteht, schützt er nicht nur den Geimpften gegen sich selbst, sondern schaltet ihn auch als Infektionsquelle aus, dient also der öffentlichen Gesundheit.

Der Schutz des Bürgers vor eigener Unvernunft erklärt auch einen Teil der Eingriffe des öffentlichen Rechts in die Privatautonomie, so z. B. das Wucherverbot im Privatrecht und StGB oder die Sondergesetzgebung betreffend Kleinkredite (oben § 4 II 3). Andere öffentlich-rechtliche Vorschriften bekämpfen Gefahren der Privatautonomie, ohne daß zugleich eine der am Privatrechtsverkehr teilnehmenden Parteien gegen eigene Unvernunft geschützt wird. So ist der Konflikt zwischen Privatautonomie und Rechtsgütern der Allgemeinheit schon wiederholt angesprochen worden. Mit Hilfe öffentlich-rechtlicher Vorschriften wird z. B. in das privatrechtliche Arbeitsrecht eingegriffen, um Gesundheitsrisiken der Arbeitnehmer zu verkleinern (Nachtarbeit, Höchstarbeitszeit, Ruhepausen allgemein und besonders im Beförderungsgewerbe, Sicherheitseinrichtungen an Maschinen usw.).

Sowohl der Schutz des Bürgers vor eigener Unvernunft als auch Eingriffe in die Privatautonomie stehen im Zusammenhang mit dem Ausbau des Sozialstaates, dazu anschließend 3. Kann der Bürger nämlich die Folgen eines primär *ihn* treffenden Risikos auf die Gemeinschaft abwälzen, ist ein solcher Sozialstaat eher zur Bevormundung legitimiert als ein Staat, in dem die Folgen selbstschädigenden Verhaltens dem betroffenen Bürger endgültig zur Last fallen.

Beispiel: Der Skifahrer, der eine wegen Lawinengefahr gesperrte Piste befährt und durch eine Lawine ernstlich verletzt wird, überwälzt die Konsequenzen seines selbstschädigenden Verhaltens auf die Allgemeinheit: Rettungsaktionen, Spitalkosten, Lohnfortzahlung usw.

---

9 Konkret zu den schwierigen Übergängen zwischen dem Schutz echter Freiheit und Bevormundung *Arzt*, in: Festschrift für Lackner, Berlin etc. 1987, S. 641 ff.

3. Erziehung, Sozialhilfe, sonstige staatliche Dienstleistungen

a) Zwangsausbildung, Versicherungszwang, Sicherung des Existenzminimums

Der Staat schafft durch *Schulpflicht*[10] eine Voraussetzung für ein wirtschaftliches und kulturelles Existenzminimum. Auch mit der obligatorischen Arbeitslosen-, Renten- und Krankenversicherung wird das Ziel der Existenzsicherung verfolgt. – Dabei gibt es vielfältige Übergänge zwischen Regelungen, die Pflichten begründen, und Regelungen, die bloße Anreize schaffen. Soll ein Opernhaus betrieben und damit ein entsprechender kultureller Anreiz geschaffen werden? Sollen Frauen zur Absolvierung von Selbstverteidigungskursen gezwungen werden[11]? Der Besuch einer Universität geschieht im Vergleich zum Schulbesuch juristisch-konstruktiv freiwillig. Mittelbar wird durch Berufszulassungssperren ein Zwang ausgeübt, denn Ärztin oder Arzt kann nur werden, wer Medizin studiert hat. Zur Fülle der öffentlich-rechtlichen Regelungen des Berufszugangs und der Berufsausübung trägt auch die Tendenz bei, für mehr und mehr Berufe Mindeststandards vorzuschreiben, statt auf den Wettbewerb als Qualitätswettbewerb zu vertrauen.

b) Staatliche Dienstleistungen

Die vorstehend a genannten Problembereiche können rein öffentlichrechtlich geregelt werden, staatliche Schulen, staatliche Versicherungen. Es kann aber auch zu einer komplizierten Kombination öffentlich-rechtlicher und privatrechtlicher Vorschriften kommen, etwa wenn öffentlich-rechtliche Pflichten wie Schulpflicht oder Versicherungspflicht durch Besuch privatrechtlich organisierter Schulen oder durch Eintritt in privatrechtliche Versicherungen erfüllt werden. Das *Gesundheitswesen* gehört wegen dieses Ineinandergreifens öffentlich-rechtlicher und privatrechtlicher Regelungen zu den Materien, die juristisch besonders kompliziert geworden sind.

Über den vorstehend a erörterten Bereich der Existenzsicherung hinaus gehört zum Sozialstaat ein bunter Strauß von Dienstleistungen. Aus einem

---

10 Die Schulpflicht ist ein gutes Beispiel für Verbindungen zwischen modernem demokratischem Wohlfahrtsstaat und paternalistischer Staatsauffassung, vgl. oben Anm. 6; ferner *Saladin*, ZSR (NF) 90 (1971) I 113. – *BGE 103 Ia 369, 377* bejaht »ein verfassungsmäßiges ungeschriebenes Recht auf Bildung«, soweit nach Art. 27 Abs. 2 BV Schulpflicht besteht, d. h. die Pflicht wird als Recht ausgedrückt!

11 Zu entsprechenden Vorstößen im Berner Stadtrat *Arzt*, in: *Haesler* (Hrsg.), Viktimologie, Grüsch 1986, S. 161, 173.

Schulpflichtminimum[12] läßt sich ein umfassendes Bildungswesen entwikkeln (vom Kindergarten bis zur Seniorenuniversität; ergänzt durch umfassende staatliche Beratung bei Problemen aller Art: Drogen, Ehekrise, Prüfungsangst, Haushaltsbudget).

In zunehmend kritischer Abgrenzung zum privaten Unternehmertum erfüllt der Staat Aufgaben wie Betrieb von Post und Telefon; Eisenbahnen[13]. Andere Wirtschaftsbereiche[14] stehen unter mehr oder minder großem staatlichem Einfluß. Teils begnügt sich der Staat mit Überwachung, teils besteht ein vom Staat verliehenes und vom Staat weitgehend geregeltes Monopol im Gewand des Privatrechts, teils betreibt der Staat direkt im privatrechtlichen oder öffentlich-rechtlichen Kleid wirtschaftliche Unternehmen. Als *Beispiele* nenne ich das engmaschige Regelungsnetz von Landwirtschaft, Wasser- und Stromversorgung, Abfallbeseitigung und Luftverkehr.

c) Öffentliche Sachen

Traditionellerweise gehören Luft und Wasser der Allgemeinheit. Der Kreis solcher grundsätzlich nicht privateigentumsfähiger *öffentlicher Sachen* i.e.S.[15] ist jedenfalls zum Teil historisch bedingt. Öffentliche Wege sind z. B. öffentliche Sachen, was jedoch nicht ausschließt, daß es zugleich Wege gibt, die im Privateigentum stehen. Es besteht eine fließende Grenze zwischen öffentlichen Sachen, die sich gewissermaßen aus der Natur der Dinge ergeben, und den *Regalen*. Regale sind künstlich dem *Staat als Monopolisten* vorbehaltene Tätigkeiten, insbesondere die Erzeugung bestimmter Sachen oder das Angebot bestimmter Dienste. Zu den Regalen (staatlichen Mono-

---

12 In der *Schweiz* ist die Primarschulpflicht enthalten in Art. 27 Abs. 2 BV. In *Deutschland* hat die Spannung zwischen Elternerziehungsrechten kraft Bundesverfassung (Art. 6 GG), bundesverfassungsrechtlicher Schulklausel (Art. 7 GG) und landesrechtlicher Gesetzgebungskompetenz im Schulrecht zusammen mit dem Erfordernis einer gesetzlichen Grundlage auch der Leistungsverwaltung zu vielen Prozessen geführt, vgl. nur *BVerfGE 45, 400* (Oberstufenreform).
13 Vgl. Art. 73 Nr. 6 a, Nr. 7 GG und zur *Privatisierung* Art. 87 e, f GG. – Für die Schweiz vgl. Art. 36, 26 BV.
14 Zur staatlichen Förderung von Sport und Kunst vgl. *His*, Geschichte des neueren Schweizerischen Staatsrechts, Bd. III, Basel 1938, S. 1036 bzw. 666. Auf die immer schwieriger werdende Unterscheidung zwischen Sport und Kunst einerseits sowie Wirtschaft andererseits ist hier nicht einzugehen.
15 Neben die öffentlichen Sachen i.e.S., die gewissermaßen ihrer Natur nach öffentliches Gut sind, tritt das gesamte Finanz- und Verwaltungsvermögen des Staates als öffentliche Sachen i.w.S., vgl. – auch zur Terminologie – für das *deutsche* Recht *Papier*, Recht der öffentlichen Sachen, 2. Aufl., Berlin etc. 1984, S. 3 ff.; für die *Schweiz Gygi*, Verwaltungsrecht, S. 223. Der Zusammenhang mit den öffentlichen Sachen i.e.S. kann eng sein (Wälder), teils unterscheiden sich die öffentlichen Sachen i.w.S. von Privatvermögen nur dadurch, daß sie in staatlichem Eigentum stehen (Büromaterial der Behörden).

polen) gehören neben den schon erwähnten Dienstleistungsbetrieben wie Bahn und Post auch das Salz-, Jagd- und Bergregal[16].

Wildnisse und Einöden hat man früher als öffentliche Sachen i.e.S. betrachtet; eine entsprechende Reminiszenz findet sich noch in Art. 664 Abs. 2 ZGB (kulturunfähiges Land). Da heute alles ausgenutzt werden kann, ergeben sich neuartige Konflikte. Der Streit um das Matterhorn hat die Justiz mehrfach beschäftigt[17].

Das *öffentliche Sachenrecht* regelt den Zugang zu und die Nutzung von öffentlichen Sachen[18]. Die im Rahmen des Üblichen liegende, jedermann freistehende Nutzungsmöglichkeit wird als (einfacher) *Gemeingebrauch* bezeichnet (Baden im See; umstritten schon das Surfen). Eine *Sondernutzung* bedarf der öffentlich-rechtlichen Zulassung (Konzession), z. B. Ableitung des Wassers zur Elektrizitätsgewinnung. Die kritischsten Fälle liegen zwischen diesen Extremen und werden als *gesteigerter Gemeingebrauch* bezeichnet, z. B. Motorbootfahren auf dem See. Der gesteigerte Gemeingebrauch bedarf der Bewilligung, die man im Vergleich zur Sondernutzung unter erleichterten Bedingungen erhalten kann. Die Tendenz ist unverkennbar, angesichts zunehmender Beanspruchung des öffentlichen Gutes durch Gemeingebrauch die traditionelle Konzeption aufzugeben, daß Gemeingebrauch zugleich *Unentgeltlichkeit* bedeutet (so schon die in Deutschland h. L., während in der *Schweiz* noch von Unentgeltlichkeit ausgegangen wird). Zum gleichen Ergebnis kommt man, indem man eine Bewilligungspflicht einführt, d. h. statt wie bisher einfachen nunmehr gesteigerten Gemeingebrauch annimmt. So ist umstritten, ob das Surfen auf dem Thunersee künftig als gesteigerter (statt wie bisher einfacher) Gemeingebrauch betrachtet werden sollte oder ob die mit Gemeingebrauch begrifflich verbundene Unentgeltlichkeit bei Straßen die Nutzung als Parkfläche einschließt[19]. Resignierend ist festzustellen, daß Gemeingebrauch immer *gemeinverträglich* sein muß (und unentgeltlicher, unkontrollierter Gebrauch öffentlicher Sachen in einer Massengesellschaft kaum je gemeinverträglich ist).

---

16 Als kantonale Regale, vgl. Art. 31 Abs. 2 BV; zu dort nicht erwähnten Regalen *Fleiner/ Giacometti*, Bundesstaatsrecht, S. 301; vgl. auch *Rhinow*, Komm. BV, Art. 31, N. 229–233. Für *Deutschland* vgl. Art. EGBGB.

17 Entscheid des BGer vom 23. 2. 1984 (nicht veröffentlicht) und NZZ v. 9. 11. 1994, S. 20.

18 Für das *deutsche* öffentliche Recht grundlegend *Otto Mayer* (1846–1924), der stark vom Zivilrecht und vom französischen Verwaltungsrecht beeinflußt war, vgl. *Mayer*, Neues vom öffentlichen Eigentum, AöR 39 (1920) 77. Für das *schweizerische* öffentliche Sachenrecht vgl. den Ansatz in Art. 664 Abs. 3 ZGB.

19 Zur Rechtslage in *Deutschland* vgl. die Unterscheidung von Gemeingebrauch und von Sondernutzung in §§ 7, 8 BundesfernstraßenG und *Papier* (wie Anm. 15), S. 91, 96 zur Unentgeltlichkeit; in der *Schweiz* spielt die Unentgeltlichkeit im Zusammenhang mit Nutzung von Verkehrsflächen zum Parken eine besondere Rolle, vgl. *Jaag*, AJP 1994, 179 (maßgebend für Übergang von schlichtem zu gesteigertem Gemeingebrauch ist die *Gemeinverträglichkeit*).

4. Das Organisationsrecht des Staates

a) Sachliche und personelle Organisation

Das *Staatsrecht* enthält die Grundregeln des Organisationsrechts. Die Organisation des Staates ist schon oben § 2 I im Zusammenhang mit der Rechtsetzung relativ ausführlich behandelt worden. Vier Elemente sind hervorzuheben:

(1) Die Organisation als Bundesstaat, d. h. die Gliederung in Bund/Bundesländer (D) bzw. Bund/Kantone (CH) ergibt sich aus dem Verfassungsrecht des Bundes. Zu den Gemeinden siehe oben § 2 I 3.

(2) Aus der Gewaltenteilung folgt eine entsprechende Untergliederung in Gesetzgebungsorgane, Gerichtsbehörden und Behörden der vollziehenden Gewalt (Regierungsbehörden und Verwaltungsbehörden). – Die Organisation kann auch negativ geregelt sein, d. h. es können bestimmte Organisationsformen verboten sein. Aus der Gewaltenteilung folgt z. B. das Verbot der Vereinigung von Verwaltung und Rechtsprechung. Das Staatsrecht kann es dem Staat auch verbieten, Kirchen oder Massenmedien als Staatskirchen oder staatliches Fernsehen in die staatliche Organisation einzugliedern.

(3) Die Organisation zielt auf richtige Entscheidungen und damit auch auf *Kontrolle*. Dies begünstigt einen mehrstufigen Behördenaufbau (besonders innerhalb der Verwaltung und innerhalb der Justiz; zur Kontrolle der Verwaltung durch die Justiz näher unten III 2 b).

(4) Da der Staat als juristische Person nur durch natürliche Personen handeln kann (vgl. zum Parallelproblem bei privatrechtlichen juristischen Personen oben § 4 IV 2 b), ist die Personalstruktur, also das Dienstrecht (Beamtenrecht), ebenfalls Teil des Organisationsrechts.

b) Organisation der Opfer der Bürger an Geld und Freiheit

aa) Grundrechte

Es versteht sich, daß die vorstehend 1–3 ganz grob zusammengefaßten Regelungsaufgaben des Staates den Einsatz von Personal- und Sachmitteln nach sich ziehen. Aufgaben führen zu Ausgaben. Als klassische Geld- und Freiheitsopfer sei auf die Steuer- und die Wehrpflicht hingewiesen. Diese Opfer sind deshalb mit Recht in der Verfassung besonders herausgehoben, Art. 104 a ff.; 12 a GG; Art. 41bis, 41ter, 18 BV. Es gehört zu den Grundanliegen des Staatsrechts, Richtlinien für dem Bürger zumutbare, gerechte Opfer an Geld und Freiheit zu entwickeln. Dies ist der *Kern der Grundrechtsproblematik*, näher dazu anschließend II. – Ob Gesetze auf ihren

Verstoß gegen Grundrechte hin richterlich überprüfbar sind, ist eine Frage der Rechtskultur einer konkreten Rechtsgemeinschaft; zur unterschiedlichen Regelung der Verfassungsgerichtsbarkeit (richterliches Prüfungsrecht) in Deutschland und in der Schweiz siehe oben § 2 I 4.

bb) Staatshaftung, Schutzansprüche

In die Grundrechtsdiskussion läßt sich die Frage nicht zwanglos einordnen, in welchem Umfang der Staat dem Bürger Sicherheit garantieren muß. Man diskutiert dieses schwierige, im Fluß befindliche grundrechtsnahe Problem unter verschiedenen Aspekten. (1) Einmal ist der Staat für Schäden ersatzpflichtig, die er dem Bürger zugefügt hat, ohne eine diesem Bürger gegenüber bestehende Rechtfertigung. Beispiel: Durch einen Querschläger bei einem Polizeieinsatz kommt ein Unbeteiligter zu Schaden; *Staatshaftung*[20]. – (2) Zum zweiten schuldet der Staat dem Bürger ein *Minimum an Sicherheitsservice*, z. B. Polizeischutz bei konkreter Bedrohung wichtiger Rechtsgüter. Die Reichweite und die juristische Verankerung eines solchen *Anspruchs auf staatlichen Schutz* sind freilich lebhaft umstritten, siehe unten II 3. – (3) Zum dritten ist die dem Bürger vom Staat aufgezwungene Vorsorge für Notfälle (Arbeitslosigkeit, Invalidität) so umfassend geworden, daß die Tendenz zunimmt, den Staat wie eine allgemeine unentgeltliche *Katastrophenversicherung* in Anspruch zu nehmen. Hilfe für Sturmschäden, Zuflucht bei Ehekrisen (Frauenhäuser), Ersatz für Einnahmeausfälle wegen vielleicht (!) verseuchten Salats oder Schäden infolge von Straftaten wird politisch erwartet. – Wo hier mit öffentlichen Mitteln geholfen werden darf oder muß, ist ein grundrechtsnahes Problem der Organisation des Staates. Bei der Entwicklung eines Systems, in das Ansprüche auf staatlichen Schutz und auf Hilfe bei Katastrophen in sich schlüssig eingeordnet werden können, bleibt noch juristische Pionierarbeit zu leisten.

Es gibt für die *Staatshaftung* zwei klare Ausgangspunkte: (1) Der Staat haftet als juristische Person für pflichtwidriges Handeln (»seiner« für ihn handelnden natürlichen Personen), insoweit kein prinzipieller Unterschied zu unerlaubten Handlungen nach Privatrecht, oben § 4 III 3 b. – (2) Der Staat haftet für Schäden, die er dem Bürger nur deshalb zufügen darf, *weil* der Bürger gleichzeitig Ersatz beanspruchen kann (Enteignung). Auch insoweit besteht kein prinzipieller Unterschied zum Privatrecht, oben § 4 III 3 a.

Kritisch sind die relativ wenigen Fälle, in denen der Staat die Schädigung (Erfolgsunwert) *ungewollt* herbeiführt, ohne Handlungsunwert (also Handlung war pflichtgemäß, *Beispiel* Querschläger, oben § 4 III 3 c). Kritisch sind die vielen Fälle, in denen der Staat die Schädigung gewollt und pflichtgemäß zufügt, das Opfer ex post be-

---

20 Zur Abkoppelung des Staatshaftungsrechts von einem auf das Handeln des Täters bezogenen Rechtswidrigkeitsurteil und von der allgemeinen Theorie vom erlaubten Risiko siehe oben § 4 III im Kontext der Haftung von Privatpersonen; für die Schweiz besonders *Gygi*, Beiträge zum Verfassungs- und Verwaltungsrecht, Bern 1986, S. 287 ff., 299 f.

trachtet (sicher oder vielleicht) diese Schädigung nicht »verdient« hat (z. B. der ex ante verdächtige Untersuchungshäftling ist ex post sicher oder vielleicht unschuldig; der ex ante verdächtige verseuchte Salat ist ex post sicher oder vielleicht genießbar). Wie weit einschlägige punktuelle Entschädigungsregeln verallgemeinert werden dürfen, ist unklar. Grundlegend dazu die Salaturteile aus Deutschland und der Schweiz, vgl. *BVerwGE 12, 87; BGE 116 II 480.*

Ganz kritisch ist die Flut von Fällen, in denen der Schaden durch *staatliches Unterlassen* (vielleicht) mit verursacht worden ist (also durch besseren Katastrophenschutz, bessere Kriminalitätsbekämpfung vielleicht abwendbar gewesen wäre). Auch hier nimmt die Neigung zu, spezialgesetzliche Regelungen zu treffen, so im OpferhilfeG. Freilich bleiben viele Löcher. Weil auch der systematische Zusammenhang mit den vorstehenden Ausgangspunkten (1)/(2) unklar ist, prozessieren in der *Schweiz*[21] beispielsweise Geschäftsinhaber aus Zürich wegen der bei verbotenen Demonstrationen erlittenen Sachschäden (Jugendunruhen Zürich), oder die *Rote Zora* prozessiert gegen den Staat, weil ihr Notruf keinen Polizeieinsatz ausgelöst hat, weil die Polizei keinen Anlaß sah, wegen einer Prügelei im Milieu auszurücken. In *Deutschland*[22] ist die Grenze zwischen rechtmäßigem und rechtswidrigem Staatshandeln und den verschiedenen Anspruchsgrundlagen ebenfalls im Fluß; insgesamt nimmt auch da die Tendenz zu, den Staat als Katastrophenschutzversicherung in Anspruch zu nehmen.

II. Grundrechte und allgemeine Güterabwägung

1. Verfahrensgrundrechte

a) Demokratische Verfahrensgrundrechte

Die vorstehend I umrissenen Aufgaben führen zu Ausgaben. Mitunter folgt mehr oder weniger deutlich aus der »Natur der Sache«, wie die Mittel für bestimmte Aufgaben aufzubringen sind. Die Kosten des Strafverfahrens trägt grundsätzlich der verurteilte Straftäter. Die Kosten des Schul- oder Universitätsbesuchs tragen jedoch nicht die Schüler bzw. Studenten (oder deren Eltern), sondern sie fallen jedenfalls überwiegend der Allgemeinheit zur Last. *Allgemein* läßt sich sagen, daß der Staat neben konkreten Einnahmen als Entgelt für konkrete Leistungen *(Gebühren)* über allgemeine Einnahmen für die Wahrnehmung seiner Aufgaben verfügen muß: *Steuern* müssen sein.

---

21 Jugendunruhen Zürich, *OGer ZH*, ZBl 86 (1985) 220 (lesenswert, auch im Zusammenhang mit dem Minimum an Sicherheitsservice, Schadenersatz verneint); Rote Zora, *Kassationsgericht ZH*, SJZ 84 (1988) 91 (Passivität war widerrechtlich).
22 Grundlegend *BGHZ 9, 83* (Impfschaden, inzwischen spezialgesetzlich geregelt); *BGHZ 60, 302* (Verletzung durch einen Mitgefangenen; mit geradezu grotesken Differenzierungen bei Untersuchungsgefangenen). Die neueste Entwicklung ist dadurch gekennzeichnet, daß dem Bund durch Verfassungsänderung die Kompetenz für ein umfassendes, d. h. die Bundesländer und Gemeinden einschließendes StaatshaftungsG zuerkannt worden ist, Art. 74 Nr. 25 GG i.F. 1994.

Eine gerechte Verteilung der Aufgaben und Ausgaben ist nur von einem (gerechten) Verfahren zu erhoffen, siehe oben § 1 II 4 zur Lösung des Gerechtigkeitsproblems mit Hilfe des Verfahrens. Damit wird die Teilhabe an diesem Verfahren zum Grundrecht des Bürgers. Schon die konstitutionelle Monarchie hat eine Grundregel für ein faires Verfahren entwickelt: Wer der Steuerpflicht unterworfen wird, kann Teilhabe an der politischen Willensbildung beanspruchen, also an der Entscheidung über Aufgaben und Ausgaben. Die amerikanische Revolution hat sich an der Forderung entzündet »no taxation without representation«, Boston Tea Party, 1773. Da der Staat jeden besteuern will, kommt man sehr rasch zur Gewährleistung der allgemeinen Ausübung der politischen Rechte (die Ausländerproblematik sei ausgeklammert).

Für die *Demokratie* sind charakteristisch allgemeines (d. h. gleiches) aktives und passives Wahlrecht sowie eine staatliche Organisation, die aus diesem Recht des Volkes, an der Gesetzgebung mitzuwirken, entsprechende Konsequenzen zieht, z. B. Gewaltenteilung. Die Wahl von Parlamentariern bringt dem Bürger Teilhabe am demokratischen Willensbildungsprozeß, *weil* Verwaltung und Justiz an die Gesetzgebung gebunden sind.

Welche organisatorischen Strukturprinzipien außer der Gewaltenteilung und welche Grundrechte außer dem Wahlrecht zu den unabdingbaren Grundlagen des demokratischen Entscheidungsprozesses gehören, ist im *Staatsrecht* zu erörtern. In der Konsequenz des Wahlrechts liegt beispielsweise das Recht, die eigene Meinung frei zu äußern.

b) Sonstige Verfahrensgrundrechte

Vorstehend a sind Verfahrensgrundrechte genannt, die auf Teilnahme an der politischen Willensbildung zielen und damit auf demokratische Mitwirkung an der richtigen Lösung von Interessenkonflikten durch öffentlich-rechtliche Regelungen. Der Übergang zu rechtsstaatlichen (naturrechtlichen) elementaren *Verfahrensfairneßregeln* ist fließend. Der Anspruch auf Teilhabe am demokratischen Rechtsetzungsverfahren impliziert die Meinungsfreiheit[23] (u. a.) als das Recht, sich in der politischen Auseinandersetzung Gehör verschaffen zu können. Auf die Ebene eines konkreten Prozesses übertragen, sprechen wir vom *rechtlichen Gehör* als einer Voraussetzung für richtige behördliche oder richterliche Streitentscheidung, *audiatur et altera pars*. Die durch diese klassische Formulierung nahegelegte Ableitung aus dem Gleichheitssatz kann nicht erklären, daß überhaupt eine Partei anzuhören ist. Dies folgt aus anderen prozeßrechtlichen Grundsätzen, wie dem Gebot zur Sachverhaltsaufklärung von Amtes wegen, sogenannte *Offizialmaxime*. Art. 6 Abs. 1 EMRK verbürgt diesbezüglich ein Minimum an staatlicher Dienstleistung als Grundrecht, nämlich Anhörung des Bürgers

---

23 Art. 5 GG, in der Schweiz ungeschriebenes Grundrecht.

zur Sache »innerhalb einer angemessenen Frist«[24].

Es hängt von der historischen Entwicklung und den konkreten Erfahrungen eines Volkes ab, welche prozeßrechtlichen Fairneßregeln als wichtig genug angesehen werden, um ihnen Grundrechtscharakter zuzusprechen. Besonders weitgehend hat z. B. die Verfassung der USA den Schutz des Bürgers vor Festnahme, Haussuchung und Beschlagnahme ohne begründeten Anlaß und ohne Einschaltung eines Richters als Verfahrens*grundrechte* ausgestaltet.

2. Grundrechte als Abwehrrechte gegen staatliche Eingriffe

a) Allgemeines

Die Demokratie als Weg zu gerechten Resultaten ist »Ausdruck eines festen Vertrauens in den bon sens und in die essentiell freiheitliche Gesinnung des demokratischen Gesetzgebers« *(Saladin)*[25]. Zur Grundrechtsdoktrin gehört auch die Frage, inwieweit dem demokratischen Verfahren zu mißtrauen ist. *Deutschland* hat mit dem GG von 1949, gestützt auf (schlechte) geschichtliche Erfahrungen, eine *abwehrbereite Demokratie* geschaffen, die den Feinden der Freiheit die demokratischen Freiheiten nur beschränkt gewährt. Art. 18, 20 Abs. 4, 79 Abs. 3 GG und die Ausführungen zum Mißbrauch der Vertragsfreiheit durch Monopolbildung oben § 2 II 3 d nachlesen!

Neben dem Schutz der Demokratie gegen die Gefahr, daß die Feinde der Demokratie die Mehrheit erlangen und die Demokratie abschaffen könnten, sind dem auf den Mehrheitswillen gestützten Rechtsetzungsverfahren insbesondere zum Schutz von Minderheiten Grenzen zu ziehen. Die vorstehend I beschriebenen Interessenkollisionen bekommt man erst dann in den juristischen Griff, wenn man die im Verhältnis des Bürgers gegenüber dem Staat bestehenden Interessen als Güter (»Rechte«) beschreibt – wie das Privatrecht Rechte beschreibt und einer Regelung im Verhältnis der Bürger zueinander zugänglich macht. Neben den vorstehend II 1 beschriebenen Verfahrensgrundrechten lassen sich so materielle Rechte beschreiben, über die die (demokratische!) Mehrheit nicht oder nur eingeschränkt verfügen darf. Keine dieser Freiheiten ist so blutig erkämpft worden wie die *Glaubensfreiheit.*

---

24 Das rechtliche Gehör wird entwertet, wenn man es so weit ausdehnt, daß ein Grundrecht zum Reden besteht, auch wenn man offensichtlich nichts zur Sache zu sagen weiß, was den Ausgang des Verfahrens beeinflussen könnte. Ein solches aus der Menschenwürde abgeleitetes, in der BV ungeschriebenes Grundrecht »formeller Natur« beherrscht leider die Praxis des BGer, *J. P. Müller*, Grundrechte, S. 269. Auch die *deutsche* Praxis formalisiert die Verletzung des Art. 103 Abs. 1 GG.

25 *Saladin*, Grundrechte, S. 331; zur »Sicherung der Grundrechte *vor demokratischen* Fehlentscheiden« ebenda S. 364.

In diesen Grundfreiheiten stecken naturrechtliche Vorstellungen, insbesondere von der Freiheit des Individuums. »Der Mensch ist frei . . . – und würd er in Ketten geboren« . . . »Sire, geben Sie Gedankenfreiheit« *(Schiller)*. Konstruktiv lassen sich solche Freiheiten als Vorbehalte der (voraussichtlichen) Minderheit beim Abschluß des Gesellschaftsvertrags deuten, wie allen privatrechtlichen Bindungen ein Vorbehalt zugunsten der Freiheit der Person immanent ist, oben § 2 II 3. Deshalb wirken sich Grundrechte vielfach zugunsten der Minorität aus. Das ist, wie die Glaubensfreiheit zeigt, durchaus erwünscht. Freilich macht die juristisch-konstruktive Bewältigung des Minderheitenschutzes über die Grundrechtsdogmatik deshalb enorme Schwierigkeiten, weil der einzelne die extremste Minorität ist. Deshalb müssen die Freiheitsrechte grundsätzlich jedermann »gleich« eingeräumt werden – und insofern begünstigen sie die Majorität.

b) Gesetzmäßigkeitsprinzip der Verwaltung

Als Errungenschaft des liberalen Rechtsstaates des 19. Jahrhunderts ist der *Vorbehalt des Gesetzes* anzusehen: Die gesetzgebende Gewalt behält sich vor, dem Bürger Pflichten aufzuerlegen. Anders ausgedrückt: Die Verwaltung kann dem Bürger nur Pflichten auferlegen, die im Gesetz vorgesehen sind. Insofern ist ein allgemeines Freiheitsgrundrecht anerkannt[26]. Dieses Grundrecht steht in engem Zusammenhang mit den Verfahrensgrundrechten (Gewaltenteilung), weil die demokratische Kontrolle der Verwaltung wesentlich über die Gesetzgebung verwirklicht wird – und Bindung der Verwaltung an die Gesetze voraussetzt.

Die Crux des Gesetzmäßigkeitsprinzips liegt in der Unterscheidung von unmittelbaren Eingriffen in Freiheit und Eigentum des Bürgers (die der gesetzlichen Grundlage bedürfen) und mittelbaren Eingriffen. Mittelbar ist der Bürger als Steuerzahler durch jede Staatsausgabe betroffen, also auch durch Zuwendungen des Staates an andere Bürger im Rahmen der *Leistungsverwaltung*. Deshalb wird heute die Bindung der Verwaltung an das Gesetz nicht nur bei Belastung, sondern auch bei Begünstigung eines Bürgers unter dem Stichwort des Gesetzmäßigkeitsprinzips diskutiert, siehe unten III.

c) Grundfreiheiten und öffentliches Interesse am Eingriff

Die Verfassung nennt einzelne Freiheiten, z. B. Glaubensfreiheit oder Pressefreiheit. Mit einer Herausarbeitung einzelner Freiheitsgrundrechte wird eine nähere Umschreibung von Gütern erreicht (in der *Schweiz* besonders wichtig, weil viele Grundrechte »ungeschrieben« sind). Mit dieser Auffä-

---

26 Für *Deutschland* vgl. Art. 2 Abs. 2 S. 3 GG; für die *Schweiz* zusammenfassend *BGE 103 Ia 369, 376*.

cherung der Grundrechte schafft man die Basis für eine vernünftige Diskussion über die Voraussetzungen, unter denen dem Bürger der Verlust dieses Gutes »im öffentlichen Interesse« zuzumuten ist.

Damit berühren wir den empfindlichen Nerv der Grundrechtsdiskussion. Abgesehen von der Glaubensfreiheit, die Art. 49 Abs. 1 BV und Art. 4 Abs. 1 GG als »unverletzlich« bezeichnet, ist kaum ein Gut des Bürgers vorstellbar, das gegen staatliche Eingriffe *absolut* geschützt werden kann – und selbst bei der Glaubensfreiheit funktioniert der absolute Schutz nur deshalb, weil wir Beschränkungen kraft eines historisch-kulturellen Selbstverständnisses mitbringen: »Menschenopfer und Tempelprostitution (sc. gehörten) von vornherein nicht in den Umfang des Begriffs, der mit der ›Religionsfreiheit‹ bezeichnet werden sollte« *(Zippelius)*[27].

Eingriffe im öffentlichen Interesse sind mehr oder weniger alltäglich (mehr bei der Gewerbefreiheit, weniger bei der Pressefreiheit). Erinnern wir uns auch daran, daß das Grundrecht des einen Bürgers mit demselben oder einem anderen Grundrecht eines anderen Bürgers schmerzhaft kollidieren kann: Die Meinungsäußerungsfreiheit wird zum Gebrüll, in dem sich keiner mehr verständlich machen kann (*Brecht*, Mahagonny, Schlußszene). *Meine* Meinungsäußerung kann einen andern verletzen, z. B. in seiner Ehre usw. Die Grundrechtsdoktrin bemüht sich, den Katalog von Grundrechten einerseits und von Grundrechtsschranken (öffentliches Interesse) andererseits zu einer rationalen Güterabwägungslehre zu entwickeln. Die Aufgabe ist außerordentlich schwierig und auf Verfassungsebene nur in ganz groben Umrissen lösbar. Die Grundrechte sind generalklauselartig, siehe oben § 3 I 4 c. Ihre Abwägung mit der Generalklausel des öffentlichen Interesses kann zumeist nur große und allgemeine Aussagen liefern. Eben deshalb bedarf es einer Gesetzgebung, mit der die Abwägung im kleinen, d. h. konkret und detailliert, vorgenommen wird. Dabei ist der »einfache« Gesetzgeber an die in der (höherrangigen) Verfassung enthaltenen Abwägungsgesichtspunkte gebunden. Wieweit diese Bindung justiziabel, d. h. gerichtlich überprüfbar ist, ist als Problem der Verfassungsgerichtsbarkeit schon in § 2 I 4 behandelt worden. Die gut gemeinte Ausdehnung der Grundrechte hat die Kollisionsfälle ins Unendliche vermehrt, relative Rechtssicherheit durch das Gesetz ist durch völlig unsicheres case law abgelöst worden. Der Beitrag von *Schüler-Springorum*[28], »Sind die Menschenrechte noch zu retten?« sei unter den zunehmenden kritischen Stimmen hervorgehoben. Hier sei nur noch angefügt, daß bei den Erörterungen der rechtsschöpferischen Rolle des Richters die besondere Problematik der Verfassungsgerichtsbarkeit teils explizit, teils implizit ausgeklammert wird. Der Grund liegt darin, daß die von der Ver-

---

27 *Zippelius*, Methodenlehre, § 10 II.
28 *Schüler-Springorum*, in: Festschrift für Miyazawa, Baden-Baden 1995, S. 391 ff. (»zu viel des Guten«, »Menschenrechte als Politik-Ersatz«, »Aufwertung des Drogengebrauchs zum Menschenrecht«, »Inflation von Menschenrechten«).

fassung erreichte Bindung des Verfassungsrichters so wesentlich schwächer ist als die vom Verwaltungsrecht, Strafrecht oder Privatrecht erreichte Bindung des Verwaltungs- oder Straf- oder Zivilrichters, daß die rechtsschöpferische Rolle des Verfassungsrichters besondere Untersuchungen erfordert[29].

3. Grundrechte als Anspruch auf staatliche Leistung

In der Konsequenz der bisher diskutierten Grundrechte liegt ihre *Gewährleistung* durch den Staat, so z. B. die Formulierung im Zusammenhang mit der Pressefreiheit, Art. 5 GG; Art. 55 BV. Damit ist gemeint, daß der Staat dem Bürger das *Unterlassen* staatlicher Eingriffe in die betreffenden Grundrechte garantiert. »Die Grundrechte sind in erster Linie Abwehrrechte des Bürgers gegen den Staat«, *BVerfGE 6, 198* (Leitsatz). In den Grundrechten als negativen Freiheitsrechten, d. h. als Abwehrrechten gegen den Staat, steckt zugleich die Vorstellung von minimalen grundrechtlichen Ansprüchen auf staatliches *Handeln*. Der Staat schuldet dem Bürger ein Minimum an Tätigkeit im Sinne von Maßnahmen zum Schutz von Grundrechten gegen Eingriffe durch Dritte, *Anspruch auf Rechtsgewährung, Rechtsdurchsetzung, Polizeischutz* und *diplomatischen Schutz*[30].

Weil wir einen Staat voraussetzen, der zum Schutz der Bürger da ist und der in Erfüllung dieser Aufgabe seine Bürger beansprucht, sehen wir die Grundrechte als Mittel zur Abwehr eines vom Staat verlangten übermäßigen Opfers. Es wäre sinnlos, die Grenze dieser Inanspruchnahme als Grundrechtsproblem zu beschreiben und vom Bürger Opfer zu verlangen, ohne daß den Staat eine minimale Schutzpflicht treffen würde. Ein Staat ohne Schutzpflicht gegenüber seinen Bürgern wäre unnütz; die Bürger würden ihm ihre Freiheitsopfer unnütz erbringen.

Die Grundfreiheiten mit ihrem Gegenpol des öffentlichen Interesses erlauben eine Grobsteuerung des Regelungsbereiches, der oben I 2 beschrieben ist. Wieweit eine Steuerung auch der sozialstaatlichen Aufgaben (oben I 3) durch Grundrechte möglich ist, wird intensiv diskutiert. Bei diesen *sozialen Grundrechten* geht es um Ansprüche auf staatliches Handeln. Der vorstehend diskutierte Anspruch auf minimalen staatlichen Schutz von Rechts-

---

29 Zur besonderen Problematik einer Fortschreibung der Verfassung durch Richterrecht in einer direkten Demokratie *A. Kaufmann*, in: Mélanges Pierre Engel, Lausanne 1989, S. 175 sowie *Biaggini*, Verfassung und Richterrecht – Verfassungsrechtliche Grenzen der Rechtsfortbildung im Wege der bundesgerichtlichen Rechtsprechung, Diss. Basel 1991. – Aus der *deutschen* Literatur *Göldner*, in: Festschrift für Larenz, München 1983, S. 199.

30 Die Anerkennung entsprechender verfassungsrechtlicher Ansprüche auf minimalen Schutz erfolgt außerordentlich zurückhaltend, vgl. zur staatlichen Schutzpflicht bezüglich des werdenden Lebens oben § 2 I 4 und allgemein *Robbers*, Sicherheit als Menschenrecht, Tübingen 1987; siehe schon oben Anm. 6 und Anm. 7.

gütern gegen Übergriffe Dritter wird in einem ersten Schritt auf ein *Minimum an Sicherheit schlechthin* ausgedehnt: staatliche Garantie des Existenzminimums (Fürsorge). In einem zweiten Schritt wird vom Staat eine *Mindestversorgung* erwartet.

Teils beruft man sich auf Wertungen, die den entsprechenden »negativen«, d. h. auf Abwehr des Staates gerichteten Grundrechten zugrunde liegen, zum Teil werden die Vorzeichen gewissermaßen vertauscht. Aus der Vereinsfreiheit (Art. 56 BV; Vereinigungsfreiheit, Art. 9 GG) als Verbot der Einmischung des Staates in private Vereinigungen wird ein (zunächst politischer) Anspruch auf staatliche Vereinsförderung (insbesondere neuartiger Verbindungen wie Jugendzentren usw.). Aus der (auch) in der Vereinsfreiheit steckenden Parteifreiheit wird ein (zunächst politischer) Anspruch auf Parteienfinanzierung[31]. Aus der Gewerbefreiheit wird ein Anspruch auf Strukturerhaltung bestehender Gewerbe.

In vergleichbarer Weise läßt sich an das Freiheitsrecht, vom Staat nicht zu Zwangsarbeit herangezogen zu werden (von präzisen Ausnahmen abgesehen), ein *Grundrecht auf Arbeit*[32] im Sinne eines Anspruchs auf staatliches Handeln zwecks Beschaffung eines Arbeitsplatzes anschließen. Das *Beispiel* des Rechts auf Arbeit verdient es, auf seine Fernwirkungen durchdacht zu werden. Rechte auf staatliche Leistungen bedingen in diesem Fall und *generell* Abstriche an negativen Freiheitsrechten. Ein Anspruch auf Arbeit bedingt Eingriffe in die Gewerbe- und Vertragsfreiheit (Einstellungsgebote, Entlassungsverbote) sowie in die freie Wahl des Berufs- oder Studienfaches und schließlich in die freie Wahl des Arbeitsplatzes. – Ähnliche Kollisionen sind zwischen der Kunstfreiheit als Zensurfreiheit und der Kunstfreiheit als Anspruch auf staatliche Kunstförderung zu befürchten[33].

Der Übergang vom negativen Freiheitsrecht zum Anspruch auf staatliche Leistungen bedarf vor allem der politischen Diskussion. Die rechtspolitische und rechtliche Problematik wird im Verfassungsrecht ausführlich erörtert. Politische Kompromisse sind denkbar, z. B. beim Recht auf Arbeit in Form staatlicher Einstellungsgebote zugunsten Behinderter. Bei der juristischen Diskussion ist zu beachten, daß ein auf Unterlassung (d. h. Nichteinmischung des Staates) gerichteter Anspruch sehr viel einfacher zu

---

31 Im Kanton Bern ist ein Gesetz über die Parteienfinanzierung 1987 in der Volksabstimmung abgelehnt worden; vgl. auch *BVerfGE 85, 264.*

32 *Saladin,* Recht auf Arbeit?, in: Die Zukunft der Arbeit (Hrsg. *Ringeling, Svilar*), Bern 1987, S. 97 ff. – Zur Berufsfreiheit nach Art. 12 GG heißt es bei *Dürig,* in: *Maunz/ Dürig,* Grundgesetz, München, Lieferung 1968, Art. 12 N. 3: »Der Staat verpflichtet sich nicht . . . etwas zu gewähren, sondern nur einen freien Raum zu gewährleisten«.

33 Weil der Staat nicht allen Künstlern wirtschaftliche Unabhängigkeit garantieren kann, steckt im positiven Recht i.S. eines Anspruchs auf Kunstförderung eine Bedrohung des negativen Freiheitsrechts auf Nichteinmischung des Staates, denn die staatliche Kunstförderung *muß* auswählen, sie muß Zensuren (»förderungswürdig«) erteilen. – Eine Kulturförderungspflicht in der BV der *Schweiz* ist in der Volksabstimmung 1993 abgelehnt worden, BBl. 1993 II 870.

regeln ist als ein Anspruch auf Handeln[34] (Hilfe, Gewährleistung von Sicherheit usw.). Das zeigt sich schon bei den negativen Freiheitsrechten, wenn sie ausnahmsweise zu Ansprüchen auf staatlichen Schutz gegen Übergriffe Dritter erstarken. Bei den eigentlichen sozialen Grundrechten, die von vornherein auf staatliche Leistungen gerichtet sind, tritt die Problematik verschärft auf, weil das *Maß an Fürsorge* ziehharmonikaartig ausdehnbar (und, wenn auch politisch schwieriger, komprimierbar) ist.

Art. 31 Sozialziele (BV der Schweiz, Entwurf 1995)[35]

[1]Bund und Kantone treffen im Rahmen ihrer Zuständigkeiten Vorkehren, daß jede Person:

a. ihren Lebensunterhalt durch frei gewählte Arbeit zu angemessenen Bedingungen bestreiten kann und vor einem ungerechtfertigten Verlust ihres Arbeitsplatzes geschützt ist;

b. für sich und ihre Familie eine angemessene Wohnung zu tragbaren Bedingungen finden kann und vor Mißbräuchen im Mietwesen geschützt ist;

c. an der sozialen Sicherheit teilhat und besonders gegen die Folgen von Alter, Invalidität, Krankheit, Unfall, Arbeitslosigkeit, Verwaisung oder Verwitwung gesichert ist; Familien, Mütter und Kinder genießen besonderen Schutz;

d. die für ihre Gesundheit notwendige Vorsorge und Pflege erhält;

e. sich nach ihren Fähigkeiten und Neigungen bilden und weiterbilden kann.

[2]Sie verwirklichen diese Ziele in Ergänzung zur privaten Initiative und Verantwortung im Rahmen der verfügbaren Mittel. Das Gesetz bestimmt, unter welchen Voraussetzungen Ansprüche auf staatliche Leistungen bestehen.

Wenigstens hingewiesen sei schließlich auf die Versuche, die Grundrechte einerseits nicht primär als sozialstaatliche Leistungsansprüche zu sehen, andererseits aber über die demokratischen Verfahrensgrundrechte und die liberal-rechtsstaatlichen negativen Grundfreiheiten hinaus zu einem neuen

---

34 Es ist kein Zufall, daß das Strafrecht fast keine Gebotstatbestände enthält, also keine Handlungen erwartet, sondern sich mit Verboten und damit einem Unterlassen begnügt (»Du sollst nicht töten«).

35 Beim Katalog handelt es sich um eine sprachlich verbesserte (statt »Verlust des Versorgers« heißt es nun »Verwaisung oder Verwitwung« usw.), in der Reihenfolge umgestellte (Bildung ist vom Anfang ans Ende der Aufzählung gerutscht), im übrigen weitgehend wörtliche Übernahme des Art. 26 des Entwurfs 1977, der noch von Sozial*rechten* gesprochen hatte. Die oben abgedruckte Überschrift ist genau genommen die des Kapitels, nicht des Artikels – d. h. von 170 Artikeln haben drei keine eigene Überschrift, einer davon ist Art. 31.

Grundrechtsverständnis vorzustoßen[36]. Diese Bemühungen sind Zeugnis der nicht abreißenden Diskussion um den Sinn unseres Daseins als Individuen und in der Rechtsgemeinschaft. Es geht um die letzten philosophischen und naturrechtlichen Fragen. Die Anworten, die wir geben, bestimmen unser politisches und rechtspolitisches Handeln: »après nous le déluge«[37] oder »Verantwortung als Staatsprinzip«[38].

III. Verwaltungsrecht

1. Allgemeines und Besonderes Verwaltungsrecht

Das Verwaltungsrecht muß die in den Grundrechten rudimentär vorgezeichneten Interessenkollisionen im Detail entwickeln und lösen. Beispiele oben I 2, II 2 nachlesen! Dieser innere Zusammenhang zwischen dem einfachen Verwaltungsrecht und der Grundrechtsproblematik erklärt den großen und weitgehend vergeblichen dogmatischen Aufwand, mit dem man zu verhindern versucht, daß jeder mehr oder weniger banale Verwaltungsrechtsstreit zum Grundrechtsstreit eskaliert. Ob dem Gefangenen das Abonnement pornographischer Zeitschriften verwehrt werden kann oder ob das im Volkzählungs-Urteil kreierte Grundrecht auf informationelle Selbstbestimmung mit einer Pflicht, sich im Telefonbuch mit Namen eintragen zu lassen, vereinbar ist, man streitet rasch über verfassungsrechtlich garantierte Freiheiten[39]. Anschließend 2 wird in die Frage eingeführt, wie-

---

36 *Saladin*, Grundrechte, S. 292: »Bis vor kurzem wurden die Grundrechte in der schweizerischen Literatur ohne Ausnahme als *Abwehrrechte gegenüber dem Staat* verstanden. Auch heute noch ist diese Vorstellung weithin lebendig«. Gegen diese liberale Auffassung wendet *Saladin* u. a. ein, sie sehe das »soziale Elend als naturgegeben« an, S. 294. – Führt man die Auseinandersetzung konkret, ist z. B. der Wohnungsknappheit nach liberaler Ansicht über hohe Mieten (und damit über Anreize zur Bautätigkeit) zu begegnen, nach der a.A. über ein soziales Mietrecht oder/und staatlichen oder staatlich geförderten Wohnungsbau. Ein andauerndes soziales Elend der Mieter wollen meiner Ansicht nach beide Systeme vermeiden.

37 So die *Marquise de Pompadour* 1757 zu Ludwig XV nach einer von Frankreich verlorenen Schlacht gegen Preußen (apokryph).

38 *Saladin*, Verantwortung als Staatsprinzip, Bern/Stuttgart 1984. – Das Problem ist deshalb so heikel, weil verantwortliches Handeln Freiheit voraussetzt, und zwar Freiheit zu unverantwortlichem Handeln, treffend § 20 StGB (D); Art. 10 StGB (CH). Aus der umfangreichen staatsphilosophischen Literatur vgl. noch *J. P. Müller*, Demokratische Gerechtigkeit, München 1993 und *A. Simonius*, in: Festgabe zur 100-Jahr-Feier BV, Zürich 1948, S. 281 ff.

39 Zum Strafgefangenen *Kaiser/Kerner/Schöch*, Strafvollzug, 4. Aufl., Heidelberg 1992, § 6 N. 139 f. mit Hinweis auf *BVerfGE 40, 276*. Zum Volkzählungsurteil *BVerfGE 65, 1*. Es ist vorstellbar geworden, daß die Verwendung der einmal gelernten Orthographie zum Kerngehalt eines Grundrechts auf sprachliche Integrität erklärt und dem Staat von Verfassungs wegen das Recht zur Reform der Rechtschreibung abgesprochen wird, so *W. Kopke*, Rechtschreibreform und Verfassungsrecht, Tübingen 1995. – Zur Inflation der Menschenrechte schon oben Anm. 28.

weit die Verwaltungstätigkeit überhaupt rechtlich vorgezeichnet und kontrolliert werden kann. Es ist die zentrale Frage des »Allgemeinen« Verwaltungsrechts. Zur Unterscheidung eines AT und eines BT, um das Recht transparenter zu machen, siehe oben § 4 II 4. Die Unterscheidung zwischen BT und AT dürfte nirgends so fruchtbar sein wie im Verwaltungsrecht. Weil der BT des Verwaltungsrechts von einer Fülle ist, die mit dem BT des Schuldrechts oder des Strafrechts nicht einmal annäherungsweise vergleichbar ist, ist die Entwicklung allgemeiner Regeln besonders wichtig. Dogmatisch ist der AT des Verwaltungsrechts eine besonders anspruchsvolle Materie, weil seine Rechtssätze teils aus der Verfassung und teils aus dem Besonderen Verwaltungsrecht destilliert werden müssen.

2. Der AT des Verwaltungsrechts

a) Der Verwaltungsakt

Zu den elementaren Aufgaben des AT des Verwaltungsrechts gehört es, den Eingriff des Staates in die Interessensphäre des Bürgers so zu definieren, daß die mittelbare Betroffenheit des Bürgers, die mehr oder weniger bei jedem staatlichen Handeln gegeben ist, von der unmittelbaren Betroffenheit unterschieden werden kann.

Beispiel, Erschließung: Unterhalb des Gipfels des Berges X steht eine Almhütte, sie und das meiste Land der Umgebung gehört den Bauern E1, E2, E3. Der Berg wird als Weideland genutzt, die Erschließung beschränkt sich auf eine primitive Zufahrt zur Almhütte und einige Wanderwege. Die E wollen die Straße ausbauen, die Hütte zum Berghotel umbauen und Skilifte einrichten. Die maßgebenden Vorschriften (Landschaftsschutzrecht, Planungsrecht, Baurecht) konkretisieren i.S. der Ausführungen vorstehend II 2 c den im Kern schon auf Grundrechtsebene vorgezeichneten Konflikt zwischen dem Privateigentum und Eingriffen im öffentlichen Interesse. Im Beispiel kann der Eingriff abstrakt im gesetzlichen Erschließungsverbot liegen, konkret in dem Verwaltungsakt, mit dem die Behörde eine Baugenehmigung versagt oder den Ausbau der Straße untersagt. Solche Entscheidungen betreffen die Interessen der Eigentümer des Geländes unmittelbar. Mittelbar ist jeder Bürger betroffen, je nach seiner Einstellung zum Konflikt zwischen Landschaftsschutz, Sport und Geschäft mit dem Tourismus. – Angenommen, am Ende der öffentlichen Straße, von der die neue Erschließungsstraße abzweigen soll, besteht eine Wohnsiedlung. Dann sind deren Bewohner von der Erschließung einerseits mehr betroffen als ein Durchschnittsbürger; andererseits aber (vielleicht!) immer noch nur mittelbar. Ähnlich sieht es mit der Betroffenheit des Bauunternehmers aus, der gute Aussicht hat, vom Bauherrn Aufträge zu bekommen. Dieser Bauunternehmer ist stärker als ein Wanderer, aber immer noch nur mittelbar betroffen, wenn der Antrag des Bauherrn auf Erteilung einer Baugenehmigung abgelehnt wird.

Die schwierige Unterscheidung zwischen mittelbarer und unmittelbarer Betroffenheit des Bürgers ist vom *Rechtsschutz* her zu entwickeln. Wer kann überhaupt Begehren an die Verwaltung richten? Wer kann gegen Handlungen oder Unterlassungen der Verwaltung mit rechtlichen Mitteln vorgehen?

Theoretisch könnte man auf die Unterscheidung zwischen mittelbarer und unmittelbarer Betroffenheit verzichten und jedem Bürger Rechtsschutz und damit Kontrollbefugnisse einräumen, *Popularklage*[40]. Das Verwaltungsrecht hat aus praktischen Gründen das System der Popularklage verworfen, denn ein uferloser Rechtsschutz führt zu Verzögerungen und Rechtsunsicherheit. Ein Wanderer könnte daher im vorstehenden *Beispiel* die Genehmigung zum Umbau der Almhütte in ein Berghotel nicht anfechten. Rechtsschutz gewährt man nur bei unmittelbarer Betroffenheit des Bürgers. Um diese konkrete Betroffenheit juristisch in den Griff zu bekommen, postuliert man zwischen Bürger und Staat ein (konkretes) *Verwaltungsrechtsverhältnis*. Es wird durch einen staatlichen Eingriff in (konkrete) Interessen des Bürgers mittels eines *Verwaltungsaktes* begründet.

§ 35 VerwaltungsverfahrensG (Begriff des Verwaltungsaktes)

[1]Verwaltungsakt ist jede Verfügung, Entscheidung oder andere hoheitliche Maßnahme, die eine Behörde zur Regelung eines Einzelfalles auf dem Gebiet des öffentlichen Rechts trifft und die auf unmittelbare Rechtswirkung nach außen gerichtet ist.

Die Beschränkung auf *konkrete* Betroffenheit darf nicht dahin mißverstanden werden, daß der Rechtsschutz auf den am *stärksten* betroffenen Bürger beschränkt ist. Selbstverständlich können mehrere Bürger betroffen sein, oft in konträrer Weise: Die baurechtliche Ausnahmebewilligung begünstigt den Bauherrn; unmittelbar betroffen können zugleich auch die benachteiligten Nachbarn sein. – Darüber hinaus macht man dem *Rechtsschutzbedürfnis bei bloßer mittelbarer Betroffenheit* politisch umstrittene Konzessionen in Gestalt der *Verbandsklage*, d. h. *typische* »mittelbare« Interessen wie Landschafts-, Natur- und Tierschutz können von Organisationen wahrgenommen werden, denen eine Klagebefugnis durch spezielle gesetzliche Ermächtigung erteilt wird. Im übrigen findet mittelbare Betroffenheit durch entsprechende Konsequenzen bei der Wahrnehmung der politischen Rechte ihren Ausdruck, also insbesondere bei Wahlen.

b) Verwaltungsinterne Rechtskontrolle und Verwaltungsgerichtsbarkeit

Im Rechtsstaat unterwirft sich der Staat und damit (auch) die Staatsverwaltung dem Recht. Daraus folgt, daß eine *Rechtskontrolle* der Verwaltungstätigkeit verwaltungsintern (durch die vorgesetzte Behörde) erfolgen kann. Die Rechtskontrolle der Verwaltung muß also nicht denknotwendig auf eine *gerichtliche* Kontrolle hinauslaufen. Freilich ist eine nur verwaltungsinterne Rechtskontrolle bedenklich, weil die verwaltungsinterne Kontrolle der Gefahr der Betriebsblindheit und der politischen Beeinflussung stärker ausgesetzt ist als eine verwaltungsexterne Kontrolle durch die Justiz.

---

40 Auch dann, wenn zwar nicht jeder Bürger, wohl aber jeder Steuerzahler (wegen der mittelbaren finanziellen Auswirkungen) klagen kann, liegt nach deutscher Ansicht eine Form der Popularklage vor, d. h. eine solche im Ausland zum Teil als *tax payer suit* mögliche Klage ist nach deutschem Recht unzulässig.

Vor allem gehört zum Rechtsstaat auch die *Gewaltenteilung* (siehe oben I 4a). Deshalb garantiert Art. 19 Abs. 4 S. 1 GG die verwaltungsexterne Rechtskontrolle. Sie erfolgt durch eine von der Verwaltung getrennte *Verwaltungsgerichtsbarkeit*[41].

c) Verwaltung als Rechtsanwendung

Im Zusammenhang mit der Rechtskontrolle der Verwaltung stellt sich die Frage, wie weit das Verwaltungshandeln vom Recht normiert ist und überhaupt normiert werden kann. Betrachten wir zunächst die Bereiche, in denen das Recht der Verwaltung vorschreibt, was zu tun bzw. was zu lassen ist.

Beispiele: Dem 15-jährigen darf kein Führerschein ausgestellt werden, mögen seine Fahrkünste und seine Kenntnisse der Verkehrsregeln noch so gut sein, vgl. § 2 StVG i.V.m. § 7 StVZO. – Dem Bauherrn muß eine Baugenehmigung erteilt werden, wenn die entsprechenden Vorschriften des Baurechts erfüllt sind.

Hier steht das Verwaltungshandeln dem richterlichen Urteil nahe. Sachverhalte sind unter das Gesetz zu subsumieren. Als Rechtsfolge ergeben sich Handlungs- oder Unterlassungspflichten der Verwaltung. Dabei entsprechen den Pflichten der Verwaltung meist spiegelbildliche Rechte des Bürgers und umgekehrt – wie im Privatrecht der Anspruch des Gläubigers auch in seinem Spiegelbild, als Erfüllungspflicht des Schuldners, zu begreifen ist. So kann der Bauherr die Baugenehmigung beanspruchen, d. h. er ist »Gläubiger« und die Verwaltung »Schuldner«. Führt der 15-jährige ein Auto, kann der Staat Einhaltung des Verbots beanspruchen, und als Folge der Verbotsverletzung (Fahren ohne Fahrerlaubnis, § 21 StVG) entsteht ein staatlicher Straf-»anspruch«.

d) Vom Recht der Verwaltung eingeräumte Spielräume im allgemeinen

Eine Beschränkung der Verwaltung auf Rechtsanwendung, d. h. auf rechtlich vorgeschriebene Tätigkeit, ist weder durchgehend erreichbar, noch immer erwünscht. In weiten Bereichen wäre eine detaillierte Normierung nicht sachgerecht; in anderen Bereichen muß man notgedrungen[42] auf eine detaillierte Normierung verzichten. Das schon in § 3 I 5 allgemein dargelegte Dilemma kommt speziell für das Verwaltungsrecht im folgenden Zitat zum Ausdruck:

---

41 Der Übergang von verwaltungsinterner zu verwaltungsexterner Rechtskontrolle ist Art. 19 IV GG zu verdanken; zu den Geburtswehen vgl. *Bachof*, JZ 1953, 550.

42 Die Zukunft kann nur mit Hilfe von Generalklauseln normiert werden, siehe oben § 3 I 4a, c. Die Unentbehrlichkeit einer polizeilichen Generalklausel wird auch dadurch belegt, daß der Staat sonst in Versuchung gerät, sich allzu rigorosen Regelungen unter Berufung auf einen kleinen Notstand zu entziehen, dazu oben § 2 I 5a.

»Zahlreiche moderne Verwaltungsgesetze sind nichts anderes als juristische Logarithmentafeln, die dem Verwaltungsbeamten das eigene Denken und die eigene Überlegung abnehmen wollen. Da nun aber ein Gesetz niemals die Fülle der Lebenserscheinungen zu fassen vermag, so steht der ausschließlich an das Gesetzeswort gewöhnte Verwaltungsbeamte neuen Erscheinungen ratlos gegenüber. Denn in einem mit Detailbestimmungen überladenen Gesetze werden die leitenden Rechtsgedanken von minderwichtigen Vorschriften so überwuchert, daß sie weder vom Beamten, noch vom Bürger leicht erkannt werden können. Endlich aber ist bei einer derartigen Spezialisierung der Gesetzgeber genötigt, die vielberufene ›Klinke der Gesetzgebung‹ stets in der Hand zu behalten, um unausgesetzt Änderungen an dem geltenden Rechte vornehmen zu können. Dadurch wird dem Rechte nicht gedient; es entsteht ein Zustand der Rechtsunsicherheit . . . In dieser übertriebenen Gesetzmacherei liegt eine der Hauptursachen für den Bureaukratismus in der Verwaltung« *(Fritz Fleiner)*[43].

Verwaltung ist – wie Regierung, mit der sie zusammen *eine* Staatsgewalt bildet – jedenfalls *auch* zukunftsgestaltende schöpferische Tätigkeit. Kreativität läßt sich nun einmal nicht vorschreiben. Verwalten heißt u. a. auch planen. *Planung* läßt sich nicht auf Rechtsanwendung reduzieren. Juristische Planungsvorgaben (Planungsziele, Planungskompetenzen, Planungsfinanzierung) können nur einen mehr oder weniger weiten Rahmen abstecken. Zur Frage, wann und wie Gesetzgebungsorgane (und die Bürger unmittelbar) an der Planungstätigkeit der Verwaltung zu beteiligen sind und ob die Planung in *Form* eines Gesetzes erfolgen muß, kann hier nicht Stellung genommen werden. Letztlich geht es auch hier um das schon vorstehend a angeschnittene Problem des Eingriffs in unmittelbare Interessen des Bürgers – und damit um den Rechtsschutz.

Die *äußersten, jeder Verwaltungstätigkeit vom Recht gezogenen Grenzen* werden durch die folgenden vier Grundsätze markiert, die zum Teil schon erörtert worden sind: *(1) Vorrang des Gesetzes*, d. h. die Verwaltung muß sich an Gesetz und Recht halten, insbesondere muß sie – soweit sie zum Erlaß von Verordnungen kompetent ist, siehe oben § 2 I 3 – den vom höherrangigen Gesetz gezogenen Rahmen einhalten. – *(2) Gesetzesvorbehalt*, d. h. dem Bürger dürfen nur gesetzlich vorgesehene Pflichten auferlegt werden. Die Frage, wann die Pflicht im Gesetz selbst auferlegt werden muß und wann es genügt, daß sie aufgrund eines Gesetzes in einer Verordnung auferlegt wird, kann hier nicht erörtert werden. Zu Notmaßnahmen kraft polizeilicher Generalklausel siehe oben § 3 I 4 c. – *(3)* Prinzip der gesetzlichen *Zuständigkeit*, d. h. die Verwaltung muß ihre Tätigkeit auf gesetzliche Kompetenzvorschriften stützen (enger Zusammenhang mit Vorrang und Vorbehalt des Gesetzes). – *(4)* Bindung der Verwaltung an das *Finanzrecht* (ebenfalls eine Konsequenz des Gesetzesvorrangs).

Aus diesen zunächst mehr formellen Grundsätzen lassen sich *materiellrechtliche Generalklauseln* ableiten. Schon aus dem Prinzip der auf Gesetz

---

43 *Fleiner*, Institutionen, S. 247, Anm. 35.

beruhenden Zuständigkeit ergibt sich die Bindung des Verwaltungshandelns an die Verfolgung *öffentlicher Interessen*, denn es ist kaum vorstellbar, daß einer Behörde eine Kompetenz zur Wahrnehmung anderer als öffentlicher Interessen eingeräumt wird. Aus dem Vorrang und *Vorbehalt des Gesetzes* ergibt sich die Bindung der Verwaltung an den *Gleichheitssatz* und an das *Verhältnismäßigkeitsprinzip.* Freilich verbirgt sich hinter der Verhältnismäßigkeit, verstanden als umfassende Berücksichtigung aller Umstände, nur allzu oft eine verkürzte und kurzschlüssige Interessenabwägung. Wer so umfassend wägen möchte, hat sich schon – ehe er mit der Abwägung beginnt – gegen die Rechtssicherheit entschieden, und nur allzu oft kommen auch sonstige »abstrakte« Interessen zu kurz[44]. Im Sinne einer weiteren Generalklausel nimmt die h. M. eine nicht schon aus anderen Prinzipien folgende besondere Bindung der Verwaltung an *Treu und Glauben* an. Das wird praktisch besonders wichtig bei der Duldung rechtswidriger Zustände durch eine Behörde (Verwirkung der Rechtsdurchsetzung als verspätet?). Auch diese Generalklausel ist außerordentlich bedenklich, weil eine reziproke Pflicht des Bürgers, gegenüber der Verwaltung seine Rechte nur nach Treu und Glauben geltend zu machen, auf eine undurchsichtige Rechtsverkürzung hinauslaufen würde[45].

Im Sinne einer *Faustregel* ist davon auszugehen, daß die *Eingriffsverwaltung* formell auf gesetzlicher Grundlage operiert und auch materiell jedenfalls umrißhaft rechtlich normiert ist. Bezüglich der *Leistungsverwaltung* ist die erfreuliche Tendenz des modernen Finanzrechts zu einer umfassenden Regelung hervorzuheben, d.h der Staat muß sich für Ausgaben und Aufwendungen sowohl auf eine Zuständigkeitsnorm als auch auf eine finanzrechtliche Rechtsgrundlage stützen können. Insofern läßt sich heute nicht mehr sagen, daß »die belehrende, ermahnende, prüfende, werbende Tätigkeit der Verwaltung und z. T. auch Wohlfahrts- und Kulturpflege . . . ohne rechtliche Grundlagen geübt (sc. werden)«[46]. Was den Gesetzesvorbehalt für die Leistungsverwaltung und damit insbesondere auch die leistungsversagende Verwaltung betrifft, geht die Tendenz in Richtung eines »Totalvorbehalts«[47]. Trotzdem ist leider *keine wirksame Rechtskontrolle der Leistungsverwaltung* in Sicht. Soweit die Gewährung von Leistungen gesetzlich (mit Blick auch auf die Versagung) geregelt ist, sind die Anforderungen an die Bestimmtheit solcher Gesetze noch geringer als an die Gesetzesbestimmtheit bei der Eingriffsverwaltung. Die Verwaltungsrechtswissenschaft hält noch an der Auf-

---

44 Am Beispiel *Schußwaffengebrauch* gegen einen entwichenen Strafgefangenen näher *Arzt*, NStZ 1991, 84 und am Beispiel des kleinen Notstandes bei kleiner Kriminalität *Arzt*, in: Festschrift für Rehberg, Zürich 1996, S. 25.

45 Vgl. *Arzt*, GA 1990, 325 und GA 1991, 94 (Bespr. von *Hermes/Wieland*, Die staatliche Duldung rechtswidrigen Verhaltens, Heidelberg 1988 bzw. *Katzorke*, Die Verwirkung des staatlichen Strafanspruchs, Frankfurt a. M. 1989).

46 So noch 1951 *Ruck*, Schweizerisches Verwaltungsrecht, Bd. 1, S. 195.

47 *Maurer*, Allg. Verwaltungsrecht, § 6 N. 10.

fassung fest, bei Gewährung (und damit auch Versagung) einer Leistung sei die Verwaltung grundsätzlich freier zu stellen als bei der Auferlegung von Pflichten[48]. Dies ist bedenklich, weil die siamesischen Zwillinge Eingriffs- und Leistungsverwaltung nur gemeinsam wachsen können. Außerdem sind Eingriffe und Leistungsversagungen vielfach sachlich (wirtschaftlich!) vertauschbar.

Beispiel, Strafzumessung[49]: Man kann Strafzumessungserwägungen, die den Angeklagten belasten (mit denen eine Strafschärfung begründet wird), relativ leicht mit Hilfe des Strafrechts, Strafprozeßrechts und letztlich des Verfassungsrechts juristisch kontrollieren. Vor einer solchen Kontrolle könnten z. B. belastende Strafzumessungserwägungen, die auf unhöfliches Auftreten des Angeklagten gegenüber den Richtern oder auf Leugnen des Angeklagten gestützt wären, nicht bestehen. – Solcher Strafschärfungsgründe bedarf es jedoch nicht in einem System, das begünstigende Strafzumessungserwägungen so gut wie gar nicht kontrolliert oder kontrollieren kann. Wo höfliches Auftreten oder Geständnis strafmindernd wirkt, werden vergleichbare Effekte erreicht wie dort, wo unhöfliches Auftreten oder Leugnen strafschärfend wirkt.

Der Staat würde sicher Beamte finden, die sich mit bescheidenen Gehaltsansprüchen zufriedengeben würden, wenn sie dafür in regelmäßigen Abständen vom Staat großzügig beschenkt werden würden. Ein solcher Staat sollte jedoch das Geschenk qua Leistungsverwaltung nicht freier verteilen (und versagen) dürfen, als er den Gehaltsanspruch qua Eingriffsverwaltung (z. B. bei Disziplinarvergehen) kürzen darf.

e) Ermessen, unbestimmte Gesetzesbegriffe und Beurteilungsspielräume im besonderen

Der vorstehend beschriebene Rahmen, den das Recht der Verwaltungstätigkeit zieht, kann durch Rechtsnormen mehr oder weniger vollständig ausgefüllt werden. Vollständige Ausfüllung führt zur Verwaltung als Rechtsanwendung, vorstehend c. Schwierige Probleme treten bei der Definition der Spielräume auf, die der Gesetzgeber der Verwaltung einräumt. Solche Spielräume ergeben sich teils aus dem Wesen rechtlicher Normierung, teils aus dem Wesen der Verwaltungstätigkeit und teils aus dem Wesen

---

48 Vgl. die Nachweise in *BGE 103 Ia 369*. Mit Recht meint *Maurer*, Allg. Verwaltungsrecht, § 6 N. 13, die Frage habe im Laufe der Zeit »ihre aktuelle Bedeutung weitgehend verloren, da die meisten Bereiche gesetzlich geregelt sind«. Praktisch relevant bleibt der Streit um die Anforderungen an den Gesetzesvorbehalt vor allem für Subventionen, weil zweifelhaft ist, ob die pauschale haushaltsrechtliche Mittelzuweisung als Rechtsgrundlage für Subventionsentscheide im Einzelfall ausreicht. – Zur Vergesetzlichung der Schule *BVerfGE 58, 257.*

49 Obwohl die Strafzumessung Sache der *Justiz* ist, zeigen sich bei der justizinternen Kontrolle eben die Probleme, die sich in vergleichbaren Situationen ergeben, bei denen es um die Kontrolle einer Entscheidung der Verwaltung durch die Justiz geht. Die Strafzumessung ist deshalb ein gutes Beispiel, weil dieses Spezialgebiet eingehend erforscht ist.

der Rechtsmittel (Kontrolle von Entscheidungen). Ermessen, unbestimmte Gesetzesbegriffe und Beurteilungsspielraum sind die Schlagwörter, unter denen diese Spielraumproblematik behandelt wird.

Aus dem Wesen einer zukunftsorientierten rechtlichen Normierung folgt eine relative Unbestimmtheit. Die Unbestimmtheit kann den Tatbestand oder/und die Rechtsfolgen betreffen, siehe oben § 3 I 6 zur unbestimmten Abgrenzung zwischen Körperverletzung und Tätlichkeit auf der Seite der Rechtsvoraussetzungen (Tatbestand). Mit relativ unbestimmten Rechtsfolgen operieren alle strafrechtlichen Verbote und viele zentrale Normen des Privatrechts.

Im Schadenersatzrecht wird der Richter durch §§ 823 ff. BGB i.V. § 254 BGB nicht präzise festgelegt, wieviel er dem Geschädigten angesichts des konkreten Sachverhalts zuzusprechen hat. Im Strafrecht wird der Richter durch die strafrechtliche Norm nicht präzise festgelegt, welche Strafe er dem Täter angesichts des konkreten Sachverhalts auferlegen muß. – Vergleichbar (identisch?) ist die Situation mit Blick auf den Verwaltungsbeamten: Die Schulbehörde wird durch das Prüfungsrecht nicht präzise festgelegt, welche Note dem Schüler angesichts des konkreten Sachverhalts zu geben ist; die Straßenverkehrsbehörde wird durch das Straßenverkehrsrecht nicht präzise festgelegt, ob sie die Fahrerlaubnis angesichts des konkreten Sachverhalts entziehen muß usw.[50].

Die herrschende Meinung[51] unterscheidet bei derartigen Spielräumen wie folgt:

(1) Geht es um den Tatbestand, also um *Voraussetzungen* für Rechtsfolgen, so ist trotz unbestimmter Normierung nur *eine* richtige Subsumtion des Sachverhalts denkbar, d. h. die Anwendung der Norm auf den Sachverhalt ist *Rechtsfrage*. Die Kontrolle der Rechtsanwendung (des einen Gerichts durch ein höheres Gericht oder der Verwaltung durch die höhere Behörde oder durch die Justiz) kann jedoch oft nur beschränkt erfolgen. So können u. a. bei *Prognosen* (z. B. Bewährung, vgl. § 56 StGB) persönliche Eindrücke entscheidungserheblich sein, die unwiederholbar und/oder nur in Grenzen mitteilbar sind, oder es können gerade bei Generalklauseln wie öffentliches Interesse, Bedürfnis, Eignung usw. so viele Details *legitimerweise* eine Rolle spielen, daß eine vollständige Begründung die entscheidende Behörde (oder eine vollständige Kontrolle die überprüfende Instanz) überfordern würde. In solchen Fällen entsteht nolens volens(!) ein unüberprüfbarer Entscheidungsbereich, *Beurteilungsspielraum*.

(2) Geht es um *Rechtsfolgen*, so kann nach herrschender Meinung deren unbestimmte Normierung ein *Ermessen* eröffnen. Das bedeutet, daß jede Entscheidung (im Rahmen dieses Ermessens) unter dem Blickwinkel einer

---

50 Vgl. §§ 3, 15 b StVZO (»erheblich«).
51 Grundlegend *Bachof*, JZ 1955, 97; vgl. auch die 35 Jahre spätere Auseinandersetzung mit der (angeblichen) Hypertrophie des Rechtsstaates durch *Bachof*, in: Festschrift für Dürig, München 1990, S. 319.

Rechtskontrolle rechtlich gleich richtig ist. Für den die Verwaltung kontrollierenden Richter ist es irrelevant, ob er eine andere Entscheidung als besser, *zweckmäßiger* ansieht, denn die im Rahmen des Ermessens liegenden Entscheidungen sind *rechtlich* gleichwertig und damit gleich richtig. Der Justiz steht nur eine Rechtskontrolle zu, keine Zweckmäßigkeitskontrolle. – Dagegen hat der Richter (selbstverständlich!) zu prüfen, ob die Schranken des Ermessens eingehalten sind und ob vom Ermessen ein rechtsfehlerhafter Gebrauch gemacht worden ist. Häufiger Rechtsfehler bei Ermessensausübung ist die Wahl einer im Rahmen des Ermessens liegenden Rechtsfolge aus nicht haltbaren Gründen.

Beispiel: Ist nach Verstößen gegen Verkehrsvorschriften die Fahrerlaubnis entzogen worden, so »kann« die Behörde bei der Neuerteilung »auf eine Fahrerlaubnisprüfung verzichten, wenn keine Tatsachen vorliegen, die die Annahme rechtfertigen, daß der Bewerber die . . . erforderlichen Kenntnisse und Fähigkeiten nicht mehr besitzt«, § 15 c Abs. 2 StVZO. Erläßt die entscheidende Beamtin in dieser Situation Frauen die Prüfung regelmäßig, Männern dagegen regelmäßig nicht, weil sie ein Vorurteil gegen Männer am Steuer hat, macht sie von ihrem Ermessen fehlerhaft Gebrauch, d. h. sie handelt rechtswidrig, § 40 VerwaltungsverfahrensG.

Mit Recht wird die Problematik der vom Recht der Verwaltung belassenen Entscheidungsspielräume als einer »der umstrittensten Bereiche des Verwaltungsrechts«[52] bezeichnet. Eine Lösung ist nicht in Sicht. Zwischen Rechtsvoraussetzungen und Rechtsfolgen besteht eine Wechselwirkung, die die Vermutung nahelegt, daß ein Spielraum bei den Rechtsfolgen sich nicht prinzipiell von einem Spielraum bei den Rechtsvoraussetzungen unterscheiden läßt[53].

Die Verwaltungsrechtswissenschaft ist eigentümlich unschlüssig, ob sie der Verwaltung Spielräume willig gewähren möchte, weil sie dem vor Ort entscheidenden Beamten vertraut und ihm die sinnvolle, kreative Ausfüllung des Rahmens zutraut. Der gesetzliche Rahmen garantiert Rechtssicherheit und Gerechtigkeit, seine Ausfüllung dient (u.a.) der Billigkeit. *Konsequenz* solcher *willig gewährten Spielräume* ist eine bunte, von der Persönlichkeit des zuständigen Beamten beeinflußte und begrenzt (aber immerhin!) *ungleiche* Verwaltungspraxis. Eine solche Verwaltung muß dezentralisiert sein. Bei einer auf eine Spitze zulaufenden hierarchisch organisierten Verwaltung stellen sich nämlich bei der verwaltungsinternen Kontrolle eben

---

52 *Maurer*, Allg. Verwaltungsrecht, § 7 N. 47.
53 Solche Wechselwirkungen sind im Strafrecht eingehend untersucht worden, insbesondere bei der Austauschbarkeit von Strafzumessungserwägungen (Rechtsfolge) und strafschärfenden bzw. strafmindernden Tatbestandsmerkmalen (Rechtsvoraussetzungen). Auch das obige Beispiel des Verkehrsregelverstoßes zeigt, daß ein Spielraum bei der Rechtsfolge (Entzug/kein Entzug) dadurch zum Verschwinden gebracht werden kann, daß man bei den Rechtsvoraussetzungen differenziert (nämlich zwischen normalen und leichten Fällen). Vgl. auch *Zäch*, in: St. Galler Festgabe zum Schweizerischen Juristentag 1981, Bern/Stuttgart 1981, S. 271 ff.

die Probleme, die sonst bei verwaltungsexterner (gerichtlicher) Kontrolle auftreten[54].

Spielräume können auch *unwillig* gewährt werden, weil eine an sich als erstrebenswert angesehene Bindung zu aufwendig zu erreichen oder zu aufwendig zu kontrollieren wäre. Ein solches Verständnis von Ermessensspielräumen läuft auf eine eher resignierende Abschiebung der Verantwortung vom Gesetzgeber (und Richter) auf den Verwaltungsbeamten hinaus. – Die Erwartungen an die Begründung einer Entscheidung sind entsprechend unterschiedlich. Spielen Erfahrung, Fingerspitzengefühl, Instinkt die ausschlaggebende Rolle, lassen sich die »Gründe« nur beschränkt objektivieren und mitteilen. Verbietet sich eine detaillierte Regelung vorwiegend aus Gründen der Gesetzgebungsökonomie, kann man dagegen vom Beamten erwarten, daß er die grobe gesetzliche Normierung in ein generalisierbares und mitteilbares feines Raster der Verwaltungspraxis umsetzt.

Ein vergleichbarer Zwiespalt steckt im Vergleich zwischen Eingriffen ohne bzw. mit Spielraum der Verwaltung. Hat die Verwaltung keinen Spielraum, *muß* sie in die Freiheit des Bürgers eingreifen, sonst kann sie es, muß aber nicht. Deshalb sieht es auf den ersten Blick so aus, als liege bei Spielraum der Verwaltung eine weniger schwere Belastung der Freiheit des Bürgers vor – und solche Fälle gibt es. Ob sie die Regel sind, ist schon zweifelhaft. Müßte der Gesetzgeber wählen zwischen obligatorischem oder keinem Eingriff, würde dies vielfach dazu führen, daß er der Verwaltung überhaupt keine Eingriffsbefugnis zusprechen würde.

Beispiel: Welchen Sinn hat es im vorstehenden Beispiel, jemanden erneut zu prüfen, obwohl »keine Tatsachen vorliegen, die die Annahme rechtfertigen, daß der Bewerber ... die erforderlichen Fähigkeiten und Kenntnisse nicht mehr besitzt«? In welchen Fällen würden *Sie* trotzdem eine Prüfung anordnen (und wann nicht)? Wie aufwendig wollen wir eine solche Entscheidung begründen und dann gerichtlich kontrollieren? – Anderes *Beispiel:* Angenommen, die Fahrerlaubnis *müßte* schon bei leichten Verkehrsregelverstößen entzogen werden, dann würde dies die Bevölkerung nicht tolerieren. Statt der klaren Regelung, daß bei leichten Verstößen die Fahrerlaubnis nicht entzogen werden darf, verschaffen wir durch eine mittlere Lösung (bedingte Eignung – eingeschränkte Fahrerlaubnis) der Verwaltung erst die Macht, die wir dann juristisch mühsam kontrollieren.

---

54 Wenn die Justiz ihre Ermessenskontrolle mit Blick auf die (fehlende) Kenntnis lokaler Gegebenheiten oder (fehlende) sonstige Spezialkenntnisse einschränkt, dann ist es nicht selbstverständlich, daß die übergeordnete Behörde das Ermessen uneingeschränkt kontrollieren kann. Die h. L. sieht jedoch die uneingeschränkte Ermessenskontrolle durch die höhere Verwaltungsbehörde als keiner Begründung bedürftig an, vgl. *Knapp*, Grundlagen des Verwaltungsrechts, Bd. I, 4. Aufl., Basel/Frankfurt a. M. 1992, S. 36 ff. Immerhin zeigt sich bei *Maurer*, Allg. Verwaltungsrecht, § 7 Nr. 14–16, ein Unbehagen wegen der Reduktion der »individuellen« Ermessensausübung des vor Ort entscheidenden Beamten infolge einer »generellen« Ermessensausübung (durch Weisung der vorgesetzten Behörde).

Bei *Leistungen* der Behörde liegen die Dinge ähnlich. Die nach Ermessen zu gewährende oder die von einem weiten Beurteilungsspielraum abhängende Vergünstigung macht den Bürger unsicher und von der Verwaltung abhängig. Eine Kontrolle ist nur mit großem verwaltungsinternem und verwaltungsexternem Aufwand zu erreichen. – Betrachten wir zum Schluß zwei *Beispiele*, bei denen das doppelte Dilemma der Spielräume der Verwaltung zum Ausdruck kommt:

Nicht zu beanstanden ist gemäß BVerwGE 86, 355 f., daß homosexuell veranlagte Soldaten nicht als Ausbilder in einer Truppe zugelassen werden. Der Vorgesetzte hat über die Zulassung »nach Maßgabe des dienstlichen Bedürfnisses nach seinem Ermessen« zu entscheiden. Dabei hat er davon auszugehen, daß die Verwendung »nach Eignung, Befähigung und Leistung« zu erfolgen hat. Die Eignung hängt von vielen fachlichen und persönlichen Anforderungen ab. Bei der Entscheidung, ob ein Eignungsmangel besteht, hat der Vorgesetzte einen Beurteilungsspielraum.

In dem in NJW 1990, 2236 abgedruckten Entscheid des VGH Kassel geht es um die Frage, ob zutreffend nur eine Auslosung unter allen noch nicht mit Patienten versorgten zugelassenen Studenten eines praktischen Kurses angeordnet wurde. Dies wird bejaht, da der Hochschule ohne entsprechende gesetzliche Norm (braucht es, da die Auswahl einzelner Studenten einen Eingriff in die durch Art. 12 GG gewährleistete studentische Lern- und Studierfreiheit darstellt) kein Auswahlermessen eingeräumt ist. Deshalb darf die Auswahl der Kursteilnehmer nicht nach (an sich vernünftigen!) Kriterien erfolgen, die sich die Hochschule ausdenkt, so z. B. dem Fachsemester, in dem die Studenten eingeschrieben sind.

3. Der BT des Verwaltungsrechts

Hierher gehören die vielen Regeln der vielen verwaltungsrechtlichen Materien, Lebensmittelrecht, Landwirtschaftsrecht, Straßenverkehrsrecht, Jagdrecht, Baurecht, Steuerrecht, Polizeirecht i.e.S. usw. *Schaubild 2* im Anhang nach § 5 vermittelt einen Überblick. Da eine Beherrschung dieser Normenflut nur durch Spezialisierung in der Praxis zu erreichen ist, sind solide Kenntnisse im AT des Verwaltungsrechts besonders wichtig. Freilich ist die im AT des Verwaltungsrechts entwickelte Lehre von den Ermessensfehlern ein vergröbertes Spiegelbild der Lehre von der richtigen Ermessensausübung. *Diese* Lehre wird so stark von den Besonderheiten des jeweiligen Verwaltungsgebiets beeinflußt, daß sie für die einzelnen Bereiche gesondert entwickelt werden müßte. In diesem Sinne hat sich aus dem Strafrecht als der Lehre von den strafbaren Handlungen als Rechtsvoraussetzungen (für Strafe) eine Lehre von den Rechtsfolgen in Form der Strafzumessungslehre entwickelt. Die Strafzumessungslehre als Lehre von der richtigen (und falschen) Strafzumessung steckt immer noch in den Anfängen. Ihre Synchronisierung mit dem Rechtsmittelrecht, also mit der juristischen Kontrolle der Strafzumessung, hat sich als überaus schwierig erwiesen. Vor ähnlichen Problemen stehen weite Bereiche des Besonderen Verwaltungsrechts. Deutlich zu erkennen ist jedoch die zunehmende Entfernung der Strafzumessungslehre (und der Lehre von der richtigen Ermessensausübung in den jeweiligen Sachgebieten) von der im AT des Verwaltungsrechts behandelten Lehre von den Ermessensfehlern.

IV. Strafrecht

Das Strafrecht nimmt innerhalb des öffentlichen Rechts von alters her eine Sonderstellung ein, weil es um besonders schwere Eingriffe des Staates in die Interessen des Bürgers geht. Der wegen eines Verbrechens Angeklagte hat früher buchstäblich um seinen Kopf gekämpft (»Kapitalverbrechen« bedeutet nicht Wirtschaftskriminalität, sondern daß der Täter seinen Kopf – caput – riskiert). Dies hat zur Forderung geführt, die Voraussetzungen, unter denen so schwere Rechtsfolgen verhängt werden dürfen, rechtlich bestimmt zu regeln, *Bestimmtheitsgrundsatz*, siehe oben § 3 I 7 e. Die Interpretation der Strafnormen hat eine wissenschaftliche Durchdringung des AT und BT des materiellen Strafrechts gebracht. Eine vergleichbare dogmatische Verfeinerung bis hin zur Haarspalterei ist sonst nur noch in den Kernbereichen des Privatrechts anzutreffen. Rechtsgrundsätze wie das *Verhältnismäßigkeitsprinzip* sind im Strafrecht in einer jahrhundertelangen Praxis erprobt und zugeschliffen worden und erobern sich heute das öffentliche Recht insgesamt (zur Verhältnismäßigkeit vgl. insbes. die Regelung der Notwehr).

Das Strafrecht stellt nur einen kleinen Ausschnitt aus der Gesamtrechtsordnung dar. Seine Sonderstellung ist heute nur noch bedingt mit der Schwere seiner Sanktionen zu begründen. Einerseits sind existenzbedrohende Strafen selten geworden, und andererseits hat sich das gewöhnliche öffentliche Recht zu einem existenzgewährenden und damit auch existenzgefährdenden Netz von Berufszulassungs-, Berufsausübungs- und Subventionsregeln entwickelt.

Wie kurz währt eine Freiheitsstrafe wegen einer typischen Straftat mittlerer Schwere (z. B. Einbruchsdiebstahl) gegen die in Schul- und Hochschulbildung steckende Freiheitsentziehung, der sich jeder unterwerfen muß, der zu einem ganz normalen Beruf zugelassen werden möchte! Wie sähe wohl unser Bildungswesen aus, wenn wir die in ihm steckende Freiheitsentziehung mit derselben Strenge generell und im Einzelfall auf Erforderlichkeit usw. hin prüfen würden, wie wir die Verhängung einer Strafe prüfen? Wie leicht wiegt eine empfindliche Geldstrafe wegen einer typischen leichteren Straftat (z. B. einem Verkehrsdelikt) gegen minimale Veränderungen im Subventionsrecht (die rasch existenzvernichtende Konsequenzen haben können, Stichwort Milchpreis)!

Der besondere Aufwand, mit dem das Strafrecht wissenschaftlich betrieben und behördlich angewendet wird, läßt sich heute nicht mehr primär mit der Schwere der Sanktionen rechtfertigen. Die Rechtsgemeinschaft muß sich jedoch wenigstens in einem Rechtsgebiet eine intensive Suche nach Antwort auf drei für das Recht grundlegende Fragen leisten[55]: Wie verantwortlich ist der Mensch für sein Verhalten in der Rechtsgemeinschaft? Wie beeinflußbar ist menschliches Verhalten durch rechtliche Normierung? Wie kann und muß sich die Rechtsgemeinschaft mit dem Rechtsbruch und dem Rechtsbrecher arrangieren? – Die Antworten – oder besser die Splitter, aus denen wir die richtige Antwort zu erraten suchen – sind in der strafrechtlichen Schuld- und Irrtumslehre, den Straftheorien mit der Sanktionenlehre sowie in der Kriminologie zu diskutieren.

Die Anwendung des Strafrechts erfolgt seit langem unter richterlicher Kontrolle. Deshalb hat sich nicht nur das materielle Strafrecht, sondern auch das *Strafprozeßrecht* vom sonstigen öffentlichen Recht abgesetzt. Die etablierte Strafjustiz ist aus verschiedenen Gründen nicht zum Modell für die sich mühsam entwickelnde Verwaltungsgerichtsbarkeit geworden[56]. Dafür haben sich enge Verbindungen zum modernen Staatsrecht ergeben, denn das Staatsrecht sucht die rechtsstaatlichen Garantien, die im Strafprozeßrecht entwickelt worden sind, ins Verfassungsrecht zu transferieren.

Wie das Prozeßrecht generell, so sucht auch das Strafprozeßrecht den Schutz in der Sache, insbesondere vor einem Fehlurteil, durch Wahrheitsfindung in einem förmlichen Verfahren zu erreichen, siehe oben § 2 III 2. Dieses Vertrauen des Prozeßrechts auf Förmlichkeiten kann dazu führen, daß ein Urteil anfechtbar wird, das sich auf die Aussage eines Zeugen stützt, den der Richter versehentlich nicht in der vom Gesetz vorgeschriebenen Weise auf seine Wahrheitspflicht hingewiesen hat[57] – obwohl man sich kaum einen Zeugen vorstellen kann, der nicht schon vor der formgerechten Belehrung weiß, daß er die Wahrheit zu sagen hat. Je förmlicher ein Verfahren ist, desto undurchsichtiger wird es für den Laien. Der Laie kann dann Verfahrensfehler schon nicht erkennen. Noch schwieriger findet der Laie Zugang zu den Förmlichkeiten, die bei der Rüge von Fehlern einzuhalten sind. Besonders undurchsichtig ist für den Laien schließlich der Zusammenhang zwischen Verfahrensfehlern und Urteilsaufhebung. Es ist nicht unbe-

---

55 Die Gründe, die dazu geführt haben, daß man diese Suche dem Strafrecht überlassen hat, sollen hier nicht ausgebreitet werden. Daß ich als Strafrechtler »mein« Fachgebiet nicht besonders lobend hervorheben will, folgt schon aus dem Umstand, daß die Suche bisher weitgehend vergeblich geblieben ist.

56 Immerhin hat der auffallende Unterschied zwischen dem hohen strafprozeßrechtlichen Schutz vor Bestrafung und den minimalen justizförmigen Sicherungen des Gefangenen im Strafvollzug wesentlich zur Überdenkung des Rechtsschutzes bei Anstaltsverhältnissen (sogenannten besonderen Gewalt- oder besonderen Rechtsverhältnissen) beigetragen.

57 Die Lehre von den *Beweisverboten* bei Verstößen gegen Prozeßvorschriften ist durch die Entscheidung des U.S. Supreme Court *Miranda vs. Arizona* 384 U.S. 436 (1966) stark beeinflußt worden. Der Beschuldigte hatte gegenüber der Polizei Erklärungen abgegeben, ohne daß er vorher förmlich über sein Recht, zu schweigen, belehrt worden war. Dazu und zur Förmlichkeit des Strafprozeßrechts generell *Arzt*, Der Ruf nach Recht und Ordnung, Tübingen 1976, S. 86 ff., 155 ff. mit weiteren Nachweisen.

dingt ein Fortschritt, wenn in der *Schweiz* die Zahl der Kantone schrumpft, in denen jedermann als Verteidiger auftreten kann. In *Deutschland* bedarf die Zulassung eines Laien als Verteidiger einer speziellen gerichtlichen Genehmigung im Einzelfall, die kaum je erteilt wird, vgl. § 138 Abs. 2 StPO. Wenn das Verteidigeramt zunehmend den Rechtsanwälten vorbehalten wird, ist dies ein Anzeichen dafür, daß unsere Verfahren immer komplizierter werden. Statt unser Recht und mit ihm unsere Verfahren für Laien durchsichtig zu machen, machen wir es dem Laien zur Pflicht, sich durch Juristen beraten und verteidigen zu lassen – und betrachten dies als rechtsstaatlichen Fortschritt.

Neu ist das alles nicht. Es war einmal eine Insel. Ihre Lage ist schon lange in Vergessenheit geraten. Über ihre Bewohner ist uns dank eines Berichts von *Thomas Morus*[58] aus dem Jahre 1516 u. a. folgendes überliefert:

»Gesetze haben sie sehr wenige; . . . sie . . . finden es höchst ungerecht, daß Menschen an Gesetze gebunden sein sollten, die entweder zu zahlreich sind, als daß man sie alle durchlesen könnte, oder zu rätselhaft, als daß sie jedermann verstünde.

Von Advokaten wollen sie rein nichts wissen, da ihre Prozeßführung hinterlistig und ihre Rechtsauslegung verdreht sei. Sie halten es nämlich für zweckmäßig, daß jeder persönlich seine Sache führe und dem Richter dasselbe sage, was er seinem Anwalt würde erzählt haben; so gebe es weniger Umschweife und lasse sich die Wahrheit leichter herausbekommen. Denn wenn einer spricht, ohne daß ihm ein Anwalt Flausen einbläst, kann der Richter alles einzelne abwägen und ein einfaches Gemüt vor den Ränken eines Pfiffikus schützen, was anderswo bei dem Haufen komplizierter Gesetze eine schwierige Aufgabe ist. Übrigens versteht sich jeder Bewohner auf die Gesetze, denn es sind ihrer, wie gesagt, sehr wenige, und von den Auslegungen gilt die simpelste für die richtigste.

Sie sagen nämlich, da Gesetze nur deswegen erlassen würden, damit jeder wisse, was er zu tun habe, würde eine allzu feine Erklärung nur die wenigsten an ihre Pflicht mahnen, weil sie eben nur wenigen verständlich wäre, wogegen eine einfachere und näherliegende Sinndeutung der Gesetze jeder begreifen könne. Für das Volk, das die Mehrzahl bildet und am meisten eine Ermahnung nötig hat, mache es keinen Unterschied aus, ob man ein Gesetz überhaupt nicht erlasse oder das erlassene in einem Sinne interpretiere, der nur mit scharfem Verstand und nach langer Diskussion erfaßt werden kann, niemals aber vom naiven Volksempfinden und von Leuten, die mit dem Broterwerb genug zu tun haben.«

Auch der Name dieser Insel ist uns überliefert: Utopia.

---

58 *Thomas Morus*, Utopia, 1516; im folgenden wird aus der Diogenes-Taschenbuchausgabe 1981, S. 137 f., zitiert; das Wort »Utopier« ist hier einmal durch »Bewohner« ersetzt worden.

Schaubild 1: Gliederung der Wissenschaften[1]

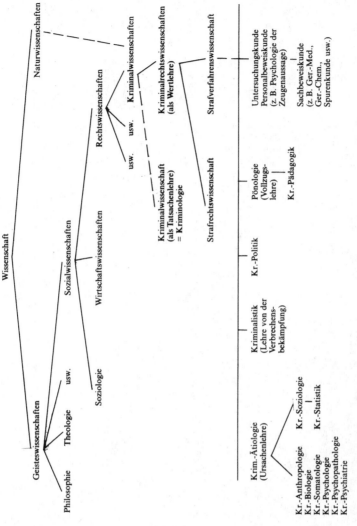

1 *Quelle: Baumann*, Einführung in die Rechtswissenschaft, 8. Aufl. 1989, S. 18, 21, und *Baumann/Weber/Mitsch*, Strafrecht AT, 10. Aufl., Bielefeld 1995, S. 54. – Zwischen den einzelnen Zweigen bestehen vielfältige Verbindungen. So ist die *Politologie* ein Zweig der Soziologie, berührt sich aber mit Teilen der Rechtswissenschaft, insbesondere mit dem Staatsrecht; ebenso bestehen enge Verbindungen zwischen Kriminologie und Soziologie. – Zu den Verbindungen auch zwischen Geistes- und Naturwissenschaften vgl. hier die *Kriminalwissenschaften* als Beispiel.

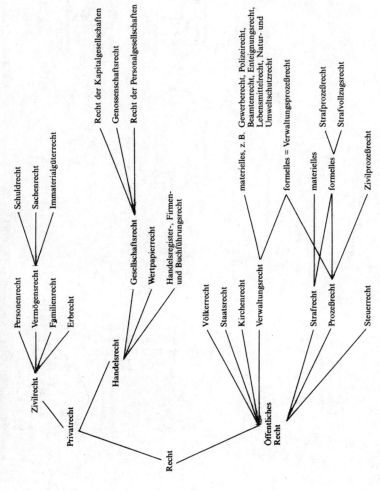

Schaubild 2: Privatrecht und öffentliches Recht[1]

Recht

Privatrecht
- Zivilrecht
  - Personenrecht
  - Vermögensrecht
    - Schuldrecht
    - Sachenrecht
    - Immaterialgüterrecht
  - Familienrecht
  - Erbrecht
- Handelsrecht
  - Gesellschaftsrecht
    - Recht der Kapitalgesellschaften
    - Genossenschaftsrecht
    - Recht der Personalgesellschaften
  - Wertpapierrecht
  - Handelsregister-, Firmen- und Buchführungsrecht

Öffentliches Recht
- Völkerrecht
- Staatsrecht
- Kirchenrecht
- Verwaltungsrecht
  - materielles, z. B. Gewerberecht, Polizeirecht, Beamtenrecht, Enteignungsrecht, Lebensmittelrecht, Natur- und Umweltschutzrecht
  - formelles = Verwaltungsprozeßrecht
- Strafrecht
  - materielles
  - formelles
    - Strafprozeßrecht
    - Strafvollzugsrecht
- Prozeßrecht
  - Zivilprozeßrecht
- Steuerrecht

1 *Quelle: Baumann*, Einführung in die Rechtswissenschaft, 8. Aufl. 1989, S. 30 (hier etwas modifiziert).

Stichwortverzeichnis